KATJA EICHINGER

LIEBE UND ANDERE NEUROSEN

Blumenbar

KATJA EICHINGER

LIEBE
UND
ANDERE NEUROSEN

ESSAYS

MIT FOTOGRAFIEN
VON
CHRISTIAN WERNER

MIX
Papier aus verantwor-
tungsvollen Quellen
FSC® C083411
FSC
www.fsc.org

ISBN 978-3-351-05096-2

Blumenbar ist eine Marke
der Aufbau Verlage GmbH & Co. KG
1. Auflage 2022
© Aufbau Verlage GmbH & Co. KG, Berlin 2022
Satz Greiner & Reichel, Köln
Druck und Binden CPI books GmbH, Leck, Germany
Printed in Germany

www.aufbau-verlage.de
www.blumenbar.de

Für alle meine Freunde,
die in diesem Buch vorkommen.
(Sorry)

But I believe in love. And I know that you do, too.

NICK CAVE, INTO MY ARMS

INHALT

INTRO   11

BEGEHREN   15

LEIDENSCHAFT   39

LUST   66

VERLIEBEN   94

ÜBER DIE EHE   123

ZWEISAMKEIT   162

FAMILIE   202

SELBSTLIEBE   240

FREUNDSCHAFT   268

TOD UND TRENNUNG   304

DANKE   334

INTRO

Vor ein paar Tagen war meine Freundin Lena zu Besuch.
Wir hatten zuletzt vor einem Jahr länger geredet. Damals, im
Herbst 2020, existierte dieses Buch nur als vage Idee, eine
Art »Die Liebe in den Zeiten von Corona« zu schreiben –
eine Sammlung von Geschichten über zwischenmenschliche Extremsituationen, bedingt durch eine globale Pandemie. Lena hatte mir in dem langen Video-Telefonat das Buch
»Figuren des Begehrens« von René Girard empfohlen. Dieses
Buch habe Peter Thiel dazu inspiriert, als erster Finanzier in
ein zu diesem Zeitpunkt winziges Start-up-Unternehmen namens Facebook zu investieren. Beim Lesen von Girards Buch
kamen mir so viele Assoziationen, Querverbindungen und
Erinnerungen, dass mir wieder bewusst wurde, die Liebes-
dramen in Corona-Zeiten finden nicht in einem Vakuum statt.
Ähnlich wie in Gabriel García Márquez' Roman »Die Liebe in
den Zeiten der Cholera« oder in Thomas Manns »Der Tod in
Venedig« eine Epidemie als Katalysator für die psychischen
Prozesse der Protagonisten dient, hat auch Corona ein Vergrößerungsglas auf menschliche Gefühle und Verhaltensmuster
gehalten. So entstand schließlich das Konzept für das Buch,

das Sie in Händen halten: zehn Essays über diese wunderbare, aber oft so schmerzhafte und immer wieder zutiefst rätselhafte Kraft, die unsere Welt in Bewegung hält: die Liebe.

Zwölf Monate später war ich fertig mit dem Schreiben und teilte Lena mit, ich hätte ein Buch mit dem Titel »Liebe und andere Neurosen« verfasst. Lena sah mich verdutzt an: »Neurosen?« Da sie kein Deutsch spricht, hatte sie mein vorheriges Buch »Mode und andere Neurosen« nicht gelesen. Sie wusste nicht, dass ich da eine gewisse Vorliebe habe. »Ja!«, nickte ich eifrig. »Neurosen im Sinne der anhaltenden Unfähigkeit, eine Entscheidung zu treffen.« Lena zog die Augenbrauen hoch. »Ich denke, Liebe ist das Gegenteil von einer Neurose. Liebe ist immer eine Entscheidung.« Lena ist mittlerweile schon 27 Jahre mit ihrem Mann verheiratet. Als ich später mit den beiden essen ging, konnte ich wieder einmal miterleben, wie nah sich die beiden stehen. Keine Frage, was immer auch Lena und ihr Mann unter Liebe verstehen, es funktioniert. Vielleicht ist die Liebe ja wirklich so einfach. Ich entscheide mich und bleibe bei dieser Entscheidung. Dann ist alles gut. Happy End für immer. Jedem Herz – sei es als Goldkettchen am Hals, als Emoji in der Textnachricht oder als Luftballon zum Geburtstag – wohnt eben genau dieses Versprechen inne: dass Liebe einfach ist. Dass es sich hier um ein klares Gefühl handelt, das alle Widersprüche und Zweifel, alle Ängste, Wünsche und heimliche Begehren ausradiert.

In einer Zeit, in der menschliche Kontakte staatlich reguliert werden, ein Buch über die Liebe zu schreiben, hat sich oft so angefühlt, als würde ich von einer einsamen Sternwarte das Leben auf einem fernen Planeten beobachten. Ein schillernder, faszinierend schöner Planet, wo das verträumte Idyll genauso seinen Platz hat wie der dunkle Abgrund. Diese vermeintlich unvereinbaren Gegensätze sind es, die die Liebe zum zentralen Thema der Menschheit machen. Liebe inspiriert uns eben nicht deswegen zu Musik, Poesie, Malerei, provoziert nicht deswegen Kriege, lässt uns nie gekanntes Glück oder Todesverzweiflung erleben, weil sie so einfach ist. Liebe in all ihren Facetten konfrontiert uns immer mit Widersprüchen. Sei es dem Widerspruch zwischen Nähe und Distanz, zwischen Angst und Begehren oder zwischen Spiegelung und Gegensatz. Es ist das ewig Wechselnde, das Schillernde, das Komplizierte, ja, das Neurotische, durch das wir Liebe und damit uns selbst und andere erfahren.

Als ich mich von Lena verabschiedete, bemerkte ich im Bücherregal neben der Wohnungstür die deutsche Erstausgabe von »Die Liebe in den Zeiten der Cholera«. Auf dem Cover war das Bild von einem Dschungel, über das ich in den Monaten zuvor viel nachgedacht hatte und über das auch Sie einiges in diesem Buch erfahren werden. Der Kreis hatte sich geschlossen. Ich war am Ende angelangt. Ich lächelte Lena an und war in diesem Augenblick so glücklich, dass sie meine Freundin ist. Denn sie erinnert mich immer daran, dass Liebe auch einfach sein kann. Dass dieser einfache Glücksmoment, wenn wir einander in aller Aufrichtigkeit schwören »Ich liebe dich«, dass eben dieser Herzensmoment das ist, wonach wir uns alle sehnen. Doch der Weg zum Einfachen läuft eben meist über das Komplizierte. Das ergibt zwar keinen Sinn, aber genau deswegen ist die Liebe so schön.

Berlin, im Dezember 2021

BEGEHREN ODER WAS DIR AUCH GEFALLEN KÖNNTE

Ich kann mich gar nicht entscheiden,
ist alles so schön bunt hier.
NINA HAGEN, TV GLOTZER (WHITE PUNKS
ON DOPE)

Im Frühsommer 2020 fuhr ich mit einem Mietwagen die Autobahn von München in Richtung Norden. Der erste Lockdown war gerade zu Ende gegangen. Es war früh am Morgen. Außer mir kaum Autos auf der Fahrbahn. Der Mietwagen war so schön neu, und ich war ganz begeistert, wie problemlos er die hessischen Berge hinauffuhr. Das war doch mal was anderes als mein behäbiger alter Mercedes, mit dem ich jetzt schon so lange verheiratet bin und in dem ich die schönsten, aber auch die schwersten Autofahrten meines Lebens verbracht habe. In diesem Moment war ich so euphorisiert von meiner neu gewonnenen Freiheit und den schadstoffarmen Errungenschaften der Technik, ich spielte mit dem Gedanken einer automotiven Scheidung. Zu all den unbegrenzten Möglichkeiten, die hinter dem Autobahnhorizont auf mich warteten, könnte doch auch ein neuer Wagen gehören. Und damit auch ein neues Ich.

Hochpoliert, ohne den ganzen schweren emotionalen Ballast im Kofferraum. Die Erinnerungen einfach ausradiert. Ich könnte dann einfach die Autobahn langfahren und wie Arnold Schwarzenegger in »Total Recall« sagen: »*I zink I just had a labotomy.*« In diesem Augenblick schien mir das wirklich toll.

Mein Zukunfts-High fand ein jähes Ende, als ich das Straßenschild für die Autobahnausfahrt Niederaula sah. Erinnerungen kochten hoch. Und damit auch nervige 80er-Jahre-Ohrwürmer wie Nenas »99 Luftballons« (jetzt nicht so schlimm) oder Stings »Russians«, dessen Refrain »*I hope the Russians love their children too*« für immer in mein Hirn implantiert zu sein scheint (wirklich schlimm). Niederaula. Allein durch das Wort wurde mir klar, wie ultimativ lächerlich der Gedanke war, dass ich meine Erinnerungen einfach mit einem neuen Auto ausmerzen könnte. Waren sie doch auf einem tiefen zellulären, ja buchstäblich genetischen Level ein Teil von mir. Es ist nämlich so, Niederaula ist das nordhessische Dorf, aus dem meine Familie stammt. Die einzige Ausnahme war meine Großmutter, die an der deutsch-polnischen Grenze geboren wurde. Ansonsten kommt meine gesamte Verwandtschaft aus der näheren Umgebung von Niederaula. Der Hof, von dem meine Mutter stammt, wurde kurz nach dem Dreißigjährigen Krieg im 17. Jahrhundert gebaut. Über hunderte von Jahren hat sich hier niemand wirklich vom Fleck bewegt und auch niemanden von einem anderen Fleck geheiratet. Erst mein Großvater erweiterte – gegen den Willen seines Vaters, wohlgemerkt – den Genpool, indem er in einer deutschlandweiten Zeitung eine Heiratsannonce aufgab und so meine Großmutter kennenlernte. Hat aber auch nicht viel genützt. Ich habe mal so einen Gen-Test für ethnische Abstammung gemacht. Ich habe wahrscheinlich die langweiligste DNA Deutschlands.

Dass ich bei der Autobahnausfahrt Niederaula an Stings Russen und sentimental-politische Popsongs der 80er denken musste, lag daran, dass sich Niederaula und das dortige Fulda-Tal während des Kalten Krieges am Point Alpha befanden, einem zentralen Beobachtungsstützpunkt der US-Armee. Niederaula lag zwar in der BRD, aber die Grenze zur DDR war nur wenige Kilometer entfernt. Es war der westlichste Punkt des ehemaligen Sowjetblocks beziehungsweise der Staatengemeinschaft des Warschauer Pakts. Mit anderen Worten, Niederaula befand sich in unmittelbarer Nähe des westlichsten Abschnitts des antifaschistischen Schutzwalls, der die DDR gegen den kapitalistischen Imperialismus schützen und ihre Bewohner davon abhalten sollte, sich von der westlichen Konsumgesellschaft ausbeuten zu lassen. Und klar, weglaufen, also sich aus freiem Willen zwischen den unterschiedlichen politischen Systemen entscheiden, konnten sie so natürlich auch nicht. Am Point Alpha standen sich 40 Jahre lang Warschauer Pakt und NATO gegenüber und starrten sich feindselig an wie zwei Leute, die am Abend zuvor während einer Büroparty im Fotokopierraum betrunken Sex gehabt hatten. Mehr als 150 000 Soldaten und 4000 Panzer waren hier insgesamt stationiert gewesen. Die große Panzerschlacht im Fulda-Tal war eins der Szenarien, für das hier ständig geprobt wurde. Auch Düsenflieger, die jenseits der Schallgrenze über die Dörfer bretterten, gehörten zum Alltag. Ich kann mich

erinnern, ich muss etwa vier Jahre alt gewesen sein, dass ich
mit meinem Teddybären Brummi (der aber nicht brummen
konnte) vorm Kindergarten stand und wieder so ein Düsen-
jäger über mich hinwegflog. Weil ich wusste, dass da wenige
Sekunden später ein Höllendonner losbrechen würde, hielt
ich Brummi die Ohren zu und wartete auf das Krachen im
Himmel. Immer wenn das Krachen kam, tat das nicht nur in
den Ohren, sondern im ganzen Körper weh. Kein Wunder,
dass ich, als ich Jahre später als Austauschschülerin in den
USA »Top Gun« mit Tom Cruise sah, den Film völlig absto-
ßend fand. War ich doch, im Gegensatz zu meinen amerikanischen Schulfreunden, mit dem Bewusstsein aufgewachsen,
dass Krieg keine sonnenuntergangsgetränkte Heldenphanta-
sie, sondern eine reale und permanente Bedrohung darstellte.
Es war irgendeine meiner Cousinen während einer Familien-
feier bei meinem Onkel, die mir kaugummikauend und erfasst von ihrer eigenen Wichtigkeit erklärte – es war wahrscheinlich Weihnachten 1983, kurz nach der Bestätigung des
NATO-Doppelbeschlusses durch den deutschen Bundestag,
bei der die Stationierung neuer atomarer Mittelstreckenwaffen
besiegelt worden war –, dass, wenn es zu einem Krieg kommen würde, wir die Ersten wären, auf die die Atombombe
fällt. Wir standen im Wohnzimmer meines Onkels, das nach
seinem süßen Pfeifentabak roch. Ich war die Kleinste von allen Cousinen und Cousins und so dankbar, dass dieses Mädchen, das zum Schock aller Verwandten einen »Atomkraft?
Nein danke« Button trug, überhaupt mit mir redete. Aber
dass wir alle bald sterben würden, und zwar wir als Allererste,
dass es so gar keine Hoffnung gab, das hat mich danach noch

lange beschäftigt. Damals starb auch mein Cousin Reiner bei einem Motorradunfall. Ich hatte als Kind große Angst vor der Atombombe. Und dann bald auch vor dem Sauren Regen, Tschernobyl und dem Ende der Welt. Vor allem in Niederaula, dem heißesten Punkt des Kalten Krieges.

Heute befindet sich ein wenig außerhalb von Niederaula das erste deutsche Logistikzentrum des US-amerikanischen Onlinehändlers Amazon. Das FRA1. Es wurde 1999 eröffnet. 2000 kam Amazon-Gründer und zweite reichste Person der Welt Jeff Bezos zu Besuch und hinterließ einen Handabdruck. Das FRA1 steht am Eichhof, und diese Adresse steht auch oft als Absender auf Amazon-Paketen. Ich freue mich dann immer, denn eine der wenigen Dinge, die ich über meinen 1943 verstorbenen Großvater weiß, ist, dass er in der Schule neben dem Sohn vom Eichhof gesessen hat. Ich weiß auch nicht, wer mir das erzählt hat und warum. Ganz in der Nähe vom Eichhof betreibt Amazon ein weiteres Logistikzentrum, das FRA3, das auf Mode spezialisiert ist. Insgesamt sollen 3500 Menschen in diesen beiden Zentren arbeiten. Fast so viele Menschen wie früher Panzer im Fulda-Tal stationiert waren. Mit Amazon kamen Logistikunternehmen nach Niederaula. Und mit ihnen viele, viele LKW. Im Mai, damals nach dem Lockdown, bin ich kurzerhand von der Autobahn abgefahren und wollte mir wieder einmal alles ansehen. Einfach mal durchfahren und schauen, wie es sich anfühlt. Seit der Beerdigung meines anderen Cousins – er hieß Bernd, war fast zwei Meter groß und fuhr ein riesiges Moto-Guzzi-Motorrad, verstarb dann aber an einem Gehirntumor – war ich nicht mehr da gewesen. Fast 16 Jahre war das her. Das Dorf war kaum wiederzuerkennen. Gleich hinter der neuen Autobahnabfahrt, in deren Nähe sich ein riesiger Parkplatz mit einem Meer aus LKW befand, war ein großer Gewerbegebiet mit verschiedenen Logistikunternehmen gebaut worden. Und auf diesem Gelände stand in mehrfacher Ausführung diese seltsame architektonische Erfindung des digitalen Zeitalters, die da heißt: Erfüllungszentrum.

Ein Erfüllungszentrum haben Sie sicherlich schon einmal gesehen. Es sind diese riesigen, meist grauen, fensterlosen Kästen – anonyme Nicht-Gebäude, die meistens außerhalb von Städten oder mitten auf dem Land in der Gegend herumstehen. In den Erfüllungszentren werden Produkte gelagert, verpackt und verschickt. Sie sind mit einer Armee von LKW verbunden, die zur Erfüllung unabdingbar sind. Diese LKW stellen die Armeen der neuen, digitalen Weltordnung dar, welche 1989 mit dem Fall der Mauer und dem Ende des Kalten Krieges begann. Denn 1989, das war auch das Jahr, in dem der britische Wissenschaftler Tim Berners-Lee das World Wide Web erfand. Innerhalb von zehn Jahren hat sich die Gegend um Niederaula vom logistischen Brennpunkt des Kalten Krieges in ein Logistikzentrum des neuen Zeitalters verwandelt. Erst stand da diese ultimative Frustration, nämlich die deutsch-deutsche Grenze mit ihren Todesstreifen und Wachtürmen, und heute ist man hier für die Erfüllung zuständig. Hier hat also das stattgefunden, was uns die Konsumgesellschaft tagtäglich neu verspricht: die Überwindung aller Frustration und die Erfüllung aller Begehren.

Die Erfüllung braucht das Begehren. Ohne Begehren keine Erfüllung. Ohne Begehren kein Konsum, keine Online-Bestellungen, kein Amazon, keine Erfüllungszentren. Nur, was ist das eigentlich, Begehren? Wissen Sie, was Sie begehren? Das Paar Schuhe oder das Elektrogerät, die Sie sich gerade online bestellt haben, begehren Sie die wirklich? Werden diese Gegenstände die Frustration oder das Bedürfnis beseitigen, die Sie dazu bewegt haben, sie zu bestellen? Werden diese Gegenstände Sie erfüllen? Bedürfnis führt zu Begehren, führt im Idealfall zu Erfüllung – ist das Leben wirklich so einfach, die Abfolge unserer Gefühle so logisch? Noch komplizierter wird es beim Zwischenmenschlichen, das ja oft auch das Zwischenkörperliche betrifft. Also bei der Erotik. Wissen Sie, warum Sie eine ganz bestimmte Person begehren? Können Sie Ihr Begehren konkret in Worte fassen, ohne dabei auf Klischee-Sätze wie »Er bringt mich zum Lachen« oder »Sie ist so sexy« auszuweichen? Können Sie Ihr Begehren erklären? Oder ist es nicht vielmehr so, dass unser Begehren sich verflüchtigt, sobald man versucht, es zu benennen oder zu rationalisieren?

Was ist so schlimm am Rationalisieren, werden jetzt einige sagen. Begehren ist doch einfach eine biologische Tatsache. Ein Trick der Evolution, um uns dazu zu bringen, Sex miteinander zu haben. Wir begehren, damit wir uns fortpflanzen. Deswegen sind auch junge Menschen so viel begehrenswerter, denn die sind eben nun mal fruchtbarer. Und ebenmäßige, gesunde Gesichter versprechen angeblich ein gutes Erbgut, weswegen sie attraktivere Geschlechtspartner darstellen als Menschen mit asymmetrischen Gesichtern. Außerdem gibt es genügend

Pop-Wissenschaftler, die einem erklären wollen, dass Männer auf junge Frauen mit großem Busen, enger Taille und weiten Hüften stehen, weil ihre Silhouette etwas über ihren Hormonspiegel und damit über ihre Fruchtbarkeit aussagt. So eine biologische Simplifizierung erklärt aber weder homoerotisches Begehren noch Begehren jenseits der Sexualität, oder warum wir vielleicht eher den schmächtigen Typen mit der dicken Brille dem Unterhosenmodel mit Waschbrettbauch vorziehen. Oder warum David Bowie mit seinen unterschiedlich farbigen Augen so unwiderstehlich war. Sie adressiert in keiner Weise all die seltsamen Entscheidungen, die wir im Namen des Begehrens treffen. Wer wen begehrt, findet so oft jenseits der Fruchtbarkeitsschallmauer statt, dass biologische Faktoren wahrscheinlich nur einen winzigen und zweifelsohne auch den uninteressanten Anteil menschlichen Begehrens beeinflussen. Von Justin Bieber als Sexsymbol ganz zu schweigen.

Begehren fällt in der griechischen Mythologie in das Aufgabengebiet des Gottes Eros, dem römischen Äquivalent von Amor oder Cupido. Eros, der Sohn von Aphrodite (die Göttin der Liebe und Schönheit) und dem Kriegsgott Ares (römisch Mars) ist ein verspielter, übermütiger kleiner Junge mit Flügeln, der durch die Welt flattert und goldene Pfeile verschießt. Wer von seinen Pfeilspitzen ins Herz getroffen wird, in dem entfacht sich Begehren. Eros ist demnach unberechenbar wie ein Kleinkind und dabei genauso anarchisch und unbeeindruckt von den Regeln der Erwachsenenwelt. Ein Gott, der harmlos und niedlich daherkommt und dabei doch das gedankenlose Zerstörungspotenzial eines Zweijährigen besitzt. Begehren, die erotische Liebe, laut der griechischen Mythologie ist sie unkalkulierbar, launenhaft und so entzückend wie auch potenziell ruinös. Vor allem aber lässt sie sich nicht erklären.

Was aber den altgriechischen Philosophen Platon nicht davon abgehalten hat, es trotzdem zu versuchen. In Platons »Gastmahl«, dem wohl wichtigsten philosophischen Text der westlichen Kultur zum Thema Begehren und erotische Liebe, beschreibt Platon die Unterhaltung verschiedener Teilnehmer eines Gastmahls, die über das Wirken des Gottes Eros nachdenken. Unter den Rednern befindet sich auch der Philosoph Sokrates, der betont, dass alles, was er über erotische Liebe weiß, von einer Frau namens Diotima stammt. Sokrates nimmt in seinem Vortrag Bezug auf die Gedanken des Gastgebers des Abends, eines jungen Mannes namens Agathon. Agathon sieht die Dinge eher unkompliziert, ja, fast könnte man sagen biologisch-simplizistisch, indem er argumentiert, dass sich Begehren auf Jugend und zarte Schönheit reduzieren ließe. Für Sokrates dagegen ist das Begehren mit dem Göttlichen verbunden. Für ihn ist die Auseinandersetzung mit dem Eros ein lebenslanger Prozess, der mit dem Ausleben der eigenen Sexualität beginnt. Wenn der Sex-Drive dann etwas nachgelassen hat, erkennt man, dass alle Körper schön sind und nicht nur die, die man zuvor begehrt hat. So erreicht man einen Zustand, in dem man vor allem den schönen Verstand und Wissen begehrt. Der höchste Zustand der Erotik ist dann erreicht, wenn man sich innerlich völlig von allen physischen Manifestationen der Schönheit trennt und das abstrakte Konzept der wahren Schönheit begehrt und so dem Göttlichen näherkommt. Das ist es, was wir heute als »platonische Liebe« bezeichnen. Begehren als Transzendenz.

Doch die platonische Liebe ist es wohl kaum, was in den Erfüllungszentren von Niederaula und anderswo bedient wird. Ganz am Anfang der digitalen Revolution, als wir noch dachten, dass das World Wide Web die Welt retten und zu einem höheren Bewusstsein führen könnte, spielte sie vielleicht noch eine Rolle. Die digitale Konsumgesellschaft mit all ihrem materiellen und emotionalen Exzess ist allerdings weit vom platonischen Idealzustand entfernt. Begehren – nach Menschen wie auch nach Dingen – ist das Fundament des digitalen wie auch analogen Konsums und der globalen Ökonomie. Begehren ist das, was jede Werbung, jedes Modefoto, jeder Kinofilm, jede TV-Serie, jede Smartphone-App zu generieren sucht. Medial werden wir, oft durch Prominente, in einen Zustand ständigen Begehrens versetzt, damit wir bloß nicht aufhören zu kaufen, uns auch noch die nächste Folge der Netflix-Serie anzuschauen oder weiter im sozialen Netzwerk zu scrollen. Von maximal vielen Menschen begehrt werden, also berühmt sein, wird immer noch als ein ultimatives Karriereziel gehandelt. Die Konsumgesellschaft suggeriert uns jeden Tag, wie einfach es ist, sein Begehren zu definieren, und dass es für jedes Begehren eine simple Lösung gibt. Mit anderen Worten, das Gegenteil von Transzendenz.

Doch egal, ob mit oder ohne Transzendenz, laut dem französischen Psychoanalytiker Jacques Lacan handelt es sich beim Begehren um einen Grundzustand. Um den Kern der menschlichen Existenz. Von ihm stammt der Satz »Ich begehre, also bin ich«, abgeleitet vom Grundsatz des französischen Philosophen René Descartes »Ich denke, also bin ich«. Laut Lacan definiert sich der Mensch durch sein Begehren, das – und genau darin liegen der Zauber wie auch die Tragik der menschlichen Existenz – genauso wenig benennbar ist wie der Sinn des Lebens selbst. Es geht nicht um das Erreichen eines Ziels oder um das Objekt unserer Begierde, sondern um den Akt des Begehrens selbst. Solange ich begehre, weiß ich, dass ich am Leben bin und am großen, ultimativ rätselhaften Experiment der menschlichen Existenz teilhabe. Pornographie und romantische Phantasien in all ihren kulturellen Derivaten liefern, so der britische Psychoanalytiker Adam Phillips, Bilder davon, wie die Erfüllung unserer Begehren aussehen könnte. Genau wie andere Konsumprodukte schützen sie uns davor, in die verwirrenden Tiefen unseres wirklichen Begehrens abzustürzen und uns mit dem Enigma auseinanderzusetzen, was uns eigentlich antreibt. Der Leinwandkuss im Schnulzenfilm liefert uns ebenso ein einfaches Ziel für unser diffuses Begehren wie die Designerhandtasche oder das schicke neue Auto. Oder für manche ist es eben die weiße Traumhochzeit mit den Flitterwochen auf den Malediven. Wie der Esel hinter der Karotte laufen wir diesen Zielen nach, damit wir uns nicht mit dem eigentlichen Grund für dieses seltsame Ziehen in unserer Brust beschäftigen müssen. Den Ursprung für diese Sehnsucht, deren Namen wir nicht kennen, können wir so ignorieren. Nur eins lässt sich mit relativer Eindeutigkeit feststellen: Begehren ist das, was Sex interessant macht beziehungsweise wodurch Sex interessant bleibt.

Die große Ratlosigkeit, was unser Begehren betrifft, scheint angesichts der Rolle, die Begehren in unserem Wirtschaftssystem spielt, fast schon fahrlässig. Und so ist es keine Überraschung, dass einer der Architekten des digitalen Kapitalismus, wie wir ihn heute kennen, sich intensiv mit dem Thema beschäftigt hat. Peter Thiel ist einer der zentralen Oligarchen der globalen Digitalwirtschaft. 1999 war er Mitbegründer des digitalen Bezahlsystems PayPal und verkaufte seinen Anteil 2002 für $ 1,5 Milliarden. 2004 war Thiel der erste externe Investor, der in Marc Zuckerbergs damals noch winziges Start-up Facebook investierte und einen Firmenanteil von 10,2% erwarb. 2004 gründete Thiel außerdem das Software-Unternehmen Palantir Technologies, das sich auf die Verarbeitung und Auswertung großer Datenmengen (Big Data) spezialisierte und dabei anfangs hauptsächlich für die Nachrichtendienste der USA (FBI, CIA, NSA etc.) arbeitete, seinen Kundenstamm aber auf Pharmakonzerne und den Finanzsektor erweiterte. Palantir liefert die Algorithmen, um genau das zu entschlüsseln, was das digitale Universum bisher so undurchdringlich gemacht hat: die Unermesslichkeit seiner Datenmengen. Im Chaos wird dadurch die Ordnung gefunden. Wem diese Ordnung zugänglich ist und wem nicht, entscheidet über Macht und Ohnmacht. Peter Thiel gilt so als einer der erfolgreichsten Technologie-Investoren der Welt. Wie wir die digitale Realität heute erleben, ist zum großen Teil sein Werk. Dass er sich 2016 beim Parteitag der Republikaner öffentlich für die Präsidentschaftskandidatur Donald Trumps aussprach, sei hier zu beachten. Denn wenn wir über die Natur und Funktion von Begehren nachdenken, dürfen wir nicht vergessen, dass Begehren immer auch missbraucht werden kann. Dass es bei der Aneignung von Macht so viel effektiver ist, wenn Menschen ihren Unterdrücker freiwillig begehren, als dass man sie mit Gewalt unterwirft.

Peter Thiel studierte an der Stanford University bei dem französischen Philosophen und Literaturkritiker René Girard. Thiel hat an mehreren Stellen betont, dass Girard, zu dessen Hauptwerk das Buch »Figuren des Begehrens« gehört, ihm die Inspiration gab, seine Karriere als Jurist an den Nagel zu hängen und in digitale Technologien, darunter eben auch Facebook, zu investieren. In »Figuren des Begehrens« stellt Girard anhand einer literarischen Analyse von fünf Autoren – Cervantes, Stendhal, Flaubert, Proust und Dostojewski – die Theorie auf, dass Begehren immer mittelbar ist. Also, dass es zwischen einem Menschen und seinem Objekt der Begierde immer noch eine dritte Person oder einen dritten Faktor gibt, die in uns überhaupt erst das Begehren schüren. Simpel gesagt, wir begehren etwas oder jemanden, weil andere es auch tun. Laut Girard ist Begehren etwas, das wir nachahmen, uns von anderen Menschen abschauen. »Menschen sind Kreaturen, die nicht wissen, was sie begehren sollen und die sich an andere wenden, um sich zu entscheiden, ob etwas oder jemand tatsächlich begehrenswert ist. Wir begehren, was andere begehren, denn wir imitieren ihr Begehren«, so Girard. So hat Begehren, laut Girard, immer eine Dreiecksstruktur. Die Tatsache, dass eine weitere Person das Objekt der Begierde begehrt, macht dieses Objekt erst begehrenswert. Laut Girard will sich der Romantiker immer davon überzeugen, »dass seine Begehren einem natürlichen Gesetz folgen oder – was so ziemlich das

Gleiche ist – (…) aus dem Nichts von einem quasi-göttlichen Ego geschaffen wurden«. Für Girard ist das die große Illusion des modernen Zeitalters: die Lüge vom spontanen Begehren. Der Idee des geflügelten Eros, der willkürlich seine Pfeile in unsere Herzen schießt, wird durch Girard ein Ende bereitet.

Laut Girards Nachahmungstheorie ist Begehren also ein kulturell-soziales Konstrukt. Ein Beiwerk des menschlichen Miteinanders. Ich begehre, weil du begehrst. Soziale Netzwerke sind genau nach diesem Prinzip aufgebaut. Marc Zuckerberg hatte die Idee für Facebook, nachdem seine Freundin mit ihm Schluss gemacht hatte und er in seiner Wut eine Website baute, auf der männliche Studenten seiner Universität Fotos von Studentinnen nach ihrer Attraktivität bewerten konnten. Mit Facebook erweiterte er das Konzept, aber die Idee der Bewertung und damit der Schaffung von Begehrlichkeiten ist immer noch die gleiche. Instagram und andere soziale Netzwerke funktionieren ähnlich. Ebenso Amazon mit seinen »*You may also like*«-Vorschlägen und Produktempfehlungen, die uns zeigen, was andere Benutzer gekauft haben. Wir geben Bewertungen ab oder klicken den »Like Button« bei einem Eintrag in einem sozialen Netzwerk und machen uns so zur dritten Person in der Dynamik zwischen einer weiteren Person und deren Beziehung zu demselben Eintrag. Wir werden Teil des von Girard beschriebenen Begehrensdreiecks. So kann ein Foto oder Video eine solche Eigendynamik des Begehrens aufbauen, dass es »viral« geht. René Girard wird denn auch als »Pate des Like-Buttons« bezeichnet. Denn durch Girard verstand Thiel sofort, welche Macht einer Algorithmus-Maschine wie

Facebook innewohnte. Einer Algorithmus-Maschine, die Begehren generieren kann. Wenn wir Begehren als Essenz der menschlichen Existenz begreifen, ist es nicht übertrieben zu sagen, dass einem Menschen, der eine solche Maschine besitzt, die Welt gehört.

In Niederaula fuhr ich auch an dem Hof vorbei, auf dem meine Mutter aufgewachsen ist. Ich hielt an und schaute auf die gepflasterte Einfahrt, die zum Hof hinaufführt. Um diesen Ort winden sich so viele Geschichten und Erinnerungen, so viel Streit und so viel Leid. Eine dieser Geschichten scheint Girards Nachahmungstheorie zu bestätigen. Mein Ururgroßvater Philipp war reich gewesen. Eine Heldentat im preußisch-französischen Krieg 1870/71 hatte ihm einen dicken Orden und eine noch dickere Kriegsrente eingebracht. Bei großen Familienfesten musste sogar irgendein weitläufiges Mitglied der kaiserlichen Familie vorbeischauen. In dieser tiefen Provinz zweifellos das ultimative Statussymbol. Sein Sohn Jakob, sein einziges Kind, war mit der narzisstischen Überzeugung aufgewachsen, dass ihm die Welt gehört und er alles haben kann – einschließlich jeder Frau. Er war schon Anfang 30 und immer noch ledig, als er meine Urgroßmutter Elisabeth sah. Sie kam aus einem Nachbardorf und war mit einem armen Schreiner verlobt. Amor schlug zu. Die und keine andere wollte Jakob haben. Elisabeth wollte ihn nicht heiraten, sie liebte ja den Schreiner, der immer noch daran arbeitete, genügend Geld für die Heirat zusammenzusparen. Also marschierte Jakob zu Elisabeths Eltern und machte denen klar, dass er ihre Tochter freien wollte. Die Eltern waren von der guten Partie so begeistert, dass sie

Elisabeth drohten, ihr die Mitgift zu entziehen, falls sie darauf bestand, den Schreiner zu heiraten. Elisabeth gab dem Druck nach. Sie heiratete Jakob. Mit ihm hatte sie fünf Kinder. Zwei davon starben kurz nach der Geburt, zwei weitere im Krieg, darunter auch mein Großvater. Jakob war ihr kein guter Ehemann. Seine Untreue war notorisch und allgemein bekannt. Der Hof meiner Familie liegt auf einem Hang. Hinter dem Hof befindet sich eine Wiese, die noch weiter den Hang hinaufführt. Ganz oben am Hang steht ein Apfelbaum. Von dort aus kann man das Dorf sehen, wo der Schreiner lebte. Elisabeth stand oft unter dem Apfelbaum, sehnsuchtsvoll blickte sie von dort zum Dorf des Schreiners und weinte. Was nützt alles Geld der Welt, seufzte sie, wenn du keine Liebe im Leben hast?

Hätte Jakob Elisabeth auch begehrt, wenn sie nicht mit dem Schreiner verlobt gewesen wäre? Er, der sonst freie Wahl hatte, warum musste er sich unbedingt eine Frau aussuchen, die schon vergeben war? Fand er sie nur deswegen begehrenswert, weil sie schon von einem anderen begehrt wurde? Dass es ein Apfelbaum war, unter dem Elisabeth nach ihrer großen Liebe weinte und ihr Leben infrage stellte, hätte natürlich symbolischer nicht sein können. Ist es doch der Apfelbaum, der in der europäischen Malerei als der Baum der Erkenntnis dargestellt wird. Im Alten Testament leben Adam und Eva sorglos und nackt im Garten Eden, kennen keine Scham, keine Angst, keine Erotik und kein Begehren. Es gibt nur eine Regel im Paradies: Sie dürfen nicht vom Baum der Erkenntnis essen. Aber eine Schlange überredet Eva, doch einen Apfel zu essen, denn er würde sie klug machen. Eva kann nicht widerstehen. Pflückt sich einen Apfel und überredet auch Adam, davon zu essen. Damit ist die erste Sünde begangen. Gott ist zornig, verbannt sie aus dem Paradies und verdonnert sie zu den Qualen der menschlichen Existenz. Scham, Angst, Schmerz – die heilige Dreieinigkeit des menschlichen Miteinanders, Adam und Eva lernen sie nun kennen. Die Geschichte vom ersten Sündenfall ist damit eine Geschichte von Begehren. Wieder ist da ein Dritter im Bunde zwischen Mensch und Objekt der Begierde, nämlich die Schlange. Doch das wirklich Interessante ist, dass es Wissen ist, was Eva begehrt. Dass der erste Akt des Begehrens nicht einer der Liebe oder der Sexualität ist, sondern der Erkenntnis.

Eine weitere zentrale Figur der westlichen Kultur, für die Wissen und Begehren auf fatale Weise identisch sind, ist Goethes Faust. Der Gelehrte Dr. Faust ist überwältigt von dem Begehren zu erfahren, »was die Welt zusammenhält«, und bereit, dafür seine Seele an den Teufel zu verkaufen. Stört sich nicht daran, dass Höllenqualen auf ihn warten, solange nur sein Begehren gestillt ist. Die Welt und damit auch sich selbst zu verstehen ist das Objekt der faustischen sowie der alttestamentarischen Begierde. Denn wenn man die Welt versteht, erkennt man auch, was die eigene Rolle in dieser Welt ist, erfährt sich neu als Mensch. Fausts Unersättlichkeit ist wie die des Kindes – die, wie Sigmund Freud in »Über die weibliche Sexualität« (1931) betonte, »maßlos« ist: »(Sie) verlangt Ausschließlichkeit, gibt sich nicht mit Anteilen zufrieden.« Das erste Objekt der Begierde eines Kindes ist die Mutter bzw. die Mutterfiguren (die jedes Geschlecht haben können). Doch während Freud annahm, dass diese erste Begehrensphase auf dem oralen

Trieb beruht und das erste Begehren des Kindes darin besteht, seinen Hunger zu stillen – dass die Mutterfigur eben nur dazu da ist, ein physisches Bedürfnis des Kindes zu erfüllen – sieht die feministische Psychoanalytikerin Jessica Benjamin das anders. Laut Benjamin ist diese allererste Beziehung, die wir als Menschen erleben, geprägt von dem Begehren, erkannt zu werden. Die ersten schönen Momente zwischen Mutter und Kind sind die des gegenseitigen Erkennens. Dies geht allerdings nur, wenn die Mutter mehr ist als nur ein Fortsatz des Kindes, sondern eine eigenständige Person. »Eine echte Mutter ist nicht einfach nur ein Objekt der Forderungen ihres Kindes; vielmehr ist sie eine eigene Person, deren unabhängiges Zentrum sich außerhalb ihres Kindes befinden muss, wenn sie ihr Kind so erkennen und wahrnehmen will, wie es das Kind begehrt«, so Benjamin. Mit anderen Worten, wir können einander nicht erkennen, wenn wir völlig miteinander verschmelzen. Begehren braucht das Andere, beziehungsweise jemanden, der nicht man selbst ist. Das gilt für Mutter und Kind ebenso wie für Beziehungen zwischen Erwachsenen. Die Verbindung aus ultimativer Nähe und gleichzeitiger Andersartigkeit, die in der Mutter-Kind-Beziehung zum ersten Mal erfahren werden kann, ist eben auch die Grundlage für die intensive Erfahrung der Erotik unter Erwachsenen. Benjamin drückt das so aus: »In einer erotischen Verbindung können wir genau diese Form von gegenseitigem Erkennen erfahren, bei dem sich beide Partner ineinander verlieren, ohne dabei den Verlust ihres Selbst zu erleiden.« Was genau Begehren und damit auch Erotik bedeuten, lernen wir als Babys. Und dazu gehört eben auch das Erkennen der Grenzen des anderen.

Unser Begehren nach Wissen zu erfüllen, ist das Versprechen eines der größten Apfelbäume der Neuzeit: Apple. Der angebissene Apfel als Logo des amerikanischen Technologie-Giganten ist gleichbedeutend mit der Hyperbeschleunigung der digitalen Revolution. Mit dem Erscheinen des ersten iPhone 2007 revolutionierte sich die Art, wie wir unsere Realität erfahren und mit ihr umgehen. Ja, auch wie wir Begehren, Sexualität und Liebe erleben. Ob sich der Apfel als Logo auf den alttestamentarischen Apfel vom Baum der Erkenntnis bezieht oder ob damit der Apfel gemeint ist, der dem Physiker Isaac Newton im 17. Jahrhundert angeblich auf den Kopf fiel und ihn so das Prinzip der Schwerkraft erfassen ließ, wurde niemals offiziell von Apple bestätigt. Eine weitere Theorie ist die, dass es sich bei dem angebissenen Apfel um eine Hommage an den britischen Mathematiker Alan Turing handelt, der als einer der einflussreichsten Informatiker der frühen Computerentwicklung gilt und während des Zweiten Weltkriegs maßgeblich dazu beitrug, die Verschlüsselungscodes der deutschen Wehrmacht zu knacken. Trotz seiner Leistung während des Krieges wurde Turing wegen seiner Homosexualität verfolgt und vom britischen Staat mit Östrogenbehandlungen zwangskastriert. Seine Leistungen für den Erhalt der englischen Krone waren dem Staat in diesem Moment egal. Er hatte für die Freiheit gekämpft und dabei maßgeblich zum Sieg über den Faschismus beigetragen, aber die Freiheit seines Begehrens wurde ihm nicht gewährt. 1954 beging Turing mutmaßlich Selbstmord mit Cyanid. Neben seinem Leichnam wurde ein angebissener Apfel gefunden, möglicherweise eine Referenz auf den Märchenfilm »Schneewittchen und die sieben Zwerge«, aus dem

Turing immer wieder den Satz »Apfel färbt sich strahlend rot, lockt Schneewittchen in den Tod« zitierte.

Das iPhone vermittelt uns die Illusion, dass die Welt mit all ihrem Chaos, Leid und ihrer Frustration mit einem Klick oder Wisch nicht nur erfahrbar, sondern auch kontrollierbar ist. Nie mehr müssen wir uns verirren, nie mehr überfordert, nie mehr ignorant sein. Sogar die Erfüllungszentren in Niederaula können mit einem iPhone in Aktion versetzt werden. Das iPhone liefert uns das Wissen der Welt in unsere Handfläche. Damit wird das iPhone zum vermeintlichen Zepter, das uns das Gefühl unserer Allmacht zurückschenkt, dass wir irgendwann in unserer Kindheit verloren hatten. Das iPhone und all die anderen Smartphones, die nach ihm kamen, erheben uns zu Quasi-Imperatoren unserer Realität. Wir stehen gebeugt über die kaltblau leuchtenden Bildschirme in unseren Händen und können uns sagen »*Le monde, c'est moi*« – denn wir mögen zwar keine Sonnenkönige wie Ludwig XIV. sein, aber mit einem Smartphone können wir uns die Welt zum vermeintlichen Untertan machen, für jedes Problem eine Sofortlösung finden. Frustration gibt es nicht mehr. Jedes Begehren wird erfüllt. Dating Apps wie Tinder und Grindr haben Sexualität zu einer schnelllebigen Verbrauchsware gemacht. Wir wischen uns durch die Gesichter der, wenn nicht Sex- dann zumindest vermeintlich Intimitätswilligen so, wie wir unseren Einkaufswagen durch die Gänge eines Supermarkts schieben. Seitdem 2010 das radikal erweiterte iPhone 4 auf den Markt kam, sind uns die sozialen Netzwerke – inklusive Facebook – mobil zugänglich. Unsere Mobiltelefone sind zu Maschinen des Begehrens geworden, die wir ständig und immer bei uns tragen. Es sind Erweiterungen unseres Selbst, wie ein magisches Körperteil, das uns ins Zentrum des Universums katapultiert. Der Körperteil, dem bisher genau diese Magie zugesprochen worden war – der Phallus –, versagt dagegen kläglich.

Doch genau in der scheinbaren Allwissenheit, die einem das iPhone ermöglicht, liegt die Krux des Ganzen. Diese mobilen Begehrensmaschinen lassen die Welt zu einer Erweiterung unseres Selbst werden. Um zu begehren, brauchen wir – nach Jessica Benjamin – das Andere. Denn nur das Andere kann uns erkennen, kann uns wahrnehmen. Ohne das Andere fühlen wir uns leer, verlassen, ungeliebt. Das schale Gefühl, das unweigerlich nach dem kurzen High einsetzt, wenn ein Foto, Video oder Zitat von uns auf einem der sozialen Netzwerke viele Likes erhalten hat – es ist nichts anderes als die Einsamkeit des Narzissten. Eine Spiegelung unseres Selbst, in der unsere Mitmenschen in ihrer Andersartigkeit nicht wirklich vorkommen. Vielleicht ist das mit ein Grund für all die Wut und Tobsucht, die in den letzten zehn Jahren, seit die digitale Realität die eigentliche Realität weitgehend an Bedeutung überholt hat, so maßgeblich den öffentlichen Diskurs und in weiten Teilen auch die Politik bestimmt hat. Wir fühlen uns verlassen, weil wir nichts mehr haben, was wir wirklich begehren könnten. Begehren braucht genau das, was Amazon und der Rest der digitalen Erfüllungsökonomie beseitigen will, die Frustration. Die ultimative Frustration ist der Tod. In der ewigen Konsumgegenwart der Onlinewelten gibt es aber keinen Tod. Alles existiert gleichzeitig, nichts wird vergessen. Eros und

Thanatos, das Begehren und der Tod, dieses sich im ewigen Spannungsverhältnis befindliche Duo wie Sigmund Freud es in »Jenseits des Lustprinzips« beschrieb, es existiert hier nicht. Durch die Perfektionierung der Begehrensmaschinerie wird das Begehren selbst lahmgelegt. Die Heilung ist die eigentliche Krankheit.

Die sozialen Netzwerke haben die Dynamiken unseres Begehrens entschlüsselt. Sie haben unser Begehren in Algorithmen übersetzt und vermögen, es für ihre kommerziellen Interessen nutzbar zu machen. Die eigentlichen Begehrensmaschinen sind damit wir. Wir beliefern die Algorithmen mit Daten. Wir sind die Erfüllungszentren für eine Maschinerie, die sich um uns herum aufgebaut hat. Doch auch wenn sich manchmal unser Dasein als *Homo Digitalis* mit dem von Keanu Reeves in »The Matrix« vergleichen lässt, der als Biomasse in einem Pod von Maschinen ausgesaugt wird, sind wir doch mehr als die Summe der von uns generierten Algorithmen. Die Online-Konsumwirtschaft mag unsere Reflexe und Begehrensdynamiken für sich zu nutzen wissen. Das heißt jedoch nicht, dass wir einen antifaschistischen Schutzwall um uns errichten müssen, um uns dem zu entziehen. Der Schutz liegt einfach darin, zu akzeptieren, dass es manchmal eben keine Lösung, keine Erklärung, kein Ziel, keine Schuld für unsere Sehnsucht gibt. Dass der eigentliche Zauber eines jeden Menschen dadurch entsteht, dass der Ursprung unseres Begehrens unergründlich ist.

Ich kann nicht behaupten, dass ich über all das nachgedacht habe, als ich nach längerer Fahrt in Berlin ankam, meinen

Mietwagen zum Autoverleih brachte und mich auf einen längeren Fußmarsch zu meiner Wohnung machte. Der Mietwagen war schon sehr bequem gewesen, und so eine Sitzheizung ist eine ganz außergewöhnliche Erfindung. Und überhaupt war es doch morbide, dass ich immer noch mit demselben Auto herumfuhr, in dem ich mit meinem Mann zu dem Restaurant gefahren war, in dem er kurz nach unserer Ankunft verstarb. Wie sollte ich denn je über diesen Abend hinwegkommen, wenn mich mein Auto ständig daran erinnerte? Während ich das alles begrübelte und mich fragte, wie sich wohl ein Leben ohne meinen Mercedes anfühlen würde, ob die Erinnerungen dann immer noch genauso stark wären, war ich zu Hause angekommen. Gerade wollte ich die Tür aufschließen, da fuhr ein alter Mercedes an mir vorbei. Es war genau das gleiche Modell wie meiner. Ich sah ihm hinterher. Cooles Auto, dachte ich. Und dann wünschte ich mir, ich hätte meinen Mercedes mit nach Berlin gebracht.

LEIDENSCHAFT ODER DER MANN MUSS INS HAUS, UND WENN DAS KLAVIER RAUS MUSS

For each ecstatic instant
We must an anguish pay
In keen and quivering ratio
To the ecstasy
EMILY DICKINSON

Auf meiner Fahrt von München nach Berlin nach dem ersten Lockdown machte ich ein paar Tage bei meinen Eltern halt. Wie immer übernachtete ich dort in meinem alten Kinderzimmer. Schlief dabei auf derselben Matratze, die schon alt gewesen war, als mir im Alter von vier Jahren dieses Bett ins Zimmer gestellt wurde. Und während ich in die Matratzenkuhle einsank, die vergilbte Blümchentapete anstarrte und nicht schlafen konnte, bemerkte ich eine kleine Blechkiste im Regal. Ich schaute kurz rein: peinliche Fotos aus meiner Teenagerzeit. Musste ich unbedingt sicherstellen. Also packte ich die Fotos zu dem großen Stapel an Dingen, die ich mit nach Berlin nehmen würde. Am nächsten Tag fuhr ich früh los und überquerte zum ersten Mal wieder seit den 90ern mit dem Auto die ehemalige deutsch-deutsche Grenze. Normalerweise fahre ich ja Zug. Ich war fast ganz allein auf der Autobahn. Beim Schild für den

ehemaligen Grenzübergang Herleshausen fragte ich mich, ob das überhaupt möglich ist, jemandem, der in den 90ern geboren ist, zu erklären, wie sich das damals angefühlt hat. Die Brutalität des Todesstreifens. Wie final und unüberwindbar der gewirkt hat. Was das mit unseren Familien gemacht hat. Und dass so viele Westdeutsche, darunter viele meiner Verwandten, Flüchtlinge waren. Dass Westdeutschland eben zum großen Teil ein Land der Geflüchteten war. Und zwar alles nur aufgrund von unterschiedlichen philosophischen Auffassungen davon, wem was gehört. In einem Zeitalter, in dem alle politischen Philosophien in Auflösung begriffen sind, ist das schwer vorstellbar. Ich war jedenfalls froh, als ich in Berlin ankam. Die Fahrt war anstrengend gewesen. In meiner Berliner Küche öffnete ich dann die Blechkiste aus meinem Kinderzimmer und schaute mir endlich genauer die darin befindlichen Fotos an. Nur so viel zu den Fotos: Meine 80er-Jahre-Haare waren teilweise grauenhaft, und einige von den Blödmännern, mit denen ich auf dem Gymnasium war, will ich wirklich nie wiedersehen. Soweit also keine Überraschungen. Doch unter den Fotos befand sich auch eine Postkarte, die ich zwar beschrieben, aber nie abgeschickt hatte. Die Tinte war so verblichen, dass sowohl die Nachricht als auch die Adresse nicht mehr lesbar waren. Offensichtlich hatte mir damals das Motiv der Postkarte so gut gefallen, dass ich sie nicht verschicken wollte. Und es war dieses Motiv, das mir 35 Jahre später an meinem Küchentisch den Atem raubte. Es handelte sich um das deutsche Cover des Romans »Die Liebe in den Zeiten der Cholera« des kolumbianischen Nobelpreisträgers Gabriel García Márquez aus dem Jahr 1985. Die Postkarte war ein Werbegeschenk des

Buchladens gewesen, in dem ich als Schülerin herumstöberte, wenn ich auf meinen nur alle drei Stunden fahrenden Bus warten musste. An das Buch hatte ich in den Zeiten von Corona oft denken müssen. Das Liebesleben vieler meiner Freunde war durch Corona entweder explodiert oder implodiert. Amtlich verordnete Nähe war offensichtlich für viele genauso anstrengend wie die Isolation, die mir auferlegt worden war. Aber das war nur ein nebensächlicher Zufall. Was an der Postkarte so außerordentlich war, war die Tatsache, dass das Motiv fast identisch mit dem Gemälde war, das in meiner Münchner Wohnung über meinem Fernseher hängt. Ein Bild von einem Urwald mit einem Gewässer und einem roten Papagei. Es gab nur zwei Unterschiede: Auf der Postkarte befand sich anstatt der zwei Kraniche, die vorne links auf meinem Gemälde zu sehen sind, ein kleiner Eros mit Pfeil und Bogen. Außerdem fährt auf dem Gewässer des Postkartenmotivs ein Flussdampfer entlang. Das Bild über meinem Fernseher hing schon dort, als ich 2006 zum ersten Mal die Wohnung meines mittlerweile verstorbenen Mannes Bernd betrat. Ich hatte dieses Bild sofort geliebt. Es ist keine echte Kunst, sondern ein dekoratives Bild, unsigniert. Etwas, das man normalerweise auf Flohmärkten oder Trödelläden findet. Früher hatte es in der Lobby eines alten Art-Déco-Hotels in Hollywood gehangen. Später landete es dann in einer Modeboutique auf der Melrose Avenue, wo es Bernd in den 90er Jahren aufgefallen war. Er kaufte es der Boutiquenbesitzerin ab und ließ es nach München bringen. Seitdem hatte es an der Wand über dem Fernseher gehangen. Das Bild hat etwas Romantisch-Betörendes und strahlt dabei eine unaufdringliche, ja naive Freundlichkeit aus, die Bernds

düsterer Junggesellenbude sehr guttat. Auch wenn ich nach Bernds Tod viel an der Wohnung verändert habe, war immer klar: Das Urwaldbild bleibt. Wie ich nun herausfand, beruht das Bild auf einem relativ obskuren Stich des britischen Malers Philip Reinagle (1749–1833) mit dem Titel »Cupid Inspiring Plants with Love«. Darunter steht geschrieben »*And thou devine Linnaeus!*« Mit Linnaeus ist der schwedische Naturforscher Carl von Linné gemeint, der das moderne System für botanische und zoologische Klassifizierung erfand. Der Stich ist eine von 121 Tafeln, die das Buch »The Temple of Flora« von Robert John Thornton illustrieren – eine farbenprächtige Bibel der sexuellen Reproduktionssysteme von Pflanzen, mit anderen Worten: Blumen-Pornographie. Auf dem Motiv zielt ein nackter Eros mit seinem winzigen Pfeil und Bogen auf einen Strauch Strelitzien (auch Papageienblume genannt) und will sie so mit Leidenschaft versehen. Dem Hotelmaler meines Bildes war das wohl zu anzüglich, und er ersetzte den Eros durch zwei Kraniche. Der Flussdampfer, der auf dem Titelbild von »Die Liebe in den Zeiten der Cholera« zu sehen ist, war vom Buchdesigner hinzugefügt worden. Denn es ist auf einem Dampfschiff, das durch den südamerikanischen Dschungel den Magdalena-Fluss auf und ab fährt, wo die große und fast ein ganzes Leben überdauernde Liebesgeschichte zwischen dem unehelichen und anfangs armen Florentino Ariza und der reichen Bürgertochter Fermina Daza nach vielen Hindernissen ihr glückliches Ende findet. Die beiden hatten sich als Teenager unsterblich ineinander verliebt, doch Ferminas Vater hatte die *Amour Fou* der beiden zerschlagen. Fermina heiratet stattdessen den angesehenen Arzt Juvenal Urbino, während Florentino sich einer Myriade an sexuellen Affären hingibt und bei einem Schifffahrtsunternehmen Karriere macht. Als Urbino im hohen Alter unerwartet stirbt, während er seinen zahmen Papagei wieder einfangen will, nimmt Florentino dies zum Anlass, wieder um Fermina zu werben. Anfangs wehrt sich Fermina, doch auf dem Flussdampfer erkennt sie, dass auch sie Florentino immer noch liebt. Florentino, dessen Schifffahrtsunternehmen das Boot gehört, lässt den Kapitän die gelbe Choleraflagge hissen, die alle anderen Boote abschreckt. So können die beiden Liebenden ungestört von der Außenwelt in glücklicher Quarantäne über den großen, langsamen Fluss schippern. Happy End im Pandemie-Lockdown. Kein Wunder, dass Márquez' Roman Anfang 2020 wieder überall in den Auslagen von Buchläden zu sehen war.

Ohne dass es mir bewusst war, hatte ich als Teenager also schon einen kleinen Ausschnitt meines zukünftigen Lebens gesehen. Dieser Ausschnitt hatte mir offensichtlich so gut gefallen, dass ich ihn nicht als Postkarte verschickte, sondern in einer Blechbüchse aufhob. Im Rückblick verwandelte sich diese Postkarte zu einer Vorahnung, die sich dann 20 Jahre später bewahrheiten sollte. Dieser winzige Zufall ließ die Liebesgeschichte zwischen Bernd und mir schicksalhaft wirken. So, als wäre jede Begebenheit, jeder Zufall, jede Entscheidung vor meiner Begegnung mit Bernd ein unausweichlicher Schritt zu eben genau dieser Beziehung gewesen. Und dass ich dann fast zehn Jahre nach seinem Tod mit dieser Postkarte in der Hand an meinem Berliner Küchentisch sitzen sollte – umgeben von einem neuen Leben, das ich mir seitdem aufgebaut hatte –, auch das war mit einem Mal bedeutungsschwer.

Wirkte es doch wie der Abschluss eines langen, vom Schicksal bestimmten Kreislaufs. Mit einem Mal machte alles Sinn. All der Schmerz, die Trauer, ja sogar so eine wirklich unterirdische Beziehung mit einem Typen namens Thorsten, mit dem ich Mitte 20 zusammen war, alles hatte plötzlich eine Bedeutung.

Noch vor Kurzem hatte ich den schrecklichen Thorsten auf der gegenüberliegenden Straßenseite einer Fußgängerampel gesehen. Ich stand auf einer Verkehrsinsel inmitten einer vielbefahrenen Straße, als ich bemerkte, dass er auf der anderen Seite auf Grün wartete. 20 Jahre hatte ich ihn nicht gesehen. »Oh nee ....«, dachte ich und merkte, wie Panik in mir aufkam. Ich konnte weder zurück, noch konnte ich ihm ausweichen. Aus lauter Verzweiflung begann ich, auf die Frau einzureden, die neben mir stand. Dummerweise bemerkte ich zu spät, dass ich sie kannte. Ich hatte sie mal bei einer Podiumsdiskussion interviewt. Sie sah mich an, als hätte ich den Verstand verloren (zugegeben, keine ganz falsche Einschätzung der Situation), und flüchtete schnell. Aber mittlerweile waren wir auf der anderen Straßenseite angekommen, und ich hatte es geschafft: Ich hatte den schrecklichen Thorsten, dessen Erinnerung bei meiner Freundin Petra heute noch Lachkrämpfe auslöst, erfolgreich vermieden. Damals schien mir das alles so gar nicht schicksalhaft. Sondern einfach nur ein wirklich dummer Zufall und ein Testament meines unerschöpflichen Mangels an Souveränität. Aber jetzt, mit meiner »Die Liebe aus den Zeiten der Cholera«-Postkarte in der Hand, war Thorsten nur noch eine kleine Episode auf dem langen, widrigen Weg, der mich zu meinem Mann und damit auch zu dem Gemälde über meinem Fernseher gebracht hatte. Mit einem Mal trudelte ich nicht mehr dauerverwirrt durch meinen Bewusstseinsstrom. Ich war Teil eines großen Plans. Der Kosmos hatte mich bemerkt.

Schicksalhaftigkeit ist etwas, das wir gerne mit unseren romantischen Gefühlen verbinden. Den Kontrollverlust, den wir erleben, wenn wir uns verlieben – der Totalausfall aller Rationalität, die Aufregung, der Stress, das Leid, das überbordende Glück, die Monomanie unserer Gedanken –, all die Gefühle, für die schon das Hohelied Salomos im Alten Testament Worte suchte und die immer noch unendlich viele Popsongs, Filme, Theaterstücke und Bücher inspirieren, ganz zu schweigen von der Teddybär-, Grußkarten-, Blumen- und Lebkuchenherzindustrie, wir geben ihnen gerne eine Bedeutung, indem wir versuchen, darin das Schicksal aufzuspüren. Wenn wir wieder einmal ein neues Objekt unserer Leidenschaft entdeckt haben, werden wir zu Auguren, Hobby-Wahrsagern, Suchern von Zeichen und Interpreten von Zufällen. Denn ist die Schicksalhaftigkeit der Verbindung erst etabliert, können wir uns ein wenig entspannen. Haben wir doch dann die Gewissheit, dass wir nicht die Kontrolle über unsere Gedanken und Gefühle verloren haben, sondern sie viel mehr an das Schicksal abgegeben haben. Dann ist das Leben plötzlich keine Aneinanderreihung von Sinnlosigkeiten mehr, sondern ein Weg, der uns zu dieser einen besonderen Seele geführt hat. Der eigene Ausnahmezustand wird zur Vorsehung erhöht. Unser Leben hat mit einem Mal etwas Mystisches. Alles hat auf einmal einen Sinn. Endlich sind wir mehr als die Summe unserer sozioökonomischen Präferenzen, Hormone, Stoffwechselvorgänge und Kindheitstraumata. Wir sind Teil der großen Magie des Lebens. Zu den weissagenden Fähigkeiten, die wir plötzlich entwickeln, kommt übrigens meist auch eine erstaunliche interpretative Fertigkeit. Wenige Worte, ja auch nur ein Blick, oder besser noch absolute Stille und die totale Absenz von Kommunikation werden rigorosen Analysen und den vergleichenden Literaturwissenschaften von Textnachrichten unterworfen. Jeder mögliche Gesichtspunkt einer Nachricht oder Aussage wird beleuchtet. Ich bin immer noch fassungslos ob der Energie, die ich bei der Deutung irgendwelcher lapidaren Sätze von irgendwelchen Typen verschwendet habe. Alles nur, weil die Erfüllung meiner Sehnsüchte so lebenswichtig und eine mögliche Abweisung geradezu apokalyptisch erschien. Damals wusste ich noch nicht, dass Sehnsüchte und Ängste meistens aus demselben emotionalen Stoff gemacht sind. Ich wusste aber sehr wohl, ohne dass es mir irgendjemand beibringen musste, dass die große Sehnsucht der Leidenschaft immer und ständig mit Zeichen, Wundern und Rätseln gefüttert werden muss.

In Platons »Gastmahl« erklärt der Komödienschreiber und Satiriker Aristophanes den anderen Teilnehmern des Gastmahls diese für uns schicksalhaft und zwingend wirkende Leidenschaft für einen anderen Menschen folgendermaßen: Am Anfang der Welt gab es drei verschiedene Geschlechter. Männlich, weiblich und ein weiteres Geschlecht, das männlich und weiblich vereinte. Die Menschen hatten damals vier Hände und vier Beine, denn das männliche Geschlecht setzte sich aus zwei Männern und das weibliche aus zwei Frauen zusammen. Das männliche stammte von der Sonne, das weibliche von der Erde und das gemischte vom Mond, denn der Mond hat ja sowohl Anteil von der Sonne als auch von der Erde. Die Menschen waren damals in ihrer Doppelung so stark und mächtig, dass sie sich entschieden, den Himmel zu ersteigen und die Götter anzugreifen. Die Götter beratschlagten, was zu tun sei. Schließlich konnten sie die Menschen nicht einfach mit dem Donner erschlagen und sie aufessen, denn dann wären auch alle Tempel, in denen die Menschen die Götter anbeten, verschwunden. Der Göttervater Zeus hatte die rettende Idee: Um die Menschen zu schwächen und sie von ihrem Übermut abzubringen, wollte er sie zerteilen, auseinanderschneiden wie man Birnen zerschneidet, um sie einzumachen. Gesagt getan. Mithilfe von Apoll, dem Gott der schönen Künste und der Heilung, ließ er die zerschnittene Flanke der Menschen wieder zuwachsen. Nur der Bauchnabel blieb, als Erinnerung an die einstige Vollendung. Die Menschen aber, die nun auf einmal entzwei geschnitten waren, suchten sehnsüchtig nach ihrer anderen, verloren gegangenen Hälfte. Umschlangen sich mit ihren Armen und Beinen, versuchten sich mit anderen Körperhälften zu vereinen und voller Begierde zusammenzuwachsen – immer auf der Suche nach dem einen Körper, der früher ein Teil ihrer selbst gewesen war. Und wenn sie die andere Hälfte nicht finden konnten, starben sie vor Hunger und Traurigkeit, weil sie es ohne ihre andere Hälfte nicht mehr aushielten. So ging die Menschheit langsam zugrunde. Das war auf Dauer auch keine Lösung. Und so kam Zeus auf die Idee, die Geschlechtsteile so zu verändern, dass durch die Verbindung zwischen einem männlichen und einem weiblichen Wesen ein neuer Mensch entsteht. Denn bisher war es so gewesen, dass die Menschen sich ohne Sex, aus sich selbst heraus fortgepflanzt hatten. So konnten sich die Menschen durch die Schaffung eines neuen Menschen wieder vereint fühlen. Und wenn sich zwei Männer oder zwei Frauen miteinander vereinten, konnten sie zumindest vorübergehend ihr Gefühl von Unvollständigkeit beruhigen. So kam es, dass die Menschen so leidenschaftlich nach der Verbindung mit einem anderen Menschen streben. Suchen sie doch dabei nach ihrem Gegenstück, einem Menschen, der sie wieder ganz macht. »Ich will aufstehen und in der Stadt umhergehen auf den Gassen und Straßen und suchen, den meine Seele liebt«, beschreibt das Hohelied Salomos diesen inneren Zwang – und klingt dabei zwar prosaischer, aber nicht weniger dringlich.

Die Liebe als schicksalhafte Leidenschaft, die uns aller Ratio entledigt und uns zu zwanghaft Suchenden macht, ist eine Vorstellung, die in Europa vor allem durch den Tristan-und-Isolde-Mythos Verbreitung fand. Ein Mythos über den Ehebruch, der im Mittelalter immer wieder von vor allem französischen und deutschen Dichtern verarbeitet wurde und so begann, unsere gesamte Kultur und unsere Vorstellung von Liebe zu durchdringen. Bei Tristan handelt es sich um einen Prinzen, der die irische Prinzessin Isolde nach Cornwall bringen soll, damit diese dort Tristans Onkel, König Marke von Cornwall, heiraten kann. Auf der Seereise dorthin gibt ihnen jedoch eine Magd den falschen Wein zu trinken – einen magischen Kräuterwein, der eigentlich für Isoldes zukünftigen Ehemann bestimmt ist und der von Isoldes Mutter gebraut worden war, um ein Gelingen der Ehe zu gewährleisten. Dieser Wein, quasi mittelalterliches MDMA, führt dazu, dass sich die beiden unsterblich ineinander verlieben und diese Liebe auch vollziehen. Das Schicksal hat zugeschlagen. Nie wieder werden sie im Leben voneinander loskommen. Mit dem Wein haben sie auch ihre Vernichtung, ja ihren Tod getrunken. Der mittelalterliche Dichter Beroul drückte das so aus: »Mit Gewalt lenkt euch die Liebe!«. Anstatt mit seiner Geliebten zu fliehen, bringt Tristan Isolde trotz aller Leidenschaft zu König Marke. Isolde und König Marke heiraten. Doch schon bald erfährt Marke von der Liebe zwischen Tristan und Isolde. Nach einigem Hin und Her wird der Ehebruch der beiden bewiesen. Tristan und Isolde fliehen in einen Wald und leben dort ein »raues, hartes« Leben. Die Wirkung des Liebestranks lässt nach, und Isolde sehnt sich nach dem Leben am Hof zurück. König Marke begnadigt Isolde, die schwört, Marke niemals betrogen zu haben. Tristan ist überzeugt, dass Isolde ihn nicht mehr liebt und geht in die Ferne. Dort willigt er ein, eine andere zu heiraten, obwohl er sie nicht liebt. Er wird verwundet und lässt nach der Königin von Cornwall rufen, der Einzigen, die ihn noch retten kann. Doch Isolde kommt zu spät. Als ihr Schiff anlegt, ist Tristan schon tot. Isolde schließt ihren toten Geliebten in die Arme und stirbt.

Tristan und Isolde, diese Geschichte steht für die Leidenschaft der Liebe. Einer Liebe, die unausweichlich zum Tod führt. Liebe und Tod. Eros – nicht nur im Sinne von physischem, sondern eben auch emotionalem Begehren – und Thanatos sind in diesem Mythos zwei Seiten derselben Medaille. Hier wird die Leidenschaft zur großen Verheißung ausgerufen, wird verklärt zu einer Macht, die alles durchdringt und glühende

Glückseligkeit verspricht. Erst durch diese Leidenschaft wird das Leben lebenswert. Und doch impliziert diese Leidenschaft vor allem eben auch Leid. Einen harten, steinigen Weg, der zwar im Tod endet, aber eben auch so herrlich und unwiderstehlich ist. Der musikalische Inbegriff dieser Leidenschaft ist Richard Wagners »Liebestod« aus seiner Oper »Tristan und Isolde«. Möglicherweise das orgastischste Musikstück der Klassik. Ich habe lange gebraucht, bis ich es mir anhören konnte. Richard Wagners Antisemitismus hat mich immer so angewidert, dass ich mich seiner Musik komplett verweigert habe. Bis dann der jüdische Dirigent der Berliner Staatskapelle, Daniel Barenboim, den »Liebestod« mit der Staatskapelle in Jerusalem aufführte. Weil ich Barenboim so bewundere, habe ich mir das Stück damals zum ersten Mal bewusst angehört. Wagners »Liebestod« widersetzt sich in seiner hyperbolischen Emotionalität jeglicher Beschreibung. Beim Zuhören zerreißt es einem das Herz, nicht zuletzt, weil die Musik so schön ist und die politische Haltung ihres Komponisten so schrecklich. Aber Komplexität ist eben auch das, was den Tristan-und-Isolde-Mythos kennzeichnet. Was wir in der westlichen Welt als Liebe bezeichnen und was somit die Grundlage all unserer Geschichten, Träume und Ängste von der Liebe liefert, ist in diesem Mythos verankert. Das ist jedenfalls die Ansicht des Schweizer Kulturtheoretikers Denis de Rougemont, der in seinem Buch »Die Liebe und das Abendland« beschreibt, wie die Liebes- und Leidensgeschichte von Tristan und Isolde die westliche Kultur durchwandert und nachhaltig unsere Idealvorstellung von Liebe geprägt hat. De Rougemont schreibt: »Der Mythos ist überall dort am Werke, wo man von der Lei-

denschaft wie von einem Ideal träumt, wo man nicht vor ihr zu-
rückschreckt wie vor einem bösartigen Fieber; überall dort, wo
man ihr Verhängnis herbeiruft, es ersehnt und es sich wie eine
schöne und wünschenswerte Katastrophe, nicht einfach wie
eine Katastrophe ausmalt. Er lebt vom Leben derer, die glauben, Liebe sei Schicksal (im Mythos ist das der Liebestrank),
die glauben, sie stürze sich auf den machtlosen und fortgerisse-
nen Menschen, um ihn in einem reinen Feuer zu verzehren, die
glauben, sie sei stärker und wahrer als das Glück, die Gesellschaft und die Moral.« Meine pommersche Großmutter fasste
diese mythische Leidenschaft so zusammen: »Der Mann muss
ins Haus, und wenn das Klavier raus muss.«

Im Tristan-und-Isolde-Mythos existiert die Leidenschaft nicht
trotz, sondern wegen der Hindernisse, die ihr in den Weg gelegt werden. Als Tristan und Isolde sich anfangs begegnen,
empfinden sie nichts für einander. Sie lieben sich nicht und sagen sich das auch. Doch dann schlägt das Schicksal in Form
des vertauschten Zaubertranks zu und entledigt sie ihres freien
Willens. Der Zaubertrank entrückt sie vom Alltag und erhebt
sie – wie wir es von echten Liebenden erwarten – über Gut und
Böse. Die Liebe, die durch den Zaubertrank ausgelöst wird, ist
nicht die Liebe für die andere Person, sondern für die Liebe
und das Lieben selbst. Tristan und Isolde sind verliebt ins Verliebtsein. Die andere Person spielt keine eigentliche Rolle, sondern das, was zählt, ist die Legende der Leidenschaft, die die
beiden kreieren und sie zu etwas Besonderem erhebt. Eine Legende, die nur bestehen kann, wenn es Hindernisse zu überwinden gibt. Bis schließlich das ultimative Hindernis erreicht

ist, nämlich der Tod. Der Liebestod ist es dann, was die beiden ins Unermessliche erhebt – die ewige orgastische Glückseligkeit, wie wir sie bei Wagner hören können. Wie später bei Shakespeares Romeo und Julia, um nur eins von den zahllosen Beispielen zu erwähnen, die dem Vorbild von Tristan und Isolde folgen, sind die Liebenden für immer im Tode vereint. Auch bei Márquez' »Die Liebe in den Zeiten der Cholera« ist das nicht viel anders. Zwar sterben Florentino und Fermina am Ende nicht, aber sie kreuzen mit dem Symbol der todbringenden Cholera-Flagge auf ihrem Dampfer den Fluss auf und ab. *La petite mort,* der kleine Tod des Orgasmus, wird zum großen Tod. Und wenn sie nicht zufrieden geworden sind, dann sterben sie noch heute. Was natürlich nicht bedeutet, dass jede Liebesgeschichte mit dem Tod enden muss. Aber die glückliche Liebe hat keine Geschichte, wie De Rougemont betont. Nur die bedrohte, die vom Leben verdammte Liebe, die gegen Schwierigkeiten kämpfen muss, ist in der westlichen Kultur erzählenswert. Die glückliche, zufriedene, dramafreie Liebe, sie mag existieren, aber wir erzählen uns einander nicht von ihr. So wird denn auch die körperliche Leidenschaft, die in sofortiger Befriedigung endet, als Pornographie abgetan. Und ein Porno zeichnet sich nicht nur durch Sex aus, sondern vor allem auch durch die Absenz von Handlung. Zwar wird immer mal wieder versucht, das zu verändern, aber Porno ist Porno. Da geht es um Befriedigung, jegliche Herauszögerung durch ein narratives Hindernis negiert den Sinn der Angelegenheit. Auch die größte und erfolgreichste Erfindung Hollywoods, das Happy End, ändert daran nichts. Schließlich wird nach dem Happy End gewöhnlich abgeblendet. Das Happy End, der große Leinwandkuss am Schluss, er bedeutet, ähnlich wie der Liebestod, das Ende der Fahnenstange. Dann ist die Geschichte vorbei. Alle Hindernisse sind überwunden. Die Liebenden interessieren uns nicht mehr. Die Geschichte ist tot.

Eine Liebe wird dann legendär, wenn ihr endlose Hindernisse widerfahren. Das ist nicht nur bei Tristan und Isolde so, sondern bei jeder romantischen Komödie und jeder Soap Opera. Von »Bridget Jones« bis »Verbotene Liebe« – sie alle folgen dem Tristan-und-Isolde-Schema. Auch die Geschichte meiner Urgroßmutter Elisabeth, die weinend unter dem Apfelbaum stand und ihrem verlorenen Geliebten hinterhertrauerte, folgt dem uns wohlbekannten Muster der sehnsuchtsvollen Leidenschaft. Die erste pan-europäische Pop-Ikone, Goethes Werther aus »Die Leiden des jungen Werthers«, der sich in die schon verlobte Charlotte verliebt, dadurch in tiefe Verzweiflung verfällt und schließlich Selbstmord begeht, ist der Tristan des 18. Jahrhunderts. Der Roman wurde zum europäischen Bestseller und löste ein »Wertherfieber« aus. Werthers absolutes Bekenntnis zu seiner unerfüllbaren Liebe ebenso wie seine Auflehnung gegen die hierarchische Ordnung und sozialen Schranken, die seine persönliche Entfaltung behindern, erregte begeisterte Leser wie auch besorgte Kritiker. Fans des Romans ahmten Werthers Kleidung nach, pilgerten zum »Werthergrab«, und angeblich löste der Roman auch eine Selbstmordwelle aus.

Ähnlich wie bei Tristan und Isolde sind es die sozialen Schranken, an denen Werther verzweifelt. Werther oszilliert zwischen

Verzückung und metaphysischer Trauer. Die geliebte Person löst tiefe Rührung aus wie auch vergötternde Phantasien von Transzendenz. Leidenschaft leuchtet als Gipfel allen Lebens. Doch die kosmische Befreiung bleibt natürlich aus. Die Hindernisse sind zu groß, die Transzendenz scheitert. Die Verzweiflung ist unumgänglich, die Trauer immens. Diese wunderbare deutsche Erfindung, der Weltschmerz – das ultimative Kontrastprogramm zum Happy End – setzt ein. Der Suizid wird quasi zwingend, um noch vor sich selbst bestehen zu können. Die ultimative Konsequenz der eigenen Leidenschaft, der Tod, ist wichtiger als das Leben. Wobei sich die Frage stellt, wie real die Hindernisse wirklich sind, an denen sowohl Werther als auch Tristan und Isolde verzweifeln. Werther scheint das Glück nur zu interessieren, wenn es auch wehtut. Er steigert sich von einem Problem ins nächste, bis irgendwann klar wird, dass die befreiende Ekstase, die er sucht, nur im Tod existieren kann.

Auch Tristan und Isolde suchen immer wieder nach Gründen, um voneinander getrennt zu sein. De Rougemont schreibt: »Sie verpassen sozusagen keine Gelegenheit, sich voneinander zu trennen. Ist kein Hindernis da, so erfinden sie eins.« So ist das eigentliche Thema des Tristan-und-Isolde-Mythos' die Trennung der beiden Liebenden im Namen der Leidenschaft und einer Liebe, die die Liebenden quält, um sie zu erheben – Glückseligkeit auf Kosten des Glücks und sogar auf Kosten des Lebens selbst.

Hat das noch irgendetwas mit der anderen Person zu tun? Ist das Liebe im Sinne von sich gegenseitig erkennen und wahrnehmen? Oder ist diese Leidenschaft nicht ein rein narzisstisches Programm der Selbsterhebung durch Verzweiflung? Eine Ekstase, bei der die andere Person zu einer Projektionsfläche, ja zu einem Katalysator für all das wird, was man sich sonst nicht traut, alleine zu erfahren. Eine *Carte blanche* für einen hyperbolischen Exzess an Gefühl, der uns von der lähmenden Erwartung befreit, ein »normales«, im Alltag funktionierendes Lebewesen sein zu müssen. Wir lieben nicht so sehr die Person, die wir so leidenschaftlich begehren, sondern vielmehr das Hindernis, durch das wir erst unsere Leidenschaft entdecken und so uns selbst als außergewöhnlich erfahren. Erst durch das Hindernis können wir unsere Leidenschaft wahrnehmen. Endlich erhalten wir die Erlaubnis zum großen Gefühl. Der kleine persönliche Fernsehfilm unseres Lebens wird plötzlich zum großen Kino. Im Alltag wirkt sich das oft so aus, dass Paare sich erst einmal richtig streiten müssen, um wieder guten Sex zu haben. Erst das Hindernis, dann die Leidenschaft.

Ebenso wie ständiges Reden der beste Weg ist, einer anderen Person nicht zuzuhören, ist die leidenschaftliche Idealisierung des anderen der perfekte Weg, sich nicht wirklich mit der anderen Person, sondern vor allen Dingen mit seinen eigenen Idealen zu beschäftigen. Eins der beliebtesten Genres in der Selbsthilfe-Literatur ist die Sparte »Ich verliebe mich ständig in unerreichbare oder schon vergebene Menschen«. Mit anderen Worten, wir verlieben uns immer wieder in Menschen, vor denen ein unüberbrückbares Hindernis steht. Die Frage ist aber doch, warum brauchen wir ein Hindernis, also den Nebenbuhler beziehungsweise die andere Person, um unsere

Leidenschaft zu fühlen? Um uns selbst zu erlauben, leidenschaftlich zu sein? Wenn mir eine Freundin empört oder verzweifelt von einer anderen Frau erzählt, von der sie annimmt, dass sie ihre Beziehung bedroht, habe ich oft das Gefühl, dass ihr Interesse gar nicht so sehr um ihren Partner, sondern eher um die andere Frau kreist. Die Leidenschaft, die sie für ihren Freund empfindet, ist nur ein Mittel zum Zweck, um sich obsessiv mit der anderen Frau zu beschäftigen. Die andere Frau wird *en detail* analysiert, beobachtet und kritisiert. Oft spielt der Partner in einem dieser großen Empörungsmarathons nur eine Statistenrolle. In diesen Erzählungen der Leidenschaft wissen wir am Ende gar nicht mehr, ob es die Hindernisse sind, die die Leidenschaft auslösen, oder die Leidenschaft das Hindernis. Und die Frage ist auch, ob nicht eigentlich das Hindernis, also die andere Frau, die Person ist, die meine Freundin begehrt. Dass eben die Leidenschaft für eine Person nur dazu da ist, die Leidenschaft für das Hindernis zu maskieren. Mit anderen Worten, dass Hindernis und Leidenschaft identisch sind.

Im Sommer 2020, als die Restaurants wieder geöffnet waren und sich ein Gefühl der relativen Freiheit breitmachte, ging ich mit einem Bekannten essen. Normalerweise reden wir eigentlich nur über Arbeit, aber irgendetwas war während des Lockdowns passiert. Wir waren redseliger geworden und das Persönliche wichtiger, ja, unwiderstehlich. Als ich meinem Bekannten, nennen wir ihn Thilo, erzählte, dass ich darüber nachdächte, ein Buch über Liebe zu schreiben, nickte er nachdenklich. Ja, es sei schon seltsam, dass die Frauen, mit denen er

Beziehungen eingehe, immer verheiratet seien. Auch jetzt sei er wieder in eine sehr leidenschaftlichen Affäre verstrickt. »Ah ja?«, fragte ich, und weil mir der ungewohnte Cocktail zu Kopf gestiegen war, fragte ich weiter: »Wie ist denn dein Verhältnis zu deiner Mutter?« Hmmm, brummte Thilo in sein Glas. Und dann nahm er einen großen Schluck und erzählte mir, wie er als Student eines Nachmittags seine Mutter zu Hause besuchte. Es klingelte am Gartentor. Thilo ging hinaus und sah dort einen Boten, der ein Paket für seine Mutter hatte. Der Bote war beauftragt, das Paket der Mutter persönlich zu überreichen, aber Thilo nahm es ihm einfach ab. »Ich sehe heute noch den Gartenweg vor mir und erinnere mich an das diffuse Gefühl, dass ich meiner Mutter das Paket besser nicht geben sollte. Aber dann hab' ich's doch getan.« Die überraschte Mutter öffnete das Paket am Esszimmertisch, während Thilo zuschaute. Das Paket enthielt Fotos, die Thilos Vater in intimen und romantischen Situationen mit einer anderen Frau zeigten. Diese Geliebte des Vaters war auch die Absenderin des Pakets. Der Vater hatte die Affäre vor Kurzem beendet, und aus Rache hatte die Geliebte der Mutter die Fotos und andere Andenken geschickt, die bewiesen, wie lang und intensiv die Affäre gewesen war. Für die Mutter brach eine Welt zusammen. Das Drama, das nun folgte, war natürlich groß. Tränen, Anschuldigungen, Besserungsschwüre. Die Mutter und der Vater trennten sich nicht, sondern blieben zusammen. Trotzdem flackerte die Beziehung zu der Geliebten immer wieder auf. Und damit immer wieder auch das Drama. Die Affäre endete erst, als die Geliebte Jahre später an Krebs starb. Leidenschaft bis in den Tod, wie bei Tristan und Isolde. Thilo fragte sich all diese

Jahre, was die Geliebte seines Vaters besaß, dass dieser nicht von ihr loskam. Worin lag ihr Zauber, ihre Macht über den Vater und damit auch über Thilos gesamte Familie? Die andere Frau des Vaters wurde so zum Faszinosum. Für Cocktail-Psychologinnen wie mich lag es da auf der Hand, dass Thilo in seinem eigenen Liebesleben die Rolle des Geliebten beziehungsweise des Hindernisses einnahm. War es doch die Rolle, die ihm die vermeintliche Kontrolle über die emotionalen Dynamiken des Beziehungsdreiecks gab. Eine Rolle, die aus Thilos Erfahrung ihrem Träger die magische Kraft verleiht, anderen Personen große Leidenschaft wie auch Schmerz zuzufügen. Ist das Liebe? Es ist auf jeden Fall nicht langweilig.

Die Frage ist ja, kann ich leidenschaftliche Liebe auch ohne Hindernis erleben? Oder ist die Befriedigung von Leidenschaft und damit auch die Ausräumung aller Hindernisse immer auch gleichbedeutend mit dem Tod von Möglichkeiten und damit dem Ende der Zukunft? Brauchen wir vielleicht das Hindernis als eine Art Absicherung? Suchen wir uns Hindernisse als quasi antifaschistische Schutzwälle gegen die totale Verschmelzung und damit eben auch den Tod des Ichs? Denn die Verschmelzung ist es ja, was die Leidenschaft fordert. Sei es nun das Zusammenschmelzen zweier Individuen zu einer Einheit (und sei es auch nur für ein paar Sekunden) oder aber der Einverleibung der einen Person in das Ego einer anderen Person. So ein Hindernis kann die Form einer physischen Distanz einnehmen ebenso wie die der Schwiegermutter, der Ablehnung durch die Gesellschaft oder den Freundeskreis oder eben auch das Hindernis eines anderen Partners. Wenn wir immer wieder auf ähnliche Hindernisse stoßen – eine Zeit lang hatte ich zum Beispiel immer wieder Distanzbeziehungen, die mich extrem frustrierten – oder wie Thilo permanent die Vergangenheit wiederholen anstatt uns einfach nur an sie zu erinnern, schotten wir uns gegen die Zukunft ab. Eine Zukunft, von der wir nie wissen, wie sie wirklich aussehen wird, weil wir sie ja so unbedingt verhindern wollen. Aber wie sollen wir uns jemals etwas wünschen, wenn es nichts gibt, was der Erfüllung des Wunsches im Weg steht? Wie jemals etwas meistern, wenn es nichts zu überwinden gibt? Eine Welt ohne Hindernisse ist nicht vorstellbar, ebensowenig wie eine Welt ohne Leidenschaft. Laut Sigmund Freud ist das Unbewusste eine Welt, in der es keine Hindernisse gibt. Eine Welt ohne Zweifel, ohne Verbote, ohne Zeit. Doch sobald wir als Kleinkinder in die Welt des Bewusstseins eingeführt werden, begegnen uns Hindernisse. Sei das nun der eigene Körper, die Mutter oder die Bauklötze auf dem Teppich. Descartes' Satz »Ich denke, also bin ich« sollte eigentlich lauten »Ich bin frustriert, also bin ich«. Die Aufgabe der psychoanalytischen Therapie besteht laut dem Psychoanalytiker Adam Phillips (in »On Kissing, Tickling and Being Bored«) darin, »dem Patienten zu helfen, tolerierbare Hindernisse zu finden oder aber sich Hindernisse auszusuchen, die mehr Befriedigung versprechen. Schlechte Hindernisse machen unsere Leben ärmer.«

1990 hatte ich meinen ersten Job in London. Das Büro lag am gammeligen Ende der Oxford Street, auf der Höhe des Soho Squares. Neben den Hare-Krishnas, die dort jeden Tag trommelnd und singend vorbeitanzten, gab es auch einen kleinen

alten Mann, der tagein tagaus mit einem großen Plakat herum-
lief und nie etwas sagte. Auf dem Plakat stand:

LESS PASSION
FROM LESS
PROTEIN:
LESS FISH
MEAT BIRD
CHEESE:
EGG: PEAS
BEANS. NUTS
and SITTING

Der Mann hieß Stanley Green und war jahrzehntelang mit
diesem Schild die Oxford Street auf und ab gegangen. Auf
fast jedem Foto von einer dicht bevölkerten Oxford Street ist
er zu sehen. Er gehörte zur Londoner Innenstadt wie die roten Doppeldeckerbusse. Als er 1993 starb, widmeten ihm alle
großen britischen Tageszeitungen einen Nachruf. Green war
der Ansicht, dass weniger Leidenschaft die Menschheit güti-
ger und freundlicher machen würde. Ich weiß noch, dass mich
seine Warnung vor Erbsen wirklich verwirrte. Aber er erinnerte mich auch an Seneca und die anderen Stoiker, die wir
im Lateinunterricht gelesen hatten. Für die stoischen Philosophen der Antike war der Idealzustand des Menschen die Lei-
denschaftslosigkeit. Die Außenwelt mit allen ihren Hindernissen, Leid und Schmerz kann dem Stoiker keinen Schaden
zufügen. Vergängliches wie Geld, Ansehen, aber auch die Liebe
zu einem Menschen, kann einem nie stabiles Glück geben. Lei-

denschaften versklaven und verwirren uns, sie sind auf jeden Fall zu vermeiden. Die Stoa lehrt das Glück der inneren Unabhängigkeit, der *Autarkia*. Ziel des Menschen muss sein, sich dem alles durchwirkenden göttlichen Prinzip unterzuordnen und die Notwendigkeit des Schicksals anzuerkennen. Die Stoiker sahen die Natur als Manifestation des göttlichen Prinzips. Denn die Natur unterliegt einer göttlichen Ordnung, den ewigen Zyklen von Kommen und Gehen, von Ebbe und Flut, von Geburt, Leben, Tod, Erneuerung. Die Natur ist indifferent, in ihr kann das vermeintlich Gute mit dem vermeintlich Bösen koexistieren. Das Raubtier oder der giftige Skorpion gehören genauso zum göttlichen Prinzip wie der Koala oder das Kätzchen. Das stoische Leben ist denn auch ein Leben im Einklang mit der Natur. Die Stoiker mit ihrer Ermahnung zur Vernunft und Naturbezogenheit erhielten durch die Corona-Pandemie eine ganz neue Relevanz. Beweis, dass wir als Menschheit in den letzten zweitausend Jahren nicht wirklich viel dazu gelernt haben. Aber der Lockdown, besonders, wenn man ihn wie ich allein verbrachte, bewies auch, dass militante Vorstellungen von stoischer Selbstgenügsamkeit auf Dauer nicht funktionieren. Vor Kurzem sah ich mir wieder den russischen Sci-Fi-Film »Solaris« von Andrei Tarkowski an, in dem ein Psychologe eine Raumstation besucht, wo die beiden dort stationierten Kosmonauten eine psychische Krise erleben und von Halluzinationen heimgesucht werden. Einer der Wissenschaftler erklärt darin:

> »Wir haben doch gar nicht die Absicht, ihn zu
> erobern für uns, den Kosmos ... Wir wissen nicht,

was wir anfangen sollen mit anderen Welten ... Wir
befinden uns in der dummen Lage eines Menschen,
der mit Macht ein Ziel sucht, das er fürchtet. Welches
er keineswegs braucht. Denn der Mensch braucht den
Menschen.«

Nach dieser Szene musste ich den Film eine Weile ausschalten. Ich war mit einem Mal wirklich traurig. Genau wie der Kosmonaut. Auf Dauer ist die Einsamkeit einer Raumstation, und auch wenn sie sich nur im zweiten Stock eines Wohnhauses befindet, einfach kein Zustand. Nicht nur, weil einen die Erinnerungen heimsuchen und plötzlich ein seltsames Eigenleben entwickeln. Sondern ganz einfach deswegen, weil die Hölle eben nicht die anderen sind, sondern die Erkenntnis, dass wir ohne die anderen nicht leben können. Das Hindernis des Lockdowns, es hat in mir keine romantische Leidenschaft ausgelöst, wohl aber eine Leidenschaft für andere Menschen. Für Sozialleben. Für Kultur. Für meine Freunde.

Das Problem mit den Stoikern wie auch mit dem Tristan-und-Isolde-Mythos ist die Schicksalsgläubigkeit von beiden. Denn als Jünger der Leidenschaft denken wir ja ähnlich wie die Stoiker, dass das alles so kommen musste, dass wir keine andere Wahl haben, dass die Liebe und möglicherweise auch das Schicksal uns mit Gewalt lenken. Dass wir uns unserem Schicksal hingeben und damit eben auch unserer Leidenschaft folgen müssen, auch wenn es wehtut. Dabei sind Zeichen und Zufälle, ebenso wie Hindernisse und auch der Tod absolut sinnlos. Sie sind indifferent, so, wie die Natur selbst. Erst wir geben ihnen Bedeutung. Es geht nicht darum, die Bedeutung eines Zufalls zu entschlüsseln, sondern sich zu entscheiden, was dieser Zufall einem bedeuten soll. So sind wir es denn, die wie der nackte Eros in dem Urwaldbild auf dem Cover von »Die Liebe in den Zeiten der Cholera« durch die Gegend rennen und die indifferente Natur um uns herum mit Leidenschaft und damit auch mit Bedeutung versehen. Wir sind es, die den Pfeil und Bogen der Leidenschaft in den Händen halten. Und wir sind es auch, die entscheiden, welche Hindernisse wir brauchen, um unsere Leidenschaft zu erfahren. Adam Phillips hat recht. Wenn wir uns bessere Hindernisse aussuchen, können wir auch Leidenschaften finden, die nicht in verbrannter Erde enden. Vielleicht ist das, was uns im Leben widerfährt, tatsächlich Schicksal. Aber wie wir uns damit fühlen, ist unsere Entscheidung.

LUST

Wenn ich liebe, seh' ich Sterne.
Ist's getan, seh' ich den Mond.
Ach, es war nur die Laterne.
Trotzdem hat es sich gelohnt.
JULIE SCHRADER

An meinem ersten Tag in Berlin, nachdem ich den Mietwagen zurückgegeben hatte, ging ich die Straße entlang durch mein Viertel. Überall saßen Menschen vor den Restaurants, redeten miteinander, lachten. Nach den langen Monaten der Isolation im extra strengen Münchner Lockdown war so viel Sozialleben überwältigend. All diese Gesten, Augenblicke, Körper, all dieses zum Ausdruck gebrachte Gefühl. Wie trunken waren wir, betrunken vom Menschsein. Nur dass ich dieses »wir« nicht fühlte. Noch war ich nicht wirklich angekommen. Mir war das alles noch fremd, ja, unheimlich. Sowohl im konkret medizinischen Sinne (*Huch! Werden hier keine Viren übertragen?*) wie auch im freudianischen Sinne. Freud definierte »Das Unheimliche« als etwas, was einem früher vertraut war, man aber mittlerweile ins Unbewusste verdrängt hat. Ein Erlebnis kann das

Verdrängte wieder ins Bewusstsein bringen und Angstgefühle auslösen, die ein Symptom des Verdrängungsmechanismus sind.

Während ich den Bürgersteig entlangging und auf die Menschen in den Restaurants schaute, fiel mir ein Erlebnis aus meiner Kindheit ein. Ich war mit meinen Eltern im Frankreichurlaub und wir besichtigten die Burg der Herzöge der Bretagne in Nantes. Diese Festung hatte im 17. Jahrhundert auch als Gefängnis für die Feinde des französischen Königs gedient. In einem der Kerker, auf dessen schmutzigem Steinboden die Gefangenen an Eisenkugeln gekettet waren, hing von der hohen Kuppel ein Käfig. In diesen Käfig passte gerade mal ein Mensch, doch weder war er lang genug, dass sich der Gefangene darin ausstrecken konnte, noch hoch genug, um darin gerade zu stehen. Dieses Folterinstrument hatte sich ein Kardinal ausgedacht, der dann aber selbst darin eingesperrt wurde und ein schreckliches Ende fand. Ich erinnere mich gut an dieses gruselige Gefühl, unter dem Käfig zu stehen und mir vorzustellen, wie der Kardinal darin die von ihm geschaffene Hölle erlebte. Aber einen noch stärkeren Eindruck machte eine Zelle auf mich, die erst einmal recht geräumig und angenehm wirkte. Dann aber machte die Fremdenführerin das Licht aus. Plötzlich stand ich mit den anderen Touristen in fast kompletter Dunkelheit. Nur durch eine winzige Scharte im dicken Gemäuer fiel ein Lichtschlag auf die gegenüberliegende Wand. Erst jetzt bemerkte ich, dass die Wand dort, wohin das Licht fiel, mit Zeichnungen und Schriften übersäht war. Jeder Quadratzentimeter war beschrieben. In diesem Moment wurde mir als Kind klar, wie kostbar Licht ist. Ist es doch das

Versprechen von Freiheit und von Leben, und gibt uns gleichzeitig die Möglichkeit, unsere Erinnerungen und Sehnsüchte sichtbar zu machen. Dass ich später einmal Filmtheorie studieren sollte, hat sicherlich auch mit diesem Moment zu tun. Es war auch das erste Mal, dass ich mich mit einer Gruppe fremder Menschen in einem dunklen Raum fernab der Außenwelt befand und mit ihnen ein Erlebnis teilte, das sowohl Angst wie auch Erregung auslöste. Damals wusste ich noch nicht, dass die Welt der Erwachsenen voll von solchen dunklen Räumen ist, nicht nur im Kino und dem Konzertsaal, sondern auch in Nacht- und Sexclubs. Orten der sublimierten wie auch der unverhohlenen Lust. Denn Lust ist aufregend, manchmal sogar profund, und nicht selten kann sie uns Angst machen. Und fast immer dreht es sich dabei, wenn nicht um die Überschreitung, dann zumindest um das Vergessen von Grenzen und Verboten. Der Gefangene – leider kann ich mich nicht an seinen Namen erinnern und online lässt sich dazu auch nichts finden, aber ein anderer berühmter Häftling, Gilles de Rais, der als Vorlage für König Blaubart gilt, war es nicht – hatte jahrelang in dieser Zelle im Dunkeln gehockt. Eingeschlossen hinter dicken Mauern und einer eisenbeschlagenen Tür. Fasziniert vom Licht, sehnsüchtig nach der Außenwelt. Irgendwann wurde er begnadigt. Als er zum ersten Mal seine Zelle verließ und das Licht der Sonne erblickte, war der Schock so groß, dass er zusammenbrach und starb. Von der Freiheit getötet.

Ganz so dramatisch war's natürlich nicht an diesem Nachmittag in Berlin. Aber mir war unheimlich, und ich fühlte mich wie eine freigelassene Gefangene. Wie um mich abzulenken, wanderten meine Gedanken zurück zu dem Käfig, der von der Decke des Kerkers gehangen hatte. Das letzte Mal, dass ich so einen ähnlichen Käfig gesehen hatte, war in einem schwulen Sexshop in New York. Bei der Erinnerung lichtete sich sofort meine Stimmung. Im Keller des Ladens befand sich ein riesiges Sortiment an Dildos. Einige davon waren so groß, dass sie eher wie Gartenskulpturen aussahen als wie Sexspielzeuge. In der Ecke des Kellers stand ein sehr hochwertig produzierter Käfig zum Verkauf. Alles sehr aufwendig verschweißt und mit Messing beschlagen. Ein wenig kleiner als der Käfig damals im französischen Kerker, aber ansonsten nicht viel anders. Gerade als ich darüber nachdachte, warum ich den Käfig in New York nicht einfach mal ausprobiert hatte – schließlich stand er dort ja zum Verkauf –, hörte ich plötzlich meinen Namen. Aus meiner Reverie gerissen, schaute ich mich um. An einem der Tische des Restaurants, die den Bürgersteig säumten, saß ein Typ – nennen wir ihn Leo –, mit dem ich vor dem Lockdown ab und zu Sex gehabt hatte. Er stand auf und umarmte mich. Wieder dieses unheimliche Gefühl, aber dann doch auch sehr angenehm. Der Gedanke kam mir, dass es schon sehr praktisch war, dass dieser Leo um die Ecke wohnte. Waren wir nicht dazu angehalten, den Kreis unserer Kontaktpersonen möglichst klein zu halten? Schon wollte ich eine Verabredung treffen, als mir der Mann auffiel, mit dem Leo gerade zu Mittag aß. Den kannte ich doch. Komisch, warum sah der mich nicht an, sondern stach stattdessen so vehement mit der Gabel in seinen Quinoa-Salat? Es war zwar schon mehr als ein Jahr her, dass er bei einem Abendessen neben mir gesessen hatte, aber trotzdem. So schnell vergisst man sich doch nicht. »Sag mal, bist du nicht der Olaf Sowieso?« fragte ich. Der Typ schaute mich

entgeistert an. Dann sprang er auf. »Ich bin nicht der Olaf Sowieso! Ständig denken alle, ich wäre der Olaf Sowieso!«, rief er
empört. Er war so außer sich, dass er sich ein paar Schritte vom
Tisch entfernte und sich auf dem Bürgersteig weiter aufregte.
»Oh, tut mir leid, da hab ich mich vertan«, versuchte ich, mich
zu entschuldigen. Aber der Typ schrie weiter: »Sogar mein Vater hat mich schon mit Olaf Sowieso verwechselt!« Es war, als
hätte er einen Negativ-Orgasmus. »Hmm, das klingt jetzt eher
nach einer therapeutischen Situation«, sagte ich zu Leo, dem
das alles sehr peinlich zu sein schien. In meinem Kopf ging
die Unheimlich-Sirene auf höchster Alarmstufe. Ich musste
schnellstens hier weg und mir zu Hause irgendeinen Müll auf
Nextflix anschauen. Zwecks Wiederherstellung von Normalität. »Tut mir leid, aber das ist mir jetzt alles ein bisschen zu
viel … ich bin so viel Soziales noch nicht wieder gewohnt«,
erklärte ich und verschwand, ohne mich weiter zu verabschieden. Endlich zu Hause angekommen, sank ich völlig ermattet
auf mein Bett. Das Leben in all seiner Peinlichkeit und Unbeholfenheit hatte mich zurück.

Dass das Leben und alles, was mit Menschen zu tun hat, also
alles Zwischenmenschliche und damit eben und vor allem
auch Sex, immer potenziell lächerlich und absurd ist – dass das
quasi zum Konzept gehört und dass alle Leute lügen, die so
tun, als könne ihnen Nacktheit nichts anhaben –, und dass genau darin die Freiheit liegt, das wurde mir Anfang zwanzig bewusst, als ich in London wohnte. 1992 arbeitete ich in einem
Büro im Londoner Stadtteil Soho. Soho ist traditionell der Sitz
der britischen Filmindustrie, und damals auch des Londoner

Rotlichtmilieus. Um die Ecke von unserem Büro befand sich ein Stripclub, der jeden Dienstag um 17 Uhr eine Happy Hour hatte. Schon um 15 Uhr standen dort die ersten Männer in Regenmänteln Schlange, als würden sie auf den Bus warten. Das Witzige war, dass alle Passanten den Augenkontakt mit den anstehenden Männern vermieden, wie eben auch die Männer immer woanders hinschauten, wenn man in ihre Richtung blickte. Es war, als existierten sie nicht. Die Männer, die nie da waren. Aber als Ausländerin fühlte ich mich befreit von diesen Regeln und schaute ganz genau hin. Mir taten dies Typen immer etwas leid. Aber im Nachhinein denke ich, dass die Peinlichkeit, die diese Männer höchst wahrscheinlich nicht zuletzt durch meine Blicke empfanden, Teil ihrer Lust war. Die Erotik der Erniedrigung, sie begann schon lange vor dem Eintritt in den Stripclub.

Als Teenager in den 80ern war ich noch von Frauenzeitschriften wie *Cosmopolitan* beschallt worden, die eine fordernde weibliche Sexualität als Emanzipationsprojekt propagierten. Da gab es alle möglichen Ratschläge, wie man sich beim Sex Peinlichkeiten ersparen und Unbeholfenheit vermeiden konnte. Die Frau der 80er trug Schulterpolster, roten Lippenstift und wusste, was sie wollte. Und klar, sie wollte ganz unbedingt und mit voller Hingabe den perfekten Blowjob geben. Ich wusste leider so gar nicht, was ich wollte. Denn die Alternative, nämlich das traditionelle Idealbild der passiven Frau, die ihren Status als Lustobjekt des Mannes akzeptiert, war völlig inakzeptabel. Zwar durchdrang die Idee der passiven, auf den Mann wartenden Frau von der »Prinzessin auf der Erbse« und »Aschenputtel« bis zu fast allen deutschen und internationalen Filmen das Kulturprogramm meiner Kindheit, aber

aus irgendeinem Grund dachte ich immer, dass da von anderen Mädchen die Rede war und nicht von mir. Dass das ganze Passivitätsprogramm auf mich nicht zutraf. Ich persönlich gebe Pippi Langstrumpf die Schuld. Aber verwirrt war ich trotzdem.

Der Weg zur Rettung begann eines Tages, als ich den Müll vom Büro zu den Mülltonnen im Hinterhof brachte. Das Büro befand sich über einer Schwulenbar, wo viele Biker hingingen und Blue Oyster Muzak gespielt wurde. Fast jeden Tag kamen mit der Post Pakete von Plattenfirmen mit neuen Alben für den DJ der Bar an, die ich immer neidisch betrachtete. Aber an diesem Tag hatte der DJ wohl all die Platten ausgemistet, die er nicht mehr spielen wollte, und der ganze Müllcontainer war voll mit Vinyl. Darunter auch ein Album mit einem hellgrünen Cover und dem Titel »Separations«. Es war von einer Band namens *Pulp*. Ich hatte noch nie von ihr gehört. Weil das Cover cool aussah, nahm ich den Blue Oyster-Ausschuss mit nach Hause. Die Musik war ein seltsamer, träumerischer Groove. In den Texten war von vollen Aschenbechern im Morgenlicht die Rede, vom planlosen Herumlaufen in der verlassenen Vorstadt und vom Verlorensein. Von Leuten – Männer wie Frauen –, die voll von Lust sind, aber nicht richtig wissen, auf was sie Lust haben. Die sich lächerlich machen beim Sex, rumfummeln und durch ihr Leben taumeln, ohne sich jemals der Illusion hinzugeben, Kontrolle über irgendwas zu haben. Ich war sprachlos. Da sang jemand über mein Leben! Und dann wachte ich endlich auf. Zum Teufel mit der *Cosmopolitan* und der Prinzessin auf der Erbse und diesem ganzen Quatsch, was man als Frau alles wollen soll. Zwei Jahre später gelang *Pulp* mit ihrem Album »His 'n' Hers« der große Durchbruch. *Pulps*

Sänger Jarvis Cocker wurde zu einer der internationalen Ikonen des Britpops und einem Symbol für eine Art von Sex, die Perfektion als per se irrelevantes Projekt begreift. *Pulp* wurde die Band der 90er Postmoderne. Nun kann man argumentieren, dass die Postmoderne der 90er viel kaputt gemacht hat. Dass der heutige Auflösungsprozess, bei dem Aberglaube und Verschwörungstheorien zunehmend an die Stelle von Fakten treten und Millionen von Menschen in einem überkoffeinierten Dan Brown-Thriller zu leben meinen, dass diese Dynamik damals begann. Denn die Vorstellung, dass es keine eine Wahrheit und keine unbeweglichen Tatsachen, sondern nur unterschiedliche Paradigmen gibt, war damals wahnsinnig schick. Aber was die Sexualität anbelangt, waren die 90er der Anfang einer wunderbaren Befreiung. Das *höher, schneller, geiler* der 80er wurde ersetzt von einem freien Spiel, bei dem es keine Gewinner gibt. Bei dem es okay ist, *dazed & confused* zu sein. Dass es alle möglichen Sexualitäten und sexuellen Präferenzen gibt, von denen keine besser ist als die andere. Dass Verwundbarkeit sexy ist.

Ich weiß nicht, was der vermeintliche Olaf Sowieso während der 90er Jahre getrieben hat. Vielleicht hat er zu viel *Scorpions* gehört. Auf jeden Fall schienen Verwundbarkeit und Kontrollverlust nicht so wirklich sein Ding. Vielleicht war mir deswegen so die Lust vergangen nach dieser seltsamen Begegnung am Straßenrand. Aus irgendeinem Grund saß ich zu Hause am Küchentisch und sah mich nicht in der Lage, eine Textnachricht an Leo zu schreiben. Es war, als wäre ich von einem bleiernen Pfeil des Eros getroffen worden. Denn der Eros der griechischen Mythologie verschießt nicht nur goldene Pfeile, die plötzliche Leidenschaft im Getroffenen wecken, sondern auch die bleierne Sorte. Wer von ihnen getroffen wird, in dem verlöschen plötzlich jedes Verlangen und jede Lust. Genauso fühlte ich mich. Von bleierner Lustlosigkeit erschlagen. So richtig erklären konnte ich mir das zunächst nicht, denn schließlich war es ja der Nicht-Olaf gewesen, der den Identitäts-Meltdown gehabt hatte. Aber irgendwie hatte diese Mini-Apokalypse eines frustrierten Kontrollwahns die gesamte Situation ergriffen und dabei die Möglichkeit von Sex zunichte gemacht. Denn so sehr Sex auch physische Bedürfnisse befriedigt und sicherlich viel mit Hormonen zu tun hat, die Lust darauf findet im Kopf statt. Kein Hormonstau ist so groß, als dass er Lustlosigkeit überwinden könnte. Und ich hatte ganz klar meine Lust verloren.

Weibliche Lust ist laut Sigmund Freud ein Produkt des Penisneids. Demnach wendet sich jedes kleine Mädchen von der Mutter ab, weil sie enttäuscht ist, dass die Mutter keinen Penis besitzt und ihr auch keinen gegeben hat. Sie wendet sich dem Vater zu und verehrt diesen, weil dieser in Besitz eines Phallus ist. Die Mutter wird zum Sinnbild der Kastration und der Vater und damit alle Männer nach ihm zum Objekt der Begierde, von denen sie den magischen Phallus empfangen kann. Mehrere Generationen an Feministinnen haben sich schon an diesem Blödsinn abgearbeitet, dessen Grundproblem darin besteht, dass Freud der Frau die Fähigkeit zur eigenständigen, aktiven Lust aberkennt. Die Frau, wie Freud sie versteht, ist zum Neid verurteilt, denn nur der Mann kann die Lust in

Form des Phallus verkörpern. Schon in den 20er Jahren wurde Freuds These angegriffen und seitdem immer wieder widerlegt. Das eigentliche Problem aber existiert weiterhin, nämlich, dass es so schwer ist, weibliche Lust zu ergründen und eine Sprache dafür zu finden. Während die männliche Lust in ihrer vermeintlichen Binarität – der Penis ist entweder an oder aus – eingehend erforscht, besprochen und durch die Markteinführung von Viagra im Jahr 1998 gewinnbringend von der Pharmaindustrie nutzbar gemacht wurde, sind die Zahlen und Statistiken zur weiblichen Sexualität und zum weiblichen Orgasmus extrem limitiert. Die feministische Psychoanalytikerin Amelie Wittenberg beschreibt in ihrem Artikel »Paradise Lost – On Researching the Female Orgasm in Psychoanalytic Theorie« (Stillpoint Magazine, 2020), dass es kaum Studien zu dem Thema gibt. (Die wenigen Studien, die sie finden konnte, bezeugen übrigens, dass 20-40 Prozent von Frauen keinen Orgasmus mit ihrem männlichen Partner erreichen.) Als meine Frauenärztin Dr. Britta von Gruchalla 2003 ihre Doktorarbeit über das Sexualleben von Frauen über 50 veröffentlichte, war das eine kleine Sensation. Das Thema war in medizinischen Kreisen bis dahin kaum besprochen worden. Medizinische Nachschlagewerke strotzen von Darstellungen des Penis. Das phallische Faszinosum ist zentraler Bestandteil der wissenschaftlichen Welt. Doch das Organ, das für den weiblichen Orgasmus zuständig ist – die Klitoris –, wurde dagegen erst 1998 von der australischen Urologin Helen O'Connell in einer ausführlichen anatomischen Studie erfasst. Mit einer darauffolgenden Studie im Jahr 2005 stellte O'Connell dann endgültig klar, dass es sich bei der Klitoris um alles andere als einen verkümmerten Pseudo-Penis handelt, sondern um ein zwischen 7 und 12 cm großes, orchideenartiges Organ mit nach innen gelagerten Schwellkörpern, die sich bei Erregung ausdehnen. Ein Organ mit etwa doppelt so vielen Nervenenden wie ein Penis. Das permanente Mangelsyndrom ebenso wie die Unfähigkeit zu einer aktiven Lust, wie Freud und mit ihm auch die patriarchalische Gesellschaft der Frau unterstellt hatte, war damit endgültig widerlegt. Nur eben redet immer noch kaum einer darüber, was das eigentlich für Besitzerinnen dieses wundersamen Organs bedeutet. Die weibliche Lust ist immer noch der dunkle Kontinent, als den Freud die Sexualität der Frau bezeichnet hat. Wir werden weiterhin von allen Seiten mit Sextipps bombardiert, damit es im Bett mit der Partnerin oder dem Partner gut klappt und alles gut läuft. Und wenn bei uns die Lust ausbleibt, dann ist entweder die Pille schuld oder wir sollen's doch mal mit Homöopathie, Yoga oder Achtsamkeit probieren. Früher wurden Frauen als hysterisch bezeichnet, heute sollen sie Achtsamkeitsübungen machen.

Aber vielleicht ist es einfach der falsche Ansatz, bei der männlichen Lust automatisch von dieser drängenden, fordernden Macht zu reden. Wenn wir männliche Lust weiterhin als aktiv betrachten, dann bleibt der weiblichen Lust nur noch die Passivität. Wir neigen immer noch dazu, die Antwort auf die komplizierte Frage »Wer bin ich?« mit einem schnellen Blick auf die Genitalien zu beantworten. Uns einzuordnen in ein binäres System – männlich oder weiblich, Mann oder Frau. Dass Eigenschaften, die wir mit männlich und weiblich assoziieren, sich im permanenten Flux befinden, ignorieren wir dabei. Ebenso die Tatsache, dass Menschen sowohl männliche wie auch weibliche Aspekte in sich tragen. Eine Frau, die nur weiblich ist, ist ebenso monströs wie ein nur männlicher Mann – was immer wir gerade unter männlich verstehen. Klar, in letzter Zeit hat sich da viel verändert. Wir sind uns unserer Genderfluidität bewusster geworden, versuchen, sensibler mit sexuellen Stereotypen umzugehen, versuchen, unsere Sprache weniger binär zu gestalten. Aber das 2012 eingeführte rosa Überraschungsei »nur für Mädchen« gibt es immer noch. Und dieser furchtbare Beziehungsratgeber von 1992 »Männer sind vom Mars, Frauen von der Venus« wird immer noch gelesen. Was wahrscheinlich daran liegt, dass wir weiterhin verzweifelt versuchen, uns einzureden, dass die Welt weniger kompliziert ist. Und dass es ein abrufbares System für unsere Lust gibt. Dabei sind diese Ordnungssysteme der Lust, die ja nichts anders als Kontrollversuche darstellen, per se müßig. Klar, es gibt Menschen, denen Kontrolle beziehungsweise Kontrolliertwerden große Lust verschafft. Die mit großer Begeisterung für eine andere Person drei Stunden lang im Matrosenkostüm das Bad putzen. Sexuelle Begegnungen, bei denen jedes Detail geplant, jeder Satz und jede Berührung vorher abgesprochen sind, gibt es natürlich, und sie bereiten vielen Menschen große Befriedigung. Und zwar schon lange im Vorfeld. Sadomasochistischer Sex ist oft perfekt inszeniert und minutiös geplant. Das Spiel mit der Kontrolle und dem Kontrollverlust, zwischen Macht und Ohnmacht, steht im Zentrum der Lust und zwar nicht nur im BDSM-Bereich. Doch dazu müssen sich Verlust und Ohnmacht eben immer im Bereich des Möglichen befinden. Das Scheitern der Per-

fektion ist immer eine Möglichkeit und Teil der Erregung. Sex
bedeutet, sich nackt zu machen und sich der Unbenennbarkeit des eigenen Begehrens auszuliefern. In »Jenseits des Lustprinzips« bezeichnet Sigmund Freund Lust- und Unlustemp-
findungen als das »dunkelste und unzulänglichste Gebiet des
Seelenlebens«. Und genau dieser Dunkelheit gilt es, sich auszuliefern. Jeder trägt einen dunklen Raum bzw. *Dark Room* in
sich. Egal, wie routiniert das eigene Sexleben sein mag, egal,
wie lange man schon Sex mit ein und derselben Person hatte.
Die Tür zu diesem dunklen Raum steht immer offen. Was die
Dunkelheit gestattet, ist, wenn schon nicht die Gefahr, dann
zumindest die Möglichkeit des Scheiterns, des totalen Kontrollverlusts. Und wie auch bei den dunklen Räumen der Sublimierung, also dem Konzert- oder Kinosaal, verlassen wir ihn
im besten Falle anders, als wir hineingegangen sind. Essenziell ist bei diesem Wechselspiel zwischen Kontrolle und Kontrollverlust, dass es auf Gegenseitigkeit beruht. Dass die Person, die kontrolliert wird, sich freiwillig dazu entscheidet. Und
dass eben nicht aufgrund des Genders einer Person angenommen wird, dass sie automatisch die passive Rolle einnimmt.
Schwierig wird es, wenn eine Person den Spielraum ihres Begehrens ganz für sich alleine entscheidet. Wenn der anderen
Person oder Personen keine Alternative gelassen wird, als sich
dem exakt definierten Begehren des anderen unterzuordnen.
»Genau zu wissen, was man begehrt, ist eine Form von Terror
(gegenüber sich selbst und anderen)«, so der Psychoanalytiker Adam Phillips, für den Lust immer auch das Nichtwissen
des eigenen Begehrens bedeutet, sich also dem Neuen, dem
Unbekannten hinzugeben. Das Paradoxe an der Lust ist eben,

dass man einerseits genau weiß, was man will, und andererseits überhaupt nicht. Dass Sex immer ein Spiel ist, ein Abenteuer mit unvorhersehbarem Ausgang.

Nun werden wir aber ständig dazu aufgefordert, unsere Bedürfnisse und Wünsche zu definieren. Ob das nun in der Datingapp ist, von Sexratgebern oder der Selbstoptimierungsindustrie. Erst vor Kurzem verkündete mir eine Freundin, die gerade wieder einmal mit ihrer Freundin Schluss gemacht hatte, sie wolle jetzt endlich mal genau aufschreiben, was ihre Bedürfnisse seien. Emotional wie auch sexuell. Nur wenn wir uns unserer Begehren genau bewusst sind und diese auch kommunizieren, so die Logik dahinter, können wir erfüllende Intimität erleben. Der »gesunde« Orgasmus, was immer auch das bedeuten mag, endlich rückt er in greifbare Nähe. Das Problem bei diesem Ansatz ist, dass das genaue Wissen, diese absolute Sicherheit bezüglich der eigenen Lust, schnell etwas Verzweifeltes hat. Denn was tun, wenn unsere Anforderungen nicht erfüllt werden? Was, wenn etwas anderes geschieht, oder noch schlimmer, wenn wir trotz aller erfüllter Anforderungen keine Lust empfinden? Sind solche Listen nicht Präventivmaßnahmen gegen die Andersartigkeit von anderen Menschen? Die psychoanalytische Definition von sexueller Perversion ist, wenn in einer sexuellen Begegnung keinerlei Spielraum ist, wenn das Protokoll unbedingt eingehalten werden muss, wenn genau vorgeschrieben ist, was passieren darf und was nicht. »Ein perverser Akt, könnte man sagen, besteht darin, dass es nichts zu entdecken gibt«, so Phillips. Dass eben die Zukunft auf gar keinen Fall anders aussehen darf als die Vergangenheit.

Sex aus Lust ist etwas anderes als zielgerichteter Sex, wo hinter jedem erfüllten Punkt auf der eigenen heimlichen Tagesordnung ein kleines Häkchen gemacht wird. Wenn die andere Person oder Personen nur Statisten im eigenen sexuellen Ingenieurswesen sind. Und wenn jede Abweichung als Bedrohung wahrgenommen wird. Das hat auch etwas Zynisches. Schließlich denkt ein Zyniker, dass er weiß, wie Menschen ticken und wie man sie manipuliert. Das Traurige am Zyniker ist die Bitterkeit, mit der er sich den Möglichkeiten der anderen Menschen verschließt. Was hauptsächlich dazu dient, die andere Person auf Distanz zu halten. Um das Gefühl der absoluten Hilflosigkeit und des Ausgeliefertseins, mit dem wir als Baby die Liebe der Mutter erfuhren, unbedingt zu vermeiden. Der Terror, der mit der ersten frühkindlichen Erfahrung von Intimität verbunden wurde, soll gerächt werden. Der Spieß wird umgedreht. Jetzt bestimmen wir, wie Intimität abläuft.

Was Leo anbelangte, hatte mich der Vorfall mit dem vermeintlichen Olaf daran erinnert, dass ich bezüglich der Kontrollthematik einige Bedenken hatte. Irgendwie lief da jedes Mal ein Film ab, bei dem ich mir nicht sicher war, ob ich wirklich mitspielen wollte.

Trotz dieser Bedenken kam es dann doch noch zu ein paar Begegnungen mit ihm. Ich redete mir ein, dass der Redner Lysias in Platons »Phaidros« – neben dem »Gastmahl« der andere große Dialog der antiken Philosophie über die erotische Liebe – recht hatte. Lysias ist nämlich der Meinung, dass es beim Sex besser ist, wenn man nicht ineinander verliebt ist. Dass ein Maß an Rationalität den sexuellen Verhältnissen guttut. Denn als Verliebte machen wir uns zum Narren, werden eifersüchtig und verschenken unsere sexuellen Gefälligkeiten an Menschen, die sie möglicherweise nicht verdienen. Ist die Lust verloschen, bereut man seine Großzügigkeit. Verliebtsein ist laut Lysias wie eine Krankheit, die uns den Verstand raubt. Wir tun Dinge, gehen Risiken ein, von denen wir unseren Freunden abraten würden. Eine praktische Liaison, basierend auf gegenseitiger Achtung wie romantischem Desinteresse, ist deswegen der beste Weg, um all diesen Wahnsinn zu vermeiden. Dass sich dahinter auch eine gewisse Kontrollsucht bzw. Angst vor Verletzung versteckt, war mir schon bewusst. Eine Freundin hatte mich vor einiger Zeit darauf hingewiesen, dass der Tod meines Mannes mit einem Reitunfall zu vergleichen sei. Das schönste und aufregendste Pferd, das mir jemals begegnet war, sei gestürzt, habe mich dabei abgeworfen und mir dabei beinahe das Genick gebrochen. Seitdem hätte ich mich nicht mehr auf ein Pferd getraut, sondern sei auf dem Ponyhof der erotischen Liebe auf irgendwelchen kleinen, bockigen Lysias-Ponys im Kreis geritten. Das sei zwar eine sichere Angelegenheit, und da tue man sich garantiert nicht weh, aber es sei eben auch entsetzlich langweilig. Das Ende ist immer vorhersehbar. Ein bisschen so, wie bei dem durchgetakteten Lustfahrplan der Perversion. Nach jeder Runde ist man immer wieder genau da, wo man angefangen hat. Aber so ein Ponyhof hat ja auch etwas sehr Entspannendes. Viele meiner schwulen Freunde sind Teil einer sexuellen Kultur, die so viel unaufgeregter ist als alles, was ich aus primär heterosexuellen Kreisen kenne. Und ja, auch wenn sexuelle Kultur auf den ersten Blick ein Oxymoron ist, denn Kultur hat mit Sublimierung zu tun und Sex eben nicht, ist es für mich eine Kultur. Es gibt Verhaltensweisen, Rituale, spezielle Orte, Kodierungen. Hier wird Lust weder ausgegrenzt, noch scheint sie (zumindest für einen Zaungast wie mich) etwas Ausgrenzendes zu haben. Der französische Autor Guillaume Dustan beschrieb in seinem autofiktionalen Roman »Dans ma chambre« die schwule Szene, in der er sich bewegte mit »Ich lebe in einer wundervollen Welt, wo alle schon mit allen geschlafen haben«. Wie das alttestamentarische Paradies vor dem Sündenfall. Eine ideale Welt ohne Angst, ohne Scham, ohne Schmerz. Die Realität ist natürlich wesentlich differenzierter und nicht selten komplizierter, aber nicht zu vergleichen mit den Seifenopern, die sich in der vorwiegend heterosexuellen Welt abspielen. In bestimmten Kreisen der Berliner Hetero-Bourgeois-Bohème hat vielleicht auch schon jeder mit jedem geschlafen, aber diese Wahrheit versteckt sich unter einer dicken Bettdecke aus Eifersucht, Verletzungen, Lügen und bösem Tratsch. Ich hatte es zwar nicht ins queere Paradies geschafft, aber meine Situation mit Leo kam dem Ganzen ziemlich nahe. Meistens konsumierten wir bei unseren Treffen recht viel Alkohol. Schließlich ist Dionysos, der griechische Gott des Weines, auch für die Ekstase zuständig. Und irgendwie war alles o. k. gewesen, ich fühlte mich wohl auf meinem Ponyhof. Alles hätte so schön unkompliziert sein können. Wenn es doch bloß nicht diesen globalen, nie endenden Maskenball der Identitäten gäbe. Mit anderen Worten, Instagram. Aber dazu später mehr.

Dionysos ist nicht nur der Gott des Weins und der Ekstase, sondern in der griechischen Mythologie auch der Patron des

Theaters, des Schauspiels, des *Make-Beliefs*. Masken, Kranken-schwester-, Polizisten- oder Latexkostüme gehören denn auch zur Standardausrüstung eines jeden Erotikladens. Auch eine Uniform kann sexy sein, weil sie den Träger von all den Wider-sprüchen und Komplexitäten des Ichs befreit. Eine Bekannte lernte im Januar 2021 in einem Corona-Impfzentrum einen Soldaten kennen. Trotz jahrelanger, aktiver Mitgliedschaft in der Antifa überkam sie plötzlich das unwiderstehliche Verlan-gen, mit ihm Sex zu haben. Doch sie machte sich Sorgen: Was, wenn es sich bei dem Soldaten um einen AfD-Wähler han-delte? Ich riet ihr, wenn überhaupt, erst nach dem Sex nach der politischen Ausrichtung ihres potenziellen Liebhabers zu fra-gen. Schließlich war doch der ganze erotische Sinn einer Uni-form, die Realität auszuschalten. Sie wollte doch keine Bezie-hung, sondern ihre Lust befriedigen. Uniformen und Masken verdecken das Realitätsprinzip, das laut Freud dem Lustprin-zip entgegensteht. Während es sich beim Lustprinzip um eine »der primären Arbeitsweisen des seelischen Apparates« han-delt, so Freud, kann es dem Menschen aber hochgradig gefähr-lich werden und wird daher durch die »Selbsterhaltungstriebe des Ichs« vom Realitätsprinzip abgelöst. Masken, Uniformen und Verkleidungen dienen dazu, das Realitätsprinzip zu verde-cken und stehen somit im Dienst der Lust. Die Maske befreit uns von uns selbst, befreit uns von den Erwartungen und dem Druck des Alltagslebens. Weil die Maske wie eine Trennwand zwischen uns und unserem Alltagsleben steht, können wir die Unbenennbarkeit unserer Lust erforschen. Können uns in un-seren Phantasien verlieren. Sexualität erfährt so eine gewisse Transzendenz, wie sie sich über den Alltag hinausbewegt. So nackt wir uns beim Sex auch machen, wir projizieren unsere Phantasien, Wünsche und Ängste auf die andere Person. Ein *Dark Room* ist ein Raum, wo die individuelle Person völlig in den Hintergrund und die Projektion in den Vordergrund tritt. Aber auch bei zwei Menschen, die zu Hause im Schlafzimmer Sex haben, sind immer auch andere mit im Bett – die, die wir gerne wären, die, die die andere Person gerne wäre, die, für die wir die andere Person halten oder gerne hätten, dass sie so wäre. Und natürlich auch all die Personen, die die andere Person in uns sieht oder in uns gerne verwirklicht sehen würde. Wenn zwei Menschen sich ein Bett teilen, wird es ziemlich schnell ziemlich eng. Eine Maske, ein Kostüm, die Uniform oder eben auch die Anonymität reduzieren, die Anzahl der wechselseitigen Projektionen. Das harsche Licht der Realität wird gedimmt, damit man die eigene Lust besser erkennen kann.

In William Shakespeares »Sommernachtstraum«, wohl einem der erfolgreichsten und zentralen Theaterstücke der europäischen Kultur zum Thema Lust und Liebe, geht es denn auch in vielen Teilen um Täuschungen und Träume. Denn sowohl die Liebe als auch die Lust, so scheint Shakespeare zu suggerieren, braucht Projektion. Im letzten Akt erklärt denn auch Theseus, einer der Protagonisten:

> The lunatic, the lover and the poet
> Are of imagination all compact.
> One sees more devils than vast hell can hold:
> That is, the madman. The lover, all as frantic,
> Sees Helen's beauty in a brow of Egypt.

Da stellt sich die Frage, warum während der Corona-Pandemie die Lustfrequenz der Gesellschaft nicht höher war. All diese Masken, hinter denen wir unsere Gesichter verstecken müssen, hätten doch Wunder für unser Sexleben tun sollen. Momentan sieht es so aus, als wäre das Gegenteil der Fall. Konkrete Zahlen gibt es noch nicht, aber bisher scheinen vor allem die Scheidungen und der Pornographiekonsum nach oben zu gehen, während die Kondom-Verkaufszahlen nach unten gegangen sind. Aber es gibt natürlich auch andere Wege, mit der Pandemie umzugehen. Ein Bekannter von mir traf sich weiterhin mit Männern zu anonymem Sex. Er erzählte einem Freund und mir, dass er sich dazu meistens in billigen Hotels oder Jugendherbergen verabredete (soweit diese geöffnet waren). Dort würde er immer das Fenster weit öffnen, um zu lüften. Außerdem habe er immer ein tragbares Luftreinigungsgerät dabei (unseren Hinweis, dass das nur bei geschlossenem Fenster funktioniert, ignorierte er). Er selbst empfing seine Grindr-Dates mit virenabwehrender FFP2-Maske und hielt eine solche auch dem Mann entgegen, sobald er das Zimmer betrat. Nein, *kinky* sei das nicht, betonte er, sondern einfach nur eine Corona-Schutzmaßnahme. Corona-safe-Sex. Verrückt war daran nur, dass er für seine Dates keine Kondome benutzte, weil er Prep nahm, das prophylaktische Arzneimittel, das gegen HIV-Infektion schützt. Als wir ihn darauf hinwiesen, dass er bei all dem Aufwand wahrscheinlich nicht an Corona, dafür vielleicht aber an antibiotika-resistenter Gonorrhö sterben würde, fand er das gar nicht witzig. Seine Corona-Angst war real und die Masken kein *kinky* Scherz. Das Ganze war alles andere als dionysisch, denn beim Lebensgefühl des Dionysos geht es um die Entfernung vom Alltag – die Protagonisten in »Ein Sommernachtstraum« haben sich für ihre erotischen und romantischen Täuschungsmanöver denn auch von der Stadt entfernt und befinden sich draußen in der Natur. Ein *Dark Room* ist eben genau das: Dunkel, die Außenwelt ist ausgeblendet. Die Corona-Maske dagegen ist Teil eines von Angst und Frustration geprägten Alltags. Alles andere als sexy.

Um nun wieder auf meine Leo-Thematik zurückzukommen, mein Lustproblem war nicht die Corona-Maske, sondern die digitale Maske, die du heißt: Instagram. Die sozialen Medien sind eine Form von Selbstprojektion. Wir schmücken uns mit Versionen von uns selbst, präsentieren und verkleiden uns auf eine Art, von der wir denken, dass es anderen Menschen gefällt oder sie zumindest interessiert. Das Problem dabei ist, dass diese Projektionen von anderen oft ganz erheblich das Bild stören können, das wir uns von ihnen zurechtgelegt haben. Das ist so, als würde man voller Lust auf dem Bett sitzen, in freudiger Erwartung auf Sex, plötzlich geht die Badezimmertür auf und der Partner watschelt im Tauchergummianzug inklusive Taucherbrille und Flossen auf einen zu. Und man selbst hat halt keinen Taucher-Fetisch. Nein, eigentlich ist es schlimmer als das. Denn beim Taucheranzug kann man noch zusammen darüber lachen. Was bei Instagram nicht der Fall ist. Da schaut man auf die Selfies der Person, mit der man gerade Sex gehabt hat, und denkt sich: Wie konnte ich nur? So ging es jedenfalls mir mit Leo. Wenn die Eitelkeit des anderen ein gewisses Maß überschreitet, ist das nicht maskierend, sondern entblößend. Es war nicht das Realitätsprinzip, sondern das virtuelle Realitätsprinzip, das mir die Lust vermasselte. Wieder war ich von

Eros bleiernem Pfeil getroffen. Schlimmer gemacht wurde das Ganze durch die Freundin mit der Pony-Theorie, die mich mit Leo gesehen hatte. Also erzählte ich ihr von der ganzen Sache. Und jetzt schickte sie mir nicht nur Fotos von Ponys, um mich aufzuheitern, sondern dazu die schönsten Selfie-Exemplare von Leos Instagram-Konto. Es war schrecklich. Ich wollte ihn nie wiedersehen.

Spätestens seit der TV-Serie »Sex and the City« gehören Gespräche über Sex zum guten Ton unter Freundinnen. Die Protagonistinnen der Serie haben Sex, aber die eigentliche Lust verspüren sie, wenn sie miteinander ihre Erlebnisse rekapitulieren. Die Erzählerin der Serie, gespielt von Sarah Jessica Parker, ist verliebt in Mr. Big, der als Figur ungefähr so interessant ist wie Ken bei den Barbiepuppen. Ken tut nichts, sagt nichts und kann nichts, er ist einfach nur ein männlicher Platzhalter, damit das Barbie-Universum nicht aus den Fugen gerät. Ebenso existieren Mr. Big und die ökonomische Macht, die er repräsentiert, im Narrativ von »Sex and the City« nur deswegen, damit die Erzählerin und ihre Freundinnen etwas zu besprechen haben. Ohne ihn wäre es einfach langweilig. Um ihn dreht sich alles, er ist die ordnende Kraft im System, aber an sich ist er völlig nebensächlich.

Das Problem bei solchen Nachbesprechungen unter Freundinnen oder Freunden besteht darin, dass die eigentliche Intimität nie wirklich mit den Sexualpartnern stattfindet. Der Sex ist nur Mittel zur verbalen Lust danach. Zwar ist Sex – neben Musik – die direkteste Form der Kommunikation, aber nicht jede Kommunikation bereitet Lust. Bei »Sex and the City« bereitet den Protagonistinnen das Kommunizieren über Sex ganz offensichtlich sehr viel mehr Lust als das Kommunizieren durch Sex. Was natürlich daran liegen kann, dass Mr. Big nie besonders viel zu sagen hat.

»Sex and the City« hat die Unterhaltungen unter Frauen über Sex und Lust verändert, keine Frage. Dadurch wurde weibliche Lust nicht so sehr salon- als vermarktungsfähig. In den 90er Jahren tauchten plötzlich Vibratoren in den Regalen eleganter Kaufhäuser wie Liberty's in London auf und Lingerie-Marken wie Agent Provocateur veränderten das Unterwäsche-geschäft, indem sie den Erotikfaktor im gesamten Markt nach oben fuhren. Plötzlich war es normal, dass im Karstadt um die Ecke in der Unterwäscheabteilung schwarze Strapse und Spitzen-BHs an den Bügeln hingen. Kink und Fetisch kamen raus aus der Schmuddelecke – ein Trend, der in dem Bestseller und Hollywood-Blockbuster »Fifty Shades of Grey« seinen globalen Höhepunkt erlebte. Doch wie radikal war das wirklich? Erlebten Frauen hier wirklich eine Befreiung ihrer Lust? In gewisser Hinsicht sind die Unterhaltungen in »Sex and the City« nur eine Weiterführung der Kultur der sexuellen Beichte, die schon lange den westlichen Diskurs über Sex beherrscht. Der französische Philosoph Michel Foucault beschreibt in »Sexualität und Wahrheit«, dass während in anderen Kulturen wie Indien, Japan oder China Lust innerhalb eines Diskurses der *ars erotica* – der erotischen Künste – existiert, es bei uns im Westen um Wahrheit geht. Statt *ars erotica* wird bei uns die Lust im Rahmen der *scientia sexualis* betrachtet, der sexuellen Wissenschaft. Mittlerweile sind wir uns alle einig, dass die Verdrängung der Sexualität etwas Negatives ist. Und weil dem so ist, sollen wir darüber reden. Seit Freud bezahlen wir Experten dafür, uns zuzuhören, während wir ihnen unsere sexuellen Geheimnisse erzählen. Die Psychoanalyse, unser medizinisches System ebenso wie unsere Unterhaltungs- und Selbsthilfeindustrie berufen sich auf den Grundsatz, dass wir die Wahrheit über unsere Sexualität teilen sollen. »Doch diese gebeichteten Wahrheiten sind noch lange davon entfernt, uns in die erlernten Initiationsriten der Lust einzuführen mit all ihren geheimnisvollen Techniken. Wir gehören zu einer Gesellschaft, die uns die schwierige Erforschung der sexuellen Wahrheit verordnet hat – nicht über die Verbreitung von Geheimnissen, sondern über das langsame Ans-Licht-Kommen von vertraulichen Stellungnahmen«, so Foucault. Die eigentliche Lust – »Sex and the City« ist da das beste Beispiel – liegt dabei nicht im Sex, sondern in der Analyse und Produktion von Wahrheit über Sex. Freud bezeichnete die weibliche Sexualität als »dunklen Kontinent«. Unerforscht und unerschlossen. Auf mich wirkt seine psychoanalytische Arbeit so, als wäre er mit einem Dampfer die Küste dieses Kontinents auf und ab gefahren und hätte dabei versucht, mit seinem phallischen Fernrohr die grünen Urwälder der weiblichen Lust zu ergründen. »Sex and the City« ist dagegen ein Beispiel dafür, dass dieser Kontinent nicht so sehr erforscht, sondern mit Manolo-Blahnik-Schuhen kolonialisiert werden soll. Hier wird weibliche Lust zwar benannt, gleichzeitig aber in ein patriarchisches System aus Konsum und sozial-ökonomischer Hierarchie eingeordnet.

Die Sache mit Leo war schon einige Zeit vorbei, als ich in der Münchner U-Bahn saß in Richtung Garching am Stadtrand. Ich war auf dem Weg zum Zollamt. Als ich das Kapitel über Leidenschaft geschrieben hatte, hatte ich mir eine Kopie des Originalstichs von »Cupid Inspiring Plants With Love« bei einer australischen Galerie im Internet bestellt. Weil der Galerist die Zollpapiere nicht ordentlich ausgefüllt hatte, musste ich beim Zoll vorsprechen. Die U-Bahn machte am Münchner Nordfriedhof halt. Mir fiel Thomas Manns Novelle »Der Tod in Venedig« ein. Sie beginnt am Münchner Nordfriedhof, wo die Hauptfigur, der gefeierte und ehrwürdige Autor Gustav Aschenbach, darüber nachdenkt, in den Urlaub zu fahren. Seine erste Urlaubsphantasie ist ein Urwald, in dem er »aus geilem Farrengewucher, aus Gründen von fettem, gequollenem und abenteuerlich blühendem Pflanzenwerk haarige Palmenschäfte« emporstreben sieht. Eine Landschaft, genau wie in »Cupid Inspiring Plants With Love«. Doch aufgrund seiner Vernunft und Selbstdisziplin entschließt sich Aschenbach, anstatt in den Dschungel nach Italien zu fahren. In Venedig verliebt er sich in den Anblick des Sohns einer reichen polnischen Familie. Die Cholera wütet in der Stadt. Doch anstatt in die Sicherheit nach Hause zu fahren, wird Aschenbach zunehmend von seiner heimlichen Lust überwältigt. Dabei verliert er all seine Selbstdisziplin, all seine Würde, das Korsett der strengen Selbstbeherrschung, in das er sein Leben lang gezwängt war, fällt von ihm ab. Er wird zum Opfer seiner Lust und dabei zu genau der lächerlichen Figur, die er kurz zuvor noch verachtet hat. Doch genau diese Lächerlichkeit ist seine Befreiung. Als Aschenbach am Ende in einem

Strandkorb von der Cholera hingerafft wird, während er seinen Angebeteten (mit dem er nie ein einziges Wort wechselt, geschweige denn ihn berührt) beobachtet, stirbt er als ein erlöster Mann. Erlöst von sich selbst und seinem Perfektionismus. Erlöst von seiner Illusion der Kontrolle. In diesem Sinne ist »Der Tod in Venedig« eine Ode an die Lächerlichkeit. Und wie in »Die Liebe in den Zeiten der Cholera« dient eine Pandemie als Katalysator der Befreiung. Ich musste an Leo denken und die Lächerlichkeit, der er sich mit seinen Selfies preisgab. Und wie lächerlich ich mich dadurch plötzlich vor meiner Freundin gefühlt hatte. Und dass das doch eigentlich der ganze Sinn der Angelegenheit war. Wie hatte ich das nur vergessen können? Als die U-Bahn in Garching anhielt und ich durch die graue Vorstadteinöde zum Zollamt ging, wurde mir klar, dass ich dem gleichen Kontrollwahn wie Aschenbach auf den Leim gegangen war. Ich war auch nicht anders als der vermeintliche Olaf Sowieso. Lust braucht die Lächerlichkeit. Und genau davor hatte ich mich gefürchtet. In meinen Kopfhörern sang Jarvis Cocker »*And watch my conscience disappear, baby*« und ich dachte mir: Wer hat eigentlich gesagt, dass es Ponys nur auf Ponyhöfen gibt? Die gibt's doch bestimmt auch im Dschungel, oder?

VERLIEBEN ODER WARUM ICH DEMNÄCHST DAVE GROHL HEIRATEN WERDE

Where is my mind?
THE PIXIES

Spätherbst 2020, kurz vor der zweiten Pandemiewelle. Ich ging die Torstraße in Berlin entlang und dachte darüber nach, wann wohl der nächste Lockdown beginnen würde. Das würde ein langer, düsterer Winter werden. Gerade als mir einfiel, dass ich vor dem Brexit Ende des Jahres noch ein paar Dinge aus Großbritannien bestellen wollte, hupte es laut hinter mir. Ich drehte mich um. Ein Polizeiauto fuhr langsam mit blinkendem Blaulicht an mir vorbei. Dahinter eine Kolonne hupender Autos, an denen grellbunte Batikflaggen flatterten. Passend zum Batikdesign stand auf den Flaggen in kurviger Hippieschrift groß »LOVE«. Was war das? Eine Möchtegern-Love-Parade? Ohne Techno? Der Fahrer des ersten Wagens sah in seinem braunen Anorak nicht so wirklich nach Love-Parade aus. Erst beim genaueren Hinsehen bemerkte ich kleine Schilder, die in den Fenstern der Autos klebten. Da stand irgendetwas von Coronalügen und dass Hygienemasken eine Einschränkung der Meinungsfreiheit darstellen würden. So richtig messianische Coronaleugner hatte ich bisher nur im Fernsehen gesehen. Querdenker nannten die sich, wobei mir noch nicht klar war, wo und in welchem Zusammenhang da jetzt genau das Denken stattfand. Aber auch in meinem Yoga-Zentrum hatten ein paar Leute den Standpunkt vertreten, dass Yoga das Immunsystem schützt und sie Masken und soziale Distanz deswegen nicht nötig hätten. Mich erinnerte das immer an irgendwelche Idioten aus den 90ern, die einem erklären wollten, dass HIV nur schwule Männer trifft und sie deshalb kein Kondom zu benutzen bräuchten. Und ich musste an die 30. Geburtstagsparty meines HIV-positiven Freundes Dave denken, der im Alter von 23 vergewaltigt worden war und nie erwartet hatte, dass er mal so alt werden würde. Die Party fand im GAY-Club in Soho statt, und wir alle waren als unsere Lieblings-Pornofigur verkleidet. Es gab an dem Abend sehr viele Klempner auf der Tanzfläche. Als meine Freundin Andrea – sie war erst 22 Jahre alt und erstaunlich weise – und ich die Geburtstagstorte aus dem Keller holten, packte sie mich an den Schultern und schüttelte mich. Ich sollte endlich mit Thorsten Schluss machen. Der sei einfach nur schrecklich und ich doch so unglücklich in der Beziehung. Das Leben sei zu kurz und zu kostbar für solche Beziehungen. Das sei uns doch heute allen klar. Ich nahm mir das zu Herzen und machte kurz danach tatsächlich mit dem schrecklichen Thorsten Schluss. Andrea weiß es gar nicht, aber damals im Keller von GAY hat sie mich gerettet. Ich musste lächeln bei der Erinnerung, auch weil Dave heute immer noch lebt. In diesem Moment lehnte sich eine Frau aus einem der Autos der Coronaleugner-Parade. Sie hatte lange wellige Haare, die Ansätze ergraut. So Mitte, Ende vierzig. Ihre

Augen weit aufgerissen, das Gesicht rot vor Erregung, blickte sie mir direkt in die Augen und schrie: »LIEBE!« Dann wandte sie sich von mir ab und ließ ihr Haar im Fahrtwind wehen. Auf dem Rücksitz sah ich noch einen kleinen Jungen, der auf seine Füße starrte. Dann war das Auto auch schon vorbeigefahren und verschwand im Berliner Abendrot und mit ihm auch der Rest der Kolonne. Ich wusste nicht, was mich mehr alarmiert hatte: der kleine Junge oder die fiebrige Frau, so manisch ergriffen von ihrer Mission. Und ich fragte mich, wie sich das wohl anfühlt, wenn du schon als kleines Kind merkst, dass deine Eltern den Verstand verloren haben.

Wahnsinn hat immer etwas Theatralisches. Über geistige Gesundheit oder Zurechnungsfähigkeit lässt es sich schlecht Geschichten erzählen. Das Drama wohnt dem Wahnsinn inne. Das große Epos von den psychisch ausgeglichenen Held*innen muss noch geschrieben werden. Hamlet, wohl einer der größten Helden der westeuropäischen Kultur, ist nicht so wirklich der Typ, von dem man Lebensratschläge entgegennehmen, geschweige denn einen Gebrauchtwagen kaufen würde. Nein, er zeichnet sich nicht nur durch seine Intelligenz und Eloquenz, sondern vor allem auch durch die Methodik seines Wahnsinns aus. »*Though this be madness, yet there is method in't*«, sagt der Berater des Königs über den dänischen Prinzen. Und Goethes Dr. Faust verliert quasi schon im Eröffnungsmonolog seinen Verstand. Aber auch das militante Bestehen auf Vernunft und geistige Stabilität hat etwas Wahnsinniges und wartet ja quasi nur darauf – wie bei Gustav von Aschenbach in »Der Tod in Venedig« –, in den Abgrund der Irrationalität gerissen zu werden. Der Wahnsinn beansprucht unsere Aufmerksamkeit so viel mehr als der Verstand. Er lässt uns aufhorchen, aufschauen, fasziniert uns, macht uns neugierig. So ist es denn kein Wunder, dass die Ökonomie der sozialen Medien, deren Währung unsere Aufmerksamkeit ist, sich zu einer Ökonomie des Wahnsinns entwickelt hat.

Die Algorithmen der sozialen Medien begünstigen extreme Meinungen, Theatralik, alles, was Ängste oder emotionale Reaktionen hervorruft. Was in den letzten fünf Jahren zu einer Renaissance der Irrationalität, um nicht zu sagen des Wahnsinns, geführt hat. Denn mit Wahnsinn lässt sich Werbung verkaufen. Wahnsinn steigert den Profit. Als 2014 ein Bekannter bei mir zu Hause auf dem Sofa saß und mir erklärte, dass es ja mittlerweile allgemein bekannt sei, dass die Mondlandung nie stattgefunden habe, sondern in einem Filmstudio vorgetäuscht worden sei, und ja, die Erde sei eigentlich flach, dachte ich noch, dass es wirklich ein Fehler gewesen war, dass er sein Lithium abgesetzt hatte. Und dass er sich vielleicht beim nächsten München-Besuch besser ein Hotelzimmer nehmen sollte, anstatt in meinem Gästezimmer zu übernachten. Mir war er in diesem Moment wirklich etwas unheimlich. Zu meinem Erschrecken stellte sich heraus, dass er nicht der Einzige war, der glaubte, die Erde sei flach. »Flat Earthers« heißen die Leute, die sich mithilfe von YouTube-Videos in die Wahnvorstellung hineingesteigert haben, dass der Astronom Nikolaus Kopernikus mit seinen revolutionären Veröffentlichungen von 1543 falsch gelegen hatte, in denen er ein heliozentrisches Weltbild beschrieb mit der Erde als einem Planeten, der sich um die

Sonne bewegt. Gemäß diesen »Flat Earthers« ist dann auch die »Kopernikanische Wende«, die das Ende des Mittelalters und den Anfang der Neuzeit beschreibt, Teil einer Weltverschwörung, bei denen die Mächte der Finsternis bzw. eine satanisch orientierte Elite die Menschen des Lichts unterdrücken wollen. Beflügelt von der sich wenig an Fakten orientierenden Präsidentschaft Donald Trumps hat in den letzten sechs Jahren eine Regression ins Mittelalter stattgefunden, die einhergeht mit einer Feudalisierung der Arbeitsverhältnisse in den USA. Durch die Schuldenlast ihrer Kreditkarten und den Nachwirkungen des Finanzcrashs von 2008, durch die weitgehende Absenz von Gewerkschaften oder Mitbestimmung und die Bindung der Krankenversicherung an den Arbeitsplatz, befindet sich die amerikanische Arbeiter- und Mittelklasse in einem Abhängigkeitsverhältnis zu ihrem Arbeitgeber, das an feudale Strukturen erinnert. Und ähnlich wie im Mittelalter entwickeln sich Glaubenskonzepte, die sich abwenden von den Ideen der Aufklärung wie Rationalität, Einzelverantwortung, Gesellschaftsvertrag und Gemeinwohl hin zu einer mythologischen Welt, in der okkulte Kräfte gegen die Mächte des Lichts kämpfen. Politiker wie Hillary Clinton oder Microsoft-Gründer Bill Gates sind da plötzlich mit dem Satan im Bunde, halten Kinder in den Kellern von Pizza-Restaurants gefangen und trinken deren Blut. Überall sehen sie Symbole, Kodierungen und Muster, die beweisen sollen: Eigentlich handelt es sich bei dieser satanischen Elite, vor der uns nur die Lichtfigur Donald Trump retten kann, nicht um Menschen, sondern um Reptilien. Die rechtsradikale Verschwörungsgemeinschaft QAnon, die über die sozialen Medien ein Weltbild verbreitet, das wie Harry Potter auf Methamphetaminen klingt, konnte mit ihrer Behauptung, Kinder vor Pädophilen retten zu wollen, zunehmend auch Leute aus der New Age- und Esoterik-Bewegung für sich gewinnen. Eine Bewegung, die sich durch die Coronapandemie radikalisiert hat. Die Anhänger der Wellness- und Selbstoptimierungsindustrie, die ihren Körper als Tempel des Widerstands gegen den Pharma-, Lebensmittel- und Ölindustrie-Komplex begreifen, sind durch Corona vermehrt offen für Verschwörungsszenarien. Die Pandemie steht da plötzlich im Zentrum eines großen kosmischen Dramas zwischen den Mächten des Lichts und der Finsternis, das zunehmend in der Sprache des Okkultismus erzählt wird. Die digitalen Medien werden intensiv nach Zeichen, Zufällen und vermeintlichen Wundern durchforstet, um die Existenz dieses Dramas zu bestätigen und damit eben auch die der überall waltenden Kräfte des satanisch Bösen. Vor allem aber wird dabei wieder – ähnlich wie es mir bei meinem Dschungelgemälde und der »Die Liebe in den Zeiten der Cholera«-Postkarte erging – nach der Bestätigung gesucht, dass es eine göttliche bzw. spirituelle *»method to the madness«* gibt und man selbst Teil dieser Vorsehung ist. Die kalte, zusammenhangslose Rationalität des Kapitalismus, gegenüber der die traditionellen Religionen versagt haben, wird ersetzt durch ein pseudoreligiöses Wertesystem. Die Essenz, ja der ganze Sinn dieses Systems, liegt in der Ablehnung von Rationalität und der Umarmung des Wahnsinns. Mit dem Suchen nach Zusammenhängen und Hinweisen einerseits und dem Kampf gegen blutrünstige Horror-Phantasiewesen andererseits hat die Dramaturgie von Computerspielen den Diskurs über Politik im Allgemeinen und Corona im Spezifischen infiltriert. Die Ekstase dieses ganz speziellen Wahnsinns, sie gedeiht im Endlos-Labyrinth der Hypersymbolik und lässt weder Fragen noch Zweifel zu. Die Ekstase, die früher religiösen Erfahrungen vorbehalten war, wird nun als ein kollektiver Irrationalitäts-Orgasmus erlebt. Es ist ekstatisches Denken in toxischer Form. Esoterik, Okkultismus und rechtsradikale Niederträchtigkeit sind nun, wie schon bei den Nazis, wiedervereint. Und die gesamte New Age-Bewegung, die mit Achtsamkeit, Yoga, Astrologie und ihrem Intuitions-Vokabular schon die Mitte der Gesellschaft erreicht hatte, droht damit, in den braunen Sumpf abzurutschen.

Als am 6. Januar 2021 ein vom damaligen Präsidenten Donald Trump angeheizter Mob das Kapitol in Washington stürmte, war das in vieler Hinsicht nur die logische Konsequenz der Ökonomie des Wahnsinns. Einer Ökonomie, an der wir alle partizipieren, wenn wir in den sozialen Medien unterwegs sind und die Algorithmen mit unseren Klicks füttern. Mittlerweile wurde Joe Biden als Präsident der Vereinigten Staaten vereidigt und Donald Trump der Social Media-Hahn abgedreht. Es ist ruhiger geworden. Weniger wahnsinnig. Mit dem seltsamen Effekt, dass einem der eigene neurotische Wahnsinn mehr auffällt. Wir befinden uns immer noch im Lockdown. Ich selbst und die meisten Leute, die ich kenne, verbringen die meiste Zeit zu Hause. Die Pandemie dauert nun schon mehr als ein Jahr, und so langsam scheint sich das breitzumachen, was der französische Philosoph Michel Foucault in seinem Buch »Wahnsinn und Gesellschaft« als »Gefängnisfieber« bezeichnet hat. Nicht so sehr ein Fieber im physischen Sinn von erhöhter Körpertemperatur, sondern eher wie ein Koller, Anfälle des Wahnsinns. Ich merke, wie ich zunehmend der Hypochondrie verfalle und mich in kleine Panikattacken hineinsteigern kann. Vor ein paar Tagen teilte mir eine Freundin mit, die sonst eigentlich nichts mit der Finanzwelt zu tun hat, dass sie sich jetzt sehr intensiv mit dem Thema Bitcoin beschäftigt habe, und es sei ja wohl jetzt klar, dass der nächste Börsencrash bevorstünde und damit eben auch die nächste Apokalypse … Es war ein längerer Monolog. Ich wusste nichts darauf zu sagen, außer dass ich gerade ein wirklich großartiges pflanzliches Mittel gegen Schlafstörungen gefunden hatte. Und dass Dave Grohl ein neues *Foo-Fighters*-Album herausgebracht hat. Ich hatte es in der Auslage eines Buchladens gesehen. Inwiefern nun ein Mitte-50-jähriger Rockstar, der »*white guitar rock is not dead*« quasi auf die Stirn tätowiert hat, gegen Corona-Wahnsinn helfen soll, liegt nicht unbedingt auf der Hand. Aber bei mir ist das so. Ich hatte Dave Grohl, den ehemaligen Drummer von *Nirvana* und späteren Sänger der Gitarrenband *The Foo Fighters*, schon völlig vergessen, als er unerwartet während der Fernsehübertragung von Joe Bidens Vereidigung den *Foo Fighters*-Hit »Times Like These« vortrug. Er hatte erstaunlich lange Haare. Außerdem trug er so ein schönes auberginefarbenes Samtjackett. Und es dauerte vielleicht ein … zwei … drei Sekunden, und ich war wieder getroffen von Eros goldenem Pfeil und zurückkatapultiert nach London Anfang der 2000er. In unserem Haus in Camden Town lief jeden Tag MTV im Wohnzimmer. Nur zur Erinnerung: MTV war ein Musiksender und lange Zeit der Heilige Gral der populären Jugendkultur. Die Musikvideos der *Foo Fighters* wurden in hoher Rotation gezeigt. Ich war nie ein großer *Nirvana*-Fan gewesen und konnte mit der Musik der *Foo Fighters* noch weniger anfangen. Stadion Rock, wie auch andere Massenveranstaltungen, war mir irgendwie unheimlich. Ich denke, ich habe als Kind einfach zu oft Goebbels »Wollt ihr den totalen Krieg?«-Rede im Sportpalast gesehen. Aber da war er nun, dieser etwas linkische, aber irgendwie sympathische Dave Grohl, der tagein tagaus in unserem Wohnzimmer mit so irre viel Energie ins Mikrophon sang und mit seinen langen Haaren herumwedelte. Genau solche Haare wollte ich auch immer haben. Vor allem aber hatte ich gerade den schrecklichen Thorsten verlassen und durch einen anderen schrecklichen Typen ersetzt. Und irgendwie, der Ursprung unseres Begehrens ist wie gesagt unbenennbar, begann ich wie ein Teenager für Dave Grohl zu schwärmen. Inklusive dämlichen Lächelns und tiefem Seufzen. Glücklicherweise beschränkte sich der Schwarm nur auf unser Wohnzimmer. Sobald ich das Wohnzimmer verließ, war der arme Grohl vergessen und seine Musik nie gehört. Aber in der Familienatmosphäre des Wohnzimmers wurde er zu einem stehenden Witz zwischen meinem Mitbewohner Clifford und mir: Ein *Foo Fighters*-Video spielte im Fernsehen und ich quietschte »Oooh, da ist Dave Grohl!«, worauf Clifford antwortete »Dein zukünftiger Ehemann!« und ich erwiderte »Oh ja, Clifftops! Dave Grohl und ich werden heiraten ... (tiefes Seufzen)«. Und dann lachten wir beide. Der schwule Clifford fand es absurd, dass ich so einen hyperhetero Mann im Holzfällerhemd auch nur ansatzweise attraktiv finden konnte. Und ich selbst ja auch. Doch es war so. Dave Grohl war toll, auch wenn mir der Wahnsinn dieser Aussage noch heute bewusst ist. Das Beste an Dave Grohl aber war, dass er durch das alberne Ritual und die *campe* Hysterie, die er triggerte, mich den schrecklichen Thorsten und die anderen Blödmänner vergessen ließ. Und irgendwie machte er meine Beziehung zu Clifford noch schöner und witziger. All das Lachen und die vielen Erinnerungen an mein Londoner Wohnzimmer fluteten zurück in mein Bewusstsein, als Dave Grohl bei Joe Bidens Vereidigung auftrat und ich kurz darauf das wirklich hässliche Cover des neuen *Foo Fighters*-Albums im Schaufenster liegen sah. Dave Grohl war immer noch toll. Und ich dachte mir, vielleicht geht es nicht so sehr um die Eliminierung des Wahnsinns als darum, sich das richtige Objekt dafür auszusuchen. In der Hoffnung, dass dann das eintritt, was die antike Dichterin Sappho ca. 630 Jahre vor unserer Zeitrechnung so beschrieben hat:

> *Du kamst und ich war verrückt nach dir.*
> *Und du kühltest meinen Verstand, der mit Begehren*
> *nach dir brannte.*

Die Literatur, Philosophie und Popgeschichte platzen fast vor Beschreibungen des Verliebens, des Verliebtseins und des damit verbundenen Wahnsinns. Vielleicht würde es gar keine Literatur, Musik oder Poesie geben, wenn Menschen sich nicht verlieben würden. Wenn es diese schönste und gleichzeitig stressigste, vor allen Dingen aber irrsinnigste Phase unseres Liebeslebens nicht gäbe. Oder zumindest wäre unsere Kultur um einiges ärmer. Denn so außerordentlich ist dieser ganz spezielle Zustand des Wahnsinns, der nun schon seit Jahrtausenden unsere Aufmerksamkeit in Beschlag nimmt, dass er uns immer wieder zu den unterschiedlichsten Ausdrucksformen inspiriert. Triggert er doch einen Exzess an unerklärlichen Emotionen in uns, die wir irgendwie verarbeiten müssen. Plötzlich kreisen all unsere Gedanken nur noch um die eine Person, wir können nicht mehr schlafen, versalzen unser Essen, leuchten auf wie ein ganzes Bataillon Scheinwerfer, wenn sie anruft oder wir sie sehen. Und sterben tausend Tode, wenn unsere Nachrichten nicht beantwortet werden oder wir uns sorgen, dass die andere Person unsere Gefühle womöglich nicht erwidert. Verliebtsein ist ein monomanisches Unterfangen. Die Saiten unseres Herzens werden aufs Äußerste gespannt. Das Objekt unseres Verliebens wird zum Licht unseres Lebens und zugleich zum potenziellen Zerstörer allen Glücks und aller Hoffnung. All diese Emotionen sind so überwältigend, so fundamental und existenziell, dass wir uns immer wieder veranlasst sehen, sie zu teilen. Dies hat in der Menschheitsgeschichte neben wundervoller Poesie, Musik und Kunst auch zu sehr vielen, sehr schlechten Gedichten geführt. Gedichte, die einem dann enorm peinlich sind, wenn die Liebe vorbei und die Rationalität wiederhergestellt ist. Dieses Bedürfnis nach Gefühlserguss kommt wohl einerseits daher, dass wir uns in unserer Aufregung, Glück oder Schmerz weniger allein fühlen wollen. Oder weil wir diesen Ausnahmezustand dokumentieren wollen, weil uns im Hinterkopf schon dämmert, dass er wahrscheinlich nicht ewig anhalten wird. Vor allen Dingen aber, weil wir wissen, dass es ganz höchstwahrscheinlich Menschen gibt, die uns verstehen. Denn als die britische Punkband *Buzzcocks* sang »*Ever fallen in love with someone?*«, war das eine absolut rhetorische Frage.

Obwohl schon so viel über die Manie von Verliebten geschrieben wurde, ist es doch immer wieder der schon erwähnte Dialog Platons zwischen dem jungen Phaidros und dem Philosophen Sokrates, auf den wir in unserem Nachdenken über Erotik und Liebe zurückkommen. In der berühmten Wagenlenker-Rede dieses Dialogs geht Sokrates auf den Redner Lysias ein, der behauptet hatte, Rationalität sei eine bessere Grundlage für erotische Bindungen als der Ausnahmezustand, der eintritt, wenn man sich verliebt. Sokrates ist da völlig anderer Meinung. Er verteidigt den Wahnsinn der Verliebten, aber auch den Wahnsinn im Allgemeinen. »Uns werden die größten Güter durch Wahnsinn zuteil, jedenfalls dann, wenn er durch eine göttliche Gabe verliehen wird. Denn die Seherin in Delphi und die Priesterinnen in Dodona haben ja im Wahnsinn für Griechenland im privaten wie im öffentlichen Bereich viel Gutes bewirkt. Wenn sie aber bei klarem Verstand waren, Unbedeutendes oder gar nichts«, erklärt Sokrates, und die Betonung liegt dabei sicherlich auch auf der Einschränkung, dass der Wahnsinn von den Göttern verliehen werden muss, um positiv zu wirken. Wobei das Problem beim Wahnsinn ja oft darin liegt, dass man überzeugt ist, im Auftrag des Göttlichen zu handeln. Dagegen, dass man einem Gott oder dem Universum seine Sorgen und Wünsche mitteilt, spricht ja nichts. Probleme tauchen meist nur dann auf, wenn man glaubt, Gott antwortet einem. Vor allem, wenn man denkt, das Göttliche verbirgt sich auf irgendwelchen Internetseiten, die einen anregen, Pizza-Restaurants mit einem Maschinengewehr zu überfallen. Weil das mit dem Empfangen und Interpretieren von göttlichen Botschaften eine diffizile Sache ist mit potenziell katastropha-

len Auswirkungen auf die Gesellschaft, war in der Antike die aus dem Zustand des Wahnsinns geborene Kommunikation mit dem Göttlichen speziell designierten Personen vorbehalten. Den Orakeln. Meistens Priesterinnen, die von einem Stab von Priestern umgeben waren (auch hier ein gravierender Unterschied zu den selbsternannten QAnon-Schamanen). Die Seherin des Orakels von Delphi, genannt die Pythia, vollbrachte ihre Weissagungen in einem Trancezustand, in den sie laut Zeitzeugen durch Dämpfe aus einer Erdspalte gelangte. Einer Ekstase göttlichen Wahnsinns, der aber oft weitreichende politische Folgen hatte. Das Orakel von Delphi war eine politische Instanz, dessen oft doppeldeutige Weissagungen immer wieder Auslöser für große soziale Umwälzungen waren. So antwortete das Orakel auf die Frage von Krösus, des legendär reichen Königs von Kleinasien, ob er gegen den Perserkönig Kyros II. Krieg führen sollte: »Wenn Krösus den Halys überschreitet, wird er ein großes Reich zerstören.« Angespornt vom Orakel zog Krösus in den Krieg und zerstörte dabei ein großes Reich. Leider war es sein eigenes. Der Fehler, den Krösus begangen hatte, bestand darin, die Hinweise zu missachten, die wie eine Art *disclaimer* in der Säulenhalle vor dem Eingang zum Orakel zu lesen waren: *Gnothi Seauton.* Erkenne dich selbst. Bevor du nicht weißt, wer du wirklich bist und wo deine Stärken und Schwächen liegen, lasse dich lieber nicht auf den Wahnsinn ein. Denn du könntest darin untergehen. Des Weiteren stand da auch *Maeden Agan.* Nichts im Übermaß. Eine Warnung vor Exzess. Vor also genau dem, was wir heute durch die sozialen Medien erleben. Wir befinden uns im Zeitalter des Exzesses. Exzessiver Konsum, exzessive Aufregung, exzessiver

Narzissmus bestimmen die sozialen Medien. Das Abtauchen in den Wahnsinn exzessiver Verschwörungstheorien ist Teil davon. Wohlwissend, dass auch Wahnsinn seine Grenzen hat, sieht Sokrates ihn dennoch als wichtigen Bestandteil unseres Seelenlebens. Für ihn ist die Phase des rasenden Verliebtseins, wenn alle Ratio schweigt, eine zentrale Erfahrung der menschlichen Existenz. Eine Phase, die zum Beispiel meine Bitcoin-Freundin dazu veranlasste, sehr viele Fotos von sich und ihrem damaligen Freund, beide entrückt lächelnd und mit vielen rosa Herzchen-Emojis versehen, aus dem brasilianischen Dschungel zu verschicken, wo die beiden gemeinsam psychedelischen Pflanzensud getrunken hatten zwecks Horizonterweiterung. Ich muss zugeben, ich habe mir damals ein bisschen Sorgen um sie gemacht. Aber der Wahnsinn hat sich gelohnt. Die beiden sind mittlerweile glücklich verheiratet und haben einen ganz phantastischen Sohn. Es ist schon eine ganze Weile, um nicht zu sagen, eine Ewigkeit her, dass ich selbst verliebt war und in den Vortex des Wahnsinns gerissen wurde. Die Erinnerung an Dave Grohl zählt nicht, denn das war nur ein schwaches Echo und dabei auch nur einseitig. Denn damit der Wahnsinn des Verliebtseins seine ganze Schlagkraft entwickelt, braucht es zwei. Dieser ganze Gefühlsexzess und die Irrationalität des sich Verliebens helfen einem, die Veränderungen durchzuziehen, die eine Beziehung unweigerlich mit sich bringt. Bedenken können ignoriert werden, Angst vor Verletzungen und dem Ungewissen auch, ebenso jegliche Einwände von Freunden, Familie oder Gesellschaft. Die tektonischen Verschiebungen, die eine neue Beziehung auslöst, lassen sich im Fieber des Verliebtseins so viel müheloser bewältigen.

Für Sokrates hatte der Wahnsinn des Verliebtseins jedoch noch eine wichtigere Aufgabe als die, die emotionale Logistik einer jungen Beziehung zu bewältigen. In seiner Wagenlenker-Rede vergleicht er die menschliche Seele mit einem geflügelten Pferdegespann, das von einem Wagenlenker geführt wird. Von diesem Gespann ist das eine Pferd elegant und gehorsam, das andere widerspenstig, plump und planlos, »ein Gefährte der Maßlosigkeit und Angeberei«. Nicht unähnlich den Ponys, mit denen meine Freundin meine Liebhaber der letzten Jahre vergleicht. Wenn ein Mensch sich in einen anderen Menschen verliebt, so Sokrates, erschaudern wir, weil uns das Antlitz dieser Person gottesgleich erscheint. Wir beginnen, die geliebte Person wie einen Gott zu verehren. Durch all diese aufkommenden Gefühle brodelt eine Hitze in uns, die das Gefieder der Seele wachsen lässt und Federn durch die Haut an die Oberfläche treibt. Doch wie wenn kleine Kinder neue Zähne bekommen, ist das sehr unangenehm, es tut weh. Die Fremdheit der Empfindung macht uns ratlos, es tobt in uns, wir können kaum schlafen. Die einzige Heilung von diesen Qualen ist die angebetete Person. »Diesen Zustand aber, mein schöner Knabe, nennen die Menschen Liebe«, so Sokrates. Wenn wir den Menschen nun als Wagenlenker sehen, der sich mit all diesen Gefühlen konfrontiert sieht – dem Verlangen, der Raserei, der Schlaflosigkeit –, dann wird ihn sein Schamgefühl zurückhalten, sich der geliebten Person zu nähern. All diese Gefühle sind einfach zu peinlich, als dass man ihnen als rationaler Mensch nachgeben würde. Scham bedeutet, dass wir den Vorstellungen und Erwartungen, die wir an uns selbst haben, nicht entsprechen. Und die meisten von uns erwarten eben, dass wir mit einer gewissen Würde und Selbstkontrolle das Leben beschreiten. Wir wollen uns nicht lächerlich machen. Weil das schöne, elegante Pferd sehr gehorsam und wohlerzogen ist, tut es immer, was der Wagenlenker von ihm verlangt. Der Wagenlenker und das schöne Pferd allein seien daher peinlich genau auf ihre Würde bedacht, der angebeteten Person niemals nahezukommen, sondern vernünftig elegant durchs Leben zu traben. Sie würden Peinlichkeit unbedingt vermeiden, und daher würde ihnen niemals Liebe widerfahren. In der Vernunft kann keine Liebe entstehen, so Sokrates. Nein, damit die Liebe stattfinden kann, braucht es das bockige Pony, das sich nicht um die Peitsche des Wagenlenkers schert und »gewaltsam und in wilden Sprüngen« auf die Angebetete losrast und den Wagenlenker zwingt, an die Wonnen des Liebesgenusses zu denken. Das eigensinnige Pony ist wie das »Es« in der Psychoanalyse. Verkörperung der Triebe, der unterdrückten sexuellen Impulse und der Libido. Somit eben auch Verkörperung aller bisher unterdrückten Möglichkeiten. Ich muss sagen, je mehr ich über Ponys nachdenke, desto besser gefallen sie mir.

Da uns die Pandemie Vernunft verordnet und unsere Ponys von staatlicher Seite im Zaum hält, gibt es derzeit wenige Menschen, die sich verlieben. Ich kenne jedenfalls keine. Mit Ausnahme vielleicht der 16-jährigen Tochter einer Freundin, die gerade ihre Sexualität entdeckt. Völlig verzückt und geistesabwesend steht sie vor einem, aufgepumpt vom Orkan nie vorher gekannter Glückshormone. Als wir letztes Mal zusammen mit ihren Eltern im Park spazieren gingen, erklärte sie plötzlich, sie müsse jetzt ihren Freund treffen und verschwand im nächsten Moment. Meine Freundin und ihr Mann schauten ihr düpiert hinterher. »Wenn die Kinder sich so entfernen, ist das, als ob auf einmal die ganze Luft raus ist«, seufzte meine Freundin und ihr Mann ergänzte: »Die ganze Energie ist weg, und nur wir Alten sind übrig.« Dann gingen wir weiter unsere Runden durch die braunen Matschwiesen des Weinbergparks. Der Wahnsinn des Verliebtseins half ganz offensichtlich der Tochter, sich in ihre neue Identität als Quasi-Erwachsene zu katapultieren und sich über die Anhänglichkeiten und Sorgen ihrer Eltern hinwegzusetzen. Die Teenagerjahre sind eine Zeit des Übergangs und der Überschreitung. Adam Phillips drückt das so aus: Sex bringt die Kinder in die Familie, und Sex trennt sie auch wieder von der Familie. Die Tochter meiner Freundin war der wandelnde Beweis für Sokrates' These, dass das Verlieben eine Form der Selbsterkennung ist. Eine narzisstische Spiegelung in den Augen des anderen, die aber nicht lähmt und auszehrt wie bei dem eigentlichen Narziss aus Ovids Metamorphosen. Narziss ist so sehr in sein Spiegelbild im Quellwasser verliebt, dass er völlig magnetisiert davon ist und sich nicht wegbewegen kann, wodurch er sich verzehrt und stirbt. Im Gegensatz dazu ist bei Sokrates die Spiegelung des Selbst in den Augen der geliebten Person eine transzendentale Erfahrung. Die Schönheit, die man in der anderen Person sieht, beschwingt einen, lässt die Seele ihre Flügel ausspannen und sie – wie es der romantische Dichter Joseph Eichendorff in seinem Gedicht »Mondnacht« formulierte – durch die sternklare Nacht und stillen Lande fliegen, als flöge sie nach Haus. »Er liebt nun also, was genau aber weiß er nicht, und er weiß auch nicht, was ihm widerfahren ist, und er kann es nicht benennen, sondern sieht wie in einem Spiegel im Liebhaber sich selbst, ohne es zu merken«, so Sokrates. In dieser erotischen Gegenseitigkeit lieben die Geliebten die Vorstellung, die die Liebenden von ihnen haben. Vor allem aber erinnern sie sich bei ihrem Verliebtsein an die göttliche Schönheit und das göttliche Prinzip, das ihrer Seele innewohnt. Denn die Seele ist laut Sokrates unsterblich und somit Teil des göttlichen Universums. Es ist durch das Verliebtsein, dass wir uns dessen wieder bewusst werden. Wenn wir verliebt sind, lieben wir demnach sowohl die Seele, die schon in uns wohnt, als auch die Seele, zu der wir uns noch entwickeln. Denn – so erklärt der Psychoanalytiker Leo Bersani die Wagenlenker-Rede – die, die uns lieben, projizieren all die positiven, ja göttlichen Qualitäten auf uns, deren Ansätze sie schon in uns gesehen haben, die sich aber erst noch entwickeln müssen. In diesem Wechselspiel des gegenseitigen Erkennens und Einflößens von Idealen beflügeln wir uns gegenseitig. Die Verliebten werden in einen Zustand göttlichen Wahnsinns transportiert, der sie dem Schönen, Guten und Wahren näherbringt. Sie lieben dabei die Geheimnisse, die sie in sich tragen und die sie bei den Geliebten als Wahrheit erkennen. Bersani nennt diesen ekstatischen Zustand des gegenseitigen Erkennens und Beflügelns »unpersönlichen Narzissmus«. Denn es geht hier nicht um uns selbst, sondern um das, was größer und schöner ist als wir. Um das, was schon in uns schlummert, an das wir aber immer wieder erinnert werden müssen. Die Liebe, wie Sokrates sie beschreibt, beflügelt uns und erhebt uns zu unserem Ideal-Ich. Doch laut Sokrates existiert sie nicht als ein festes Konzept, das es zu entdecken und begreifen gilt. Vielmehr muss sie kultiviert werden. Ähnlich wie die Demokratie braucht sie unsere ständige Pflege, Verhandlung und vor allem Handlung in ihrem Sinne. Bersani: »Sie wird kultiviert durch Dialog – ein wahrhaftig unendlicher Dialog, denn wir sind ständig dabei, uns auf dieses größte aller Glücke, nämlich dem ›Wiederfinden‹ in anderen Menschen, uns eben auf dieses Glück zuzubewegen oder aber es zu verlieren.«

Ich bin mir jetzt nicht sicher, ob die Frau von der Möchtegern-Love-Parade auf der Berliner Torstraße das sokratische Konzept der Liebe als ewigem Dialog so wirklich durchdrungen hat. Trotz allem ekstatischen Wahnsinn, dessen Göttlichkeit ich ja gar nicht infrage stellen will, schien das doch eine eher einseitige Aktion, die sie da abzog. Dazu auch noch nicht wirklich im Sinne des delphischen Orakels, das, wie gesagt, vor Exzess warnt. Aber damit ist sie nicht allein. Der ekstatische Wahnsinn des Verliebtseins ist wie eine Drogenhöhle, in der wir unsere Rationalität, Zukunftsüberlegungen, Vorsicht und Schamgefühl beim Betreten an der Garderobe abgeben. Wegtauchen in einen Club, der wie ein Satellit über der Erde schwebt.

Auch wenn dieser Wahnsinn mit großem Stress verbunden ist, weil man plötzlich emotional sehr verwundbar und einem die Selbstkontrolle verlorengegangen ist, weil von einem Tag auf den anderen alle bisher fest geglaubten Strukturen ins Wanken geraten, kann man leicht von diesem Zustand abhängig werden. Das sind dann die Serien-Monogamisten. Ständig in eine neue Person verliebt. Ich habe mal die britische Rennfahrerlegende Sterling Moss interviewt, der mir erklärte, Rennfahren würde deswegen so süchtig machen, weil Angst süchtig macht. Angst versetzt einen in einen Ausnahmezustand von extremem Fokus, bei dem alle Alltagssorgen, alle Vernunft, das ganz normale Leben von einem abfallen. Nur der Moment zählt noch. Wir sind im Flow. Ja, wir haben Angst, aber wir fühlen uns auch so lebendig wie sonst nie. Ähnlich funktioniert das Verliebtsein. Ein Ausnahmezustand wie eine große Katastrophe oder ein Krieg. Das normale Leben ist ausgeschaltet. Verliebtsein gibt einem eine *Carte blanche* für die Unvernunft und Unberechenbarkeit. Wir können gegenüber uns selbst wie auch gegenüber der Welt jeglichen Unsinn entschuldigen, den wir verzapfen, denn wir sind ja verliebt. Wenn dann die erste Phase des Verliebtseins vorbei ist und das Leben mit all seinen Vernunft erfordernden Problemen zurückkehrt, wenn man feststellen muss, dass die andere Person eben tatsächlich anders ist und keine narzisstische Spiegelung unseres Selbst, endet das nicht selten im Crash der Beziehung.

In dem Song »I think I'm in Love« von der britischen Smack-Rockband *Spiritualized* beschreibt der Sänger Jason Pierce sein Verhältnis zu Heroin – »*love in the middle of the afternoon. Just me, my spike in my arm and my spoon*« – und wie die Droge einen vermeintlichen Zustand des Verliebtseins in ihm auslöst. Gleichzeitig erinnert ihn der Chorus mit dem Zynismus eines Junkies immer wieder daran, dass die Gefühle nicht echt sind. Dass das Verliebtsein nur ein Resultat der Chemie ist, die er sich in die Adern gejagt hat.

I think I'm in love
probably just hungry

I think I'm your friend
probably just lonely

I think you got me in a spin now
probably just turning

I think I'm a fool for you, babe
probably just yearnin'

Genauso zynisch könnten wir auch das Verliebtsein betrachten. Eine Droge, die unserem langweiligen Leben eine Überhöhung verleiht. Ein Zustand der Ekstase, der uns helfen soll, die Reißleinen zu unserem alten Leben zu ziehen und das Wagnis einer neuen Beziehung einzugehen. Ein bisschen so wie Brexit: Wir steigern uns hinein in einen Zustand der narzisstisch-erregten Erhabenheit, und weil uns vor lauter Aufregung der Kopf wehtut, schießen wir uns in den Fuß. Eine Freundin von mir erzählte mir gerade kopfschüttelnd von einer verheirateten Bekannten, die sich in den Mann ihrer Klavierlehrerin verliebte. Ein Fotograf. Eine ganz schlimme Sache sei das. Ihre Bekannte würde nur noch weinen. So groß sei der Liebeswahn zwischen diesen beiden verheirateten Mitte-40-jährigen gewesen, dass sich beide von ihren jeweiligen Ehepartnern getrennt hatten und zusammengezogen waren. Ihre jeweiligen schulpflichtigen Kinder waren natürlich alles andere als begeistert. Auch im Freundeskreis lösten die beiden Trennungen und die neue Beziehung ein Erdbeben aus. Freundschaften zerbrachen, Allianzen wurden neu gezogen, Leute redeten nicht mehr miteinander. Doch die Bekannte war so unbändig in den Fotografen verliebt, dass ihr das alles egal war. Anderthalb Jahre ist das nun her. Mitten im zweiten Lockdown verkündete der Fotograf nun aber, er sei noch in seine Ex verliebt und wolle seine Ehe retten. Die Bekannte steht nun vor einem Trümmerhaufen. Ehe vorbei, Liebesbeziehung auch, Kinder genervt und ihren Job hat sie auch verloren, weil sie und ihr Ex-Mann ein gemeinsames Restaurant betrieben hatten. War das nun Liebe gewesen oder einfach nur eine außer Kontrolle geratene Midlife-Crisis? Wollte sie vielleicht einfach nur ihr Leben verändern, und ihr fiel kein besserer Weg ein, als sich in den Mann ihrer Klavierlehrerin zu verlieben? Ich weiß es nicht. Irgendein Teil von ihr brauchte und wollte wohl diese ganze Zerstörung, Aufregung und den Schmerz. Und warum auch nicht. Vielleicht hätte das auch alles vernünftiger, besonnener und weniger dramatisch ablaufen können. Aber immer nur elegant mit seinem schicken Wagen und seinem braven Pferd durchs Leben zu traben, ohne Fehler und ohne Drama, scheint mir ein verschenktes Leben. Wer sich auf den Wahnsinn einlässt, muss eben in Kauf nehmen, dass es schiefgehen oder wehtun kann. Und wenn man das nicht aushält, hält man sich lieber von den Männern seiner Klavierlehrerin fern. *Gnothi seauton.* Für Sokrates war ein Leben ohne Verlieben, also ein Leben, das nur im Zeichen der Besonnenheit steht, ein vergeudetes Leben. Die Mehrheit mag einen als tüchtig loben, aber in Wahrheit ist es ein Leben in Unfreiheit, denn die Meinungen der anderen sind einem wichtiger als das eigene Begehren. Mit dem Resultat – so warnt Sokrates –, dass die Seele »neuntausend Jahre lang auf der Erde herumtreibt und schließlich vernunftlos unter der Erde enden wird«.

Von R. D. Laing stammt das Zitat: »Das Leben ist eine sexuell übertragene Krankheit mit hundertprozentiger Sterblichkeitsrate.« Anders ausgedrückt, das Leben ist nichts anderes als ein Virus, zu dessen Übertragungsformen das Sichverlieben gehört. Und wie uns Corona so deutlich vor Augen geführt hat, der Wahnsinn lässt sich da schlecht vermeiden. Das Wundervolle an Platons »Phaidros« besteht darin, dass er uns die Schönheit und die Möglichkeiten der Transzendenz vor Augen führt, die dem Verlieben und dem damit verbundenen Wahnsinn innewohnen. Wenn wir uns verlieben, fühlt sich das an, als würden wir unseren freien Willen verlieren. Aber wir haben immer die Wahl, für welche Art des Wahnsinns wir uns entscheiden. Als meine pommersche Großmutter 18 Jahre alt war, wurde ihr das »Sechste Buch Mose« gegeben. Ein Hexenbuch, das von Frau zu Frau, von Generation zu Generation weitergereicht wurde. Neben Liebeszaubern, mit denen Frauen Männer angeblich dazu bringen können, sich in sie zu verlieben, befinden sich darin auch Teufelsbeschwörungen und lauter boshaftes, düsteres Zeug. Inhalte, die sich damals 1938 nahtlos in das Gedankengut der Nazis einfügten. Meine Großmutter sollte mit dem Erhalt des Buches die Dorfhexe werden. Sie entschied sich dagegen und gab das Buch zurück. Stattdessen beantwortete sie eine Heiratsannonce, verliebte sich in meinen Großvater (ohne Liebeszauber wohlgemerkt) und ist für immer aus diesem Kaff auf dem platten Land weg-

gezogen. Auf ihrem Hochzeitsfoto strahlen sich meine Großeltern glücklich an. Lange hat das Glück nicht gedauert, denn
ein paar Jahre später war mein Großvater tot. Ich bin meiner
Großmutter sehr dankbar, dass sie sich für den Wahnsinn des
Verliebens mit all seinen Risiken und Herausforderungen entschieden hat.

Natürlich frage ich mich, wann so etwas mal wieder in
meinem Leben passiert. Momentan besteht meine einzige Entscheidung eben darin, nicht wahnsinnig zu werden und keine
Leute auf der Torstraße anzubrüllen. Wenn ich im antiken
Griechenland leben würde, würde ich jetzt das Orakel von Delphi befragen. Deswegen war ich auch sofort neugierig, als ich
in der englischen Zeitung *The Guardian* über ein schottisches
Medium namens June Fields las. Sie hatte eine Art Weltmeis-
terschaft im Wahrsagen gewonnen. Wenn das nicht im sokratischen Sinne war. Eine Weltmeisterin im Orakeln, dazu noch
empfohlen vom garantiert nicht rechtsradikalen *Guardian*.
Sie war doch genau die Richtige, um mir zu sagen, wann und
wie ich wieder auf sokratischen Wahnsinn hoffen konnte. Also
buchte ich einen Termin. Vor ein paar Tagen war es dann endlich soweit, und wir redeten per Skype. June ist eine wirklich
nette Person. Eine ältere Dame zwischen 60 und 70. Anstatt
auf einem dreibeinigen Hocker wie die Pythia (symbolisch
für die Moiren, die drei Schicksalsgöttinnen der griechischen
Mythologie) saß sie auf einem Sofa vor einer hellgelben Wand.
Freundlich lächelnd begann sie, sofort über meine Großmutter
zu reden. So ganz ohne Trance oder meditativen Zustand. Ein
völlig wahnsinnsfreies Gespräch. Meine Großmutter sei sehr
dominant und gesprächig, meinte sie. Gegen sie hatten die

anderen Geister wohl keine Chance, auch mein verstorbener Mann nicht. Das klang schon mal ziemlich glaubwürdig. Der Hund meiner Kindheit, ein großer schwarzer Neufundländer, tauchte auch auf. Leider hatte June keine guten Nachrichten. Das mit dem Verlieben würde noch eine ganze Weile dauern. Mindestens bis nächstes Jahr. Der Lockdown würde schon bald vorbei sein, versicherte sie mir, aber an meinem Liebesleben würde das trotzdem nichts ändern. Ich sollte mir einfach nicht so viele Gedanken machen. Es sei doch alles gut, ich sei doch glücklich allein. Mein einziges Problem seien meine Neurosen. Das fände jedenfalls meine Großmutter. June lächelte mich tröstend an. Erst war ich enttäuscht. Aber dann dachte ich, eigentlich reicht es mir gerade mit dem Wahnsinn. Ich weiß gar nicht, ob ich ihn jetzt aushalten könnte. Vielleicht sollte ich es mal ruhiger angehen lassen und das neue Haarwachstumsshampoo benutzen, von dem die Haare garantiert zehn Zentimeter länger werden. Aber auf jeden Fall lasse ich mich impfen, denn dann muss ich nicht mehr so viel allein sein. Und überhaupt, ich habe ja noch die Ponys. Und Dave Grohl.

ÜBER DIE EHE ODER REICH MIR DIE HAND, MEIN LEBEN

And there's nothin' sure in this world
And there's nothin' pure in this world
Look for something left in this world
Start again.
Come on.
It's a nice day for a white wedding.
BILLY IDOL, WHITE WEDDING

Manchmal hab' ich echt Mordphantasien«, flüsterte meine Freundin Melissa und fügte noch etwas leiser hinzu: »…das sind wirklich ziemlich detaillierte Phantasien.« Es gab gar keinen Grund zum Flüstern. Melissa befand sich auf ihrer täglichen, staatlich erlaubten Joggingrunde durch den Hampstead Heath Park in London. Um sie herum nur Bäume, Vogelgezwitscher und Leute mit weißen Knöpfen im Ohr. Niemand konnte sie hören. Vor allen Dingen nicht ihr Mann. Aber die Wahrheit war einfach zu schrecklich, um sie laut auszusprechen: Nach vier Wochen Lockdown mit Familie konnte sie ihren Mann, mit dem sie jetzt schon fast 20 Jahre verheiratet war, einfach nicht mehr ausstehen. Schlimmer noch. »Ich kann seinen Geruch nicht mehr ertragen.« Melissa ist Investmentbankerin. Normalerweise ist sie viel unterwegs. Ihr Mann ist freier Journalist, arbeitet meistens von zu Hause und kümmert sich um die drei Kinder. Das hatte eigentlich immer ganz gut geklappt. Aber nun war Melissa zum Stillstand gezwungen. Starrte auf die Wand hinter ihrem Computer und dachte darüber nach, wie es wohl wäre, ihren Kopf dagegen zu schlagen. Oder besser noch, den Kopf ihres Mannes, der sie plötzlich so unendlich nervte. Denn schließlich war er es ja, der schuld an allem war. Denn wenn er mehr Geld verdienen würde, dann müsste sie nicht ständig herumreisen und Karriere machen. Und dann wäre sie jetzt auch nicht so frustriert. So oder so ähnlich war ihre Argumentation. Ganz logisch klang das alles nicht, aber das war ja auch egal. Melissas Gefühle waren real. Ihre Frustrationstoleranz war am Anschlag. Was immer auch sich über die Jahre in der Ehe angestaut hatte und verdrängt worden war, es drohte zu explodieren. Dieses bizarre Lebenskonzept der Ehe, das uns suggeriert, dass es da diese eine magische Person gibt, die uns ein Leben lang Glück bescheren, uns sexuell befriedigen und begehren, unserer Selbstentfaltung behilflich sein und dann auch noch ohne Aufforderung ihre Socken in den Schmutzige-Wäsche-Behälter befördern soll, Melissa war davon gerade ungefähr so begeistert wie ich vom Samstagabendprogramm des ZDF. Zum Glück konnte ich Melissa beruhigen. Mord in der Ehe ist nichts Ungewöhnliches. Kommt öfters mal vor.

Meine Tante Trudi zum Beispiel, die jüngste Schwester meiner Großmutter. Sie hatte den Fehler begangen und war nicht mit ihrer älteren Schwester Thea aus Pommern zu meiner Großmutter nach Hessen geflohen. Thea war im März 1945, kurz vor dem Ende des Krieges, einfach ganz allein losmarschiert. Dazu muss man wissen, dass Thea eine wirklich kleine Person war. Vielleicht gerade mal 1,60 Meter groß und erst 20 Jahre alt. Wann immer sie konnte, sprang sie auf einen Zug auf, schloss sich anderen Flüchtlingen an oder versteckte sich im Graben vor vorbeiziehenden Truppen. Nach acht Tagen erreichte sie den Hof meiner Großmutter in Niederaula. Meine Großmutter war damals schon verwitwet und betrieb den Hof gemeinsam mit ihrer ebenso verwitweten Cousine Sophie sowie mehreren russischen Zwangsarbeitern und Männern, die sie aus der örtlichen Psychiatrie zu sich geholt hatte. Es war eine Ansammlung von tief traumatisierten Menschen, die da zusammenwohnten. Auf dem Hof lernte Thea später Heini kennen, der aus Köln kam und nach dem Ende des Kriegs als Soldat dort gestrandet war. Heini war noch kleiner als Tante Thea. Die beiden heirateten auf dem Hof. Für das Hochzeitsbild wurde im Garten hinter dem Kuhstall extra eine kleine Kuhle für Tante Thea gegraben, damit Heini auf dem Foto größer aussah als seine Braut. Davon und von ihrer Reise so ganz allein im Chaos der letzten Kriegstage erzählte mir Thea kurz vor ihrem Tod vor ein paar Jahren. Ich hatte ja keine Ahnung gehabt, dass diese kleine, rundliche Frau, die oft bei meiner Großmutter auf dem Sofa gesessen, starken Kaffee getrunken, geraucht, mit ihr pommersches Platt geredet und immer erstaunliche Mengen an Beruhigungsmitteln verdrückt hatte, so mutig gewesen war. Als ich ihr sagte, wie beeindruckt ich war, verharrte Thea. Ihr Blick verdunkelte sich. »Und dann frach' ich mich, für was isses gut gewesen? Für nüscht. Für nüscht isses gut gewesen!«. Ihr Sohn, der sie sehr liebevoll pflegte, saß neben ihr und verzog keine Miene. »Och Mann, Tante Thea! Du hattest doch ein schönes Leben! Mit deinem Mann und deinem Sohn!«, entgegnete ich. »Hmmmmm….«, brummte sie trotzig, »Für nüscht!«. Widerstand war zwecklos. Gegen die pommersche Untergangsstimmung lässt es sich nicht argumentieren, das wusste ich schon. Da helfen eigentlich nur starker Kaffee, Zigaretten, Streuselkuchen und ein Korn. All das hatte der Arzt Tante Thea verboten. Also versuchte ich, sie aufzuheitern, indem ich sie an Tante Trudi und die Sache mit dem Mord erinnerte. Sofort hellte sich Tante Theas Gesicht auf. Ja, die Trudi, die sei ja dummerweise im Osten geblieben. Sie hatte sich mit ihren Eltern im Wald vor den Russen versteckt. So massiv war damals die Angst vor den sowjetischen Soldaten, dass viele im Dorf Selbstmord begingen. Meine Großmutter hatte mir mal ein Klassenfoto aus ihrer Schulzeit gezeigt. Die Hälfte der Kinder auf dem Foto waren von ihren Eltern aus Angst vor den Russen umgebracht worden. Deswegen war Thea dann auch einfach so allein ins weit entfernte Niederaula aufgebrochen. Ganz im Sinne der Bremer Stadtmusikanten: Etwas Besseres als den Tod würde sie überall finden. Die jüngere Trudi aber war geblieben. Niemand von meiner Familie starb. Die Todesangst vor den Russen stellte sich als übertrieben heraus. Im Gegenteil, ein russischer Zwangsarbeiter schenkte meiner Großmutter am Tag der deutschen Kapitulation zum Abschied mehrere Kisten mit langen Unterhosen. Diese waren eigentlich für die Ostfront gedacht und stammten aus einem stehen gebliebenen Versorgungszug der Wehrmacht. Mit diesen langen Unterhosen konnte meine Großmutter über Monate hinweg Arbeiter bezahlen und den Hof und die Familie durchbringen.

12 Millionen Menschen wurden während des NS-Regimes durch Zwangsarbeit gedemütigt und ausgebeutet. Diese rechtlosen, zwangsverschleppten Menschen waren spätestens seit 1942 ein sichtbarer Teil des Arbeitsalltags. Niemand konnte später behaupten, er hätte davon nichts gewusst. Ohne diese Zwangsarbeiter wäre die Versorgung der deutschen Bevölkerung zusammengebrochen. Während 1939–45 kamen 2,5 Millionen von ihnen ums Leben. Die meisten davon sowjetische Kriegsgefangene und KZ-Häftlinge. Angesichts dieser Tatsache sind die langen Unterhosen, die der russische Zwangsarbeiter meiner Großmutter zum Abschied schenkte, umso wertvoller als Geste der Versöhnung. Dass es mich gibt, habe ich auch diesen langen Unterhosen zu verdanken, und es macht Sinn, dass ich einen russischen Namen trage.

Irgendetwas muss Trudi damals, in den letzten Kriegstagen, gesehen haben. Irgendwas war vorgefallen. Denn nach dem Ende des Krieges stotterte Trudi, wenn sie aufgeregt war. Auch sie war eine zierliche Person und klein. Ganz anders als meine hochgewachsene Großmutter mit ihrem breiten Kreuz. Ein paar Jahre später heiratete Trudi einen Metzgerssohn in Wismar. Ihre Schwiegermutter war alles andere als begeistert von der zarten Trudi, die so gar nicht mit anpacken konnte und dazu auch noch stotterte. Die Schwiegermutter hatte sich eine bessere Frau für ihren Schlachter-Prinzen erhofft. Und so piesackte sie denn die arme Trudi, wann immer sie auch konnte. Und als Metzgersfrau war die schlimmste Beleidigung, die ihr einfiel, dass Trudi »ja gar nicht richtig mit Messern umgehen konnte!«. Das war ihr Lieblingsvorwurf, den Trudi regelmäßig zu hören bekam. Bis dann eines Tages etwas Furchtbares geschah. Die Tochter der Metzgersfrau, also Trudis Schwägerin, hatte nach Berlin geheiratet. Eines Nachts, aus Gründen, die niemand jemals erfahren sollte, stand sie aus dem ehelichen Bett auf, ging in die Küche, nahm sich ein großes Küchenmesser, kehrte zurück ins Schlafgemach und schnitt ihrem Gemahl im Schlaf die Kehle durch. »Dat war vielleicht ne Sauerei!«, kicherte meine Tante Thea. Trudis Schwiegermutter war natürlich völlig fertig mit den Nerven, als die Nachricht von der Tat ihrer Tochter sie erreichte. Sie musste sich erst mal hinsetzen. Trudi ergriff die Gelegenheit und baute sich vor ihrer Peinigerin auf. Die Hände in die Hüften gestemmt verkündete sie: »N...N...Naa...d...d...de...der ...h...h...haste, der haste aber ge...ge...gezeigt, wie man mit Messern umgeht!«. Die Schwiegermutter starrte Trudi mit offenem Mund an, ohne dass ein Wort herauskam. Von diesem Tag an ließ die Schwiegermutter Trudi in Ruhe. Tante Thea wischte sich bei der Erinnerung eine Träne aus dem Auge. Sie war immer noch stolz auf ihre schon lange verstorbene Schwester. Ich erzählte die Geschichte meiner Freundin Melissa und endete mit: »*You know, sometimes a murder can really clear the air ...*«. So, wie ich ihre Reaktion einschätze, war das sicherlich das letzte Mal, dass mich Melissa um Beziehungsratschläge gebeten hat.

Natürlich funktioniert Tante Theas Gruselgeschichte nur, weil niemand in unserer Familie die Beteiligten kannte. Natürlich ist Mord alles andere als witzig. Meist sind es Frauen, die in ehelichen oder eheähnlichen Situationen ermordet werden. Im Jahr 2018 wurden in Deutschland 122 Frauen von ihrem Partner oder Ex-Partner ermordet. Im Jahr davor waren es 147 und davor 155. Im Vergleich dazu wurden 2018 nur 26 Männer von ihren Partnerinnen umgebracht, 2017 waren es 34 und im Jahr davor nur 16 (Quelle: BKA). Meistens sind Morde von Frauen an ihren männlichen Partnern Verzweiflungstaten, um einer gewalttätigen Beziehung zu entkommen. Zu gleichgeschlechtlichen Ehen konnte ich keine Daten finden. Statistisch gesehen bringt also jeden dritten Tag ein Mann seine Partnerin um. Die Autorinnen Laura Backes und Margherita Bettoni zeigen in ihrem Buch »Alle drei Tage«, dass der Femizid dabei kein spezifisch deutsches, sondern ein globales Problem darstellt. Laut Backes und Bettoni sind weltweit bei Tötungsdelikten innerhalb von Beziehungen in acht von zehn Fällen Frauen die Opfer. Sie werden meistens entweder von einem (Ex-)Partner oder anderen Familienmitgliedern umgebracht. Bei einem Drittel aller Morde an Frauen weltweit ist der Täter gleichzeitig auch der Intimpartner. Egal, wo auf der Welt wir leben, für die meisten von uns ist unser Zuhause der gefährlichste Ort, an dem wir uns aufhalten können.

Einer der besten Gefahrenindikatoren, ob ein Partner zum Mörder wird, ist dabei – so die britische Kriminologin Jane Monckton Smith in »Alle drei Tage« – das zunehmend kontrollierende Verhalten des Mannes. Zu Anfang der Beziehung kann sich das, scheinbar harmlos, durch Forderungen nach Liebesschwüren und nach quasi sofortiger und umfassender Bindung an den Mann äußern. Besitzerklärungen wie »du gehörst jetzt zu mir« sollten eine Frau hellhörig werden lassen. Ein Täter zeichnet sich meistens dadurch aus, dass er seine

Partnerin als sein Eigentum betrachtet. Später nimmt dieses kontrollierende Verhalten extremere Züge an in Form von Stalking und Telefonüberwachung sowie von permanenter Eifersucht und Untreue-Verdacht. Will sich die Frau trennen oder zieht sich zurück, triggert das oft eine Eskalation. Stalking, Überwachung und Gewalt nehmen zu, ebenso wie Drohungen der Täter, entweder die Frau oder sich selbst umzubringen. Die Tötung erfolgt meist dann, wenn der Täter das Gefühl hat, völlig die Kontrolle über die Frau verloren zu haben. Meistens folgt dann – so Monckton Smith – eine bewusste, überlegte Entscheidung zum Mord. Ein Eifersuchtsmord ist demnach selten eine Affekthandlung. Wenn Sie also das nächste Mal »Hey Joe« von Jimi Hendrix hören, seien Sie sich gewiss, dass der Song heute immer noch genauso relevant ist wie 1967.

> *Hey Joe, where you goin' with that gun of your hand?*
> *Hey Joe, I said, where you goin' with that gun in your*
>   *hand?*
> *Oh I'm goin' down to shoot my old lady.*
> *You know I caught her messin' 'round with another*
>   *man, yeah.*

Dabei hat sicher auch die Beziehung zwischen Joe und seiner »old lady« mit dem großen Liebesglück begonnen. Dem Himmel auf Erden. Vor der industriellen Revolution fand eine Heirat noch vor allem aus pragmatischen Gründen statt – sei es, um Güter zu vergrößern, Familien zusammenzuschmieden oder Länder zu verbünden. Das Ehepaar musste eine überlebenswichtige Einheit bilden, deren Existenz nicht von einem vergänglichen Gut wie der Liebe abhängig gemacht werden sollte. Mit der industriellen Revolution, die einherging mit der Romantik und ihrer Idealisierung von Sehnsucht und Leidenschaft (als Gegenbewegung zur ratio-betonten Aufklärung), wurden Liebe und tiefe gegenseitige Zuneigung ein zunehmend wichtiger Beweggrund für die Eheschließung. Als die junge Queen Victoria 1839 ihren deutschen Cousin ersten Grades Albert kennenlernte, war die Verliebtheit wohl so groß, dass sie ihm nur fünf Tage später einen Heiratsantrag machte. Die im darauffolgenden Jahr stattfindende Hochzeit zwischen Victoria und Albert (nach dem übrigens das Piercing des Penisschafts mit einem Ring benannt sein soll – angeblich wollte der Prinzgemahl sicherstellen, dass ihm sein Gemächt beim Tragen von engen Reithosen nicht in die Quere kam, und befestigte sein Geschlechtsteil mit dem Ring seitlich an einem Knopf) galt denn auch als große Liebesheirat. Während sich das Prince-Albert-Piercing nicht wirklich als Mode-Accessoire durchsetzte, wurde das weiße Hochzeitskleid, das Queen Victoria trug, vom europäischen Adel nachgeahmt und entwickelte sich schon bald zum Standard für Bräute überall auf der Welt. Zuvor hatten Bräute auch in Europa in den unterschiedlichsten Farben geheiratet und ihr Hochzeitskleid oft noch lange nach dem Hochzeitstag getragen. Aber mit der Heirat von Queen Victoria und Prince Albert wurde die Hochzeit in Weiß als romantisches Symbol von Reinheit und Unschuld geboren. Nach dem plötzlichen Tod Alberts 1861 widmete sich Victoria der Monumentalisierung ihrer Ehe als perfekte Liebe. Auch wenn die Realität wesentlich komplexer ausgesehen haben mag, stilisierte die Königin ihre Ehe als das wahr gewordene Märchen

von »Und sie lebten glücklich bis an ihr Lebensende«. Einem Märchen, dem nicht nur das britische Königshaus immer wieder aufsitzt und der Welt endlosen Unterhaltungsstoff liefert, wenn sich die Realität des Ehealltags auch dann als alles andere als märchenhaft herausstellt, wenn man einer der reichsten Familien der Welt angehört und der Beruf hauptsächlich darin besteht, Hände zu schütteln, Bänder durchzuschneiden und Blumen entgegenzunehmen. Die Märchenhochzeit in Weiß mit all ihren Assoziationen von Happy End, ewiger Liebe und absoluter Treue ist immer noch das schwindelerregende Drahtseil, das sich Paare in der ganzen Welt spannen, nur um dann die nächsten Jahre in einem wackeligen Balanceakt aus Erwartungen und Enttäuschungen zu verbringen. Wenn sie dann irgendwann abstürzen, kann sie nur ein Sicherheitsnetz aus Güte, Vergebung und Humor retten. Möglicherweise finden sie dann auch heraus, dass es sich auf dem Sicherheitsnetz so viel angenehmer lebt als auf dem Drahtseil. Und möglicherweise schauen sie hoch und fragen sich, was zum Teufel sie da oben auf diesem Drahtseil getrieben haben. Leider aber finden viele Verheiratete ihr Sicherheitsnetz nicht. Wenn sie fallen, crashen sie auf den harten Boden gegenseitiger Vorwürfe. Der Himmel ist zur Hölle geworden. Die Ehe zerbricht.

Ein Drittel aller Ehen wird momentan in Deutschland geschieden. Für die Gegner der Ehe ist das keine Überraschung. Denn per se ist das Lebenskonzept von exklusiven Paar-Bindungen absolut artfremd für in Gruppen lebende Primaten. Der *Homo Sapiens* ist der einzige Primat mit monogamem Paarungsverhalten. Zwar macht es evolutionären Sinn, dass Väter eine emotionale Bindung zu ihren Kindern aufbauen und dadurch den Müttern beim Großziehen der gemeinsamen Kinder helfen, doch das Paarungsverhalten, das sich daraus ergibt, ist polygam, nicht monogam. Und zwar in der Regel polygam im Sinne von Polygynie, also ein Mann mit mehreren Partnerinnen. Es gibt zwar auch Fälle von polyandren Gesellschaften, in denen eine Frau mehrere männliche Partner hat, aber statistisch gesehen ist die Anzahl verschwindend gering. Das liegt angeblich daran, dass die Frau im Gegensatz zum Mann ihre Fruchtbarkeit nicht vergrößert, indem sie die Anzahl ihrer Sexualpartner erhöht. Vielleicht aber auch nur daran, dass Männer generell körperlich stärker sind als Frauen und so die Polygynie durchgesetzt haben. Gleichgeschlechtliche Paare sind natürlich keine Erfindung der Neuzeit, und zum Glück sind homosexuelle Ehen mittlerweile vor dem Gesetz anerkannt und besitzen zumindest in Deutschland eine gewisse Normalität. Aber es gibt ja auch queere Kritiker der Monogamie. Und wenn diese Kritiker sagen, dass ein Mensch einfach nicht dazu gemacht ist, auf Dauer nur einen Intimpartner zu haben, dann geben ihnen die Statistiken zum Paarungsverhalten weltweit recht – allerdings nur in Bezug auf Männer. Weltweit sind 85% aller landwirtschaftlich geprägten Gesellschaften polygam im Sinne, dass dort Männer als Ausdruck ihres Status und Reichtums mehrere Frauen haben. Die monogame Ehe ist ein westliches Konzept, das erst von der christlichen Kirche forciert wurde. In China, wo ein Kaiser im Jahr 200 noch bis zu 6000 Ehefrauen haben konnte, wurde die westliche Form der monogamen Ehe erst in den 50er Jahren des 20. Jahrhunderts gesetzlich festgelegt. In Indien wurde die Polygynie erst im Jahr 2015 endgültig abgeschafft. Mit anderen Worten, die Monogamie ist ein biologisch gesehen eigenartiges und dazu auch noch relativ neues Lebensmodell. Wie es mit diesem Lebensmodell nach Ende der Corona-Pandemie aussieht, bleibt abzuwarten. Noch liegen keine Zahlen vor, aber es wird vermutet, dass die Scheidungszahlen weiter nach oben gehen werden. Schließlich war es bei den wenigsten Eheleuten Teil des Eheversprechens, über Monate hinweg 24 Stunden am Tag mit der anderen Person zu verbringen, am selben Esstisch zu arbeiten und dabei auch noch die Kinder zu unterrichten. Und wenn einem die enervierenden Eigenschaften der anderen Person vorher vielleicht gar nicht so aufgefallen waren, weil einen Beruf, Freunde, Familie oder Hobbys abgelenkt hatten, so gibt es während eines Lockdowns garantiert kein Entkommen vor schlechten Witzen, schmutzigen Socken, pornographischen Vorlieben, politischen Ansichten oder eifersüchtigen Unterstellungen. Oder, wie bei meiner Freundin Melissa, dem Geruch des anderen.

Trotzdem wird weiterhin geheiratet. In den Jahren vor Corona ist die Zahl der Eheschließungen sogar leicht gestiegen. In der Nähe meiner Wohnung in München befindet sich ein beliebtes Standesamt. Auch während der Pandemie ist die Straße davor immer mit Konfetti, Papierherzchen und Blütenblättern übersät. Fast jeden Tag heiraten hier mehrere Paare. Im Vorbeigehen sehe ich sie aufgeregt in die Kamera lächeln. Die meisten Bräute tragen immer noch weiß wie Queen Victoria. Halten fest am Märchen. Kann ich aber auch verstehen, denn ich habe auch in Weiß geheiratet. Heute würde ich vielleicht eine andere Kleiderwahl treffen, aber damals dachte ich: Wenn schon, dann richtig! Mein Hochzeitskleid liegt heute in einer

Kiste in meinem Kleiderschrank, so, wie ich es damals ausgezogen habe. Und wenn ich die Rotweinflecken auf der weißen Spitze sehe, dann erinnert es mich daran, dass mein Hochzeitstag nicht nur einer der wichtigsten, sondern zu meiner großen Überraschung auch der glücklichste Tag meines Lebens war. Weil es eben nichts Schöneres gibt, als wenn die Person, die du liebst und der du vertraust, dich auch so sehr liebt und dir so sehr vertraut, dass man sich schwört, von jetzt an ein Team zu sein. Hinter dem anderen zu stehen. Gemeinsam das Leben zu bestreiten. Zu sagen: Eine feste Burg ist unsere Liebe. Deswegen gehe ich immer gerne an diesem Standesamt vorbei. Besonders jetzt, während der Pandemie. Weil dort Zuversicht in der Luft liegt. Weil hier Leute an die Zukunft glauben. Dazu noch zu einer Zeit, in der man nicht einmal für die nächste Woche planen kann. Und weil Glück noch ansteckender ist als irgendwelche Viren.

Gleichzeitig hoffe ich beim Anblick dieser Paare immer, dass sie nicht irgendwelchen Und-wenn-sie-nicht-gestorben-sind-Märchen hinterherjagen. Dass sie das Glück haben, dass ihnen irgendwann jemand ein paar gute Wegweiser für die wilde Reise gesetzt hat, die sie jetzt erwartet. Ein paar Jahre vor meiner Heirat interviewte ich Jeff Bridges zu seinem Film »The Door in the Floor«. Bridges, der Star aus »The Big Lebowski«, versicherte mir zunächst einmal, dass viele der Kostüme, die er in seiner Rolle als *The Dude* getragen hatte, aus seinem eigenen Kleiderschrank stammten. Irgendwie kamen wir dann auf seine Ehe zu sprechen. Ich fragte ihn, wie das sein konnte, dass er schon mehr als 30 Jahre verheiratet war. Und das in

Hollywood. Einem Ort, der berüchtigt ist für die beschränkte Haltbarkeit der Ehen. Als Antwort erzählte mir Bridges zunächst die Geschichte, wie es überhaupt dazu gekommen war, dass er seiner Frau einen Heiratsantrag gemacht hatte. Denn obwohl er sie sehr geliebt hätte, hätte er auch furchtbare Angst vor der Ehe gehabt. Um darüber nachzudenken, sei er wandern gegangen und in eine Höhle gelangt, in die er sich gesetzt und meditiert habe. Da habe er plötzlich eine Stimme gehört, die ihm quasi befohlen habe, seine Freundin zu fragen, ob sie ihn heiraten wolle. Was genau er an dem Tag geraucht hatte, habe ich Bridges nicht gefragt. Es schien mir irgendwie nebensächlich. Dass ihre Ehe so lange gehalten habe, erklärte Bridges so: »Weißt du, wenn du am Anfang einer Beziehung stehst, dann sagst du dir: Das ist meine Grenze. Ich mache alles mit, aber wenn er oder sie dies und das macht, dann ist es vorbei. Aber wir sind nun mal Menschen, und es gehört zum Menschsein dazu, Fehler zu machen. *We're human. Humans fuck up.* Und früher oder später wird dein Partner genau die Grenze überschreiten, die du dir am Anfang der Beziehung gesetzt hattest. Da kannst du dir absolut sicher sein. Und dann kannst du dich entscheiden: Ist die Beziehung jetzt vorbei, oder steckst du deine Grenze jetzt ein Stück weiter? Wenn das ein Paar über die Jahre hinweg immer wieder tut, immer wieder die Grenzen weitersteckt, dann ist deine Liebe irgendwann grenzenlos.« Genau in diesem Moment brannte in dem Luxushotel, in dem das Interview stattfand, eine Sicherung durch, und das Zimmer war plötzlich stockdunkel. Keine Lampe funktionierte mehr. Ich habe immer noch den Verdacht, dass ich es war, die den Stromkreis überladen hat. Ich war völlig elektrifiziert, denn in diesem Moment verstand ich, wie Liebe funktioniert. Mir hatte das vorher niemand so klar und in so kurzen Worten erklärt. Dass bedingungslose Liebe kein Zustand ist, sondern immer wieder eine Entscheidung, ja, Überwindung braucht. Dass es sich bei einer so langen Ehe um ein Kunstwerk handelt. Sie wird geformt wie eine Marmorskulptur, indem alles Überflüssige entfernt wird. Jeff Bridges ist mein Guru.

Bei einer Hochzeit geht es jedoch oft um so viel mehr als um Liebe. Es geht um Status und Prestige. Ob das nun eine weltweit live im Fernsehen übertragene Hochzeit wie die des britischen Thronfolgers ist, bei der sich die britische Gesellschaft mit all ihren Privilegien, sozialen Unterschieden und Träumen aufs Neue definiert. Oder die große weiße Traumhochzeit auf den Malediven, bei der Wohlstand und Status zur Schau gestellt werden sollen – die Außendarstellung eines Paares steht dabei im Vordergrund. Das Paar feiert sich als Einheit und nimmt dabei eine möglichst hohe soziale Stellung innerhalb einer Gemeinschaft ein. Etabliert bzw. festigt sich als gesellschaftlicher Faktor, egal ob das nun auf nationaler Ebene ist wie in einer Monarchie, einem Golfclub-Biotop oder anderen sozio-ökonomischen Szenen. Daraus hat sich über die Jahrzehnte hinweg eine Monogamie-Industrie entwickelt, nicht nur, was Hochzeitskleider, Gastronomie und Limousinenservice anbelangt, sondern auch legale und steuerliche Beratung und Beziehungscoaching. Das Klischee der *Bridezillas*, also der Bräute, die zu perfektionistischen Monstern mutieren in ihrem Anspruch, um jeden Preis den glücklichsten Tag ihres Lebens zu schaffen, existiert nicht ohne Grund. Als ob dieser eine perfekte Tag ein

Garant für eine glückliche Ehe wäre. Perfektionismus ist ja, wie an anderer Stelle schon gesagt, die Illusion der Kontrolle. Und was mit so einem Kontrollwahn kompensiert werden soll, ist die Tatsache, dass wir die Kontrolle über unser Lebensglück bis zu einem gewissen Grad an eine andere Person abgeben.

Meine Freundin Mary wurde Teil eines solchen Kontrollspektakels, bei dem es nur scheinbar um Liebe, Vertrauen oder gemeinsame Werte ging. Sie war in Kalifornien aufgewachsen, wo sie im Alter von 22 Jahren unerwartet von einem sehr viel älteren Deutschen schwanger wurde. Obwohl sie diesen Mann kaum kannte und er offensichtliche Drogenprobleme hatte, drängte Marys Mutter sie zu einer Heirat – natürlich mit weißem Hochzeitskleid und all den anderen Insignien einer Märchenhochzeit.

»Nach der Hochzeitszeremonie flogen zwei weiße Tauben über unseren Köpfen. Ich drehte mich zu den Hochzeitsgästen – Freunden, Familie, Ex-Freunde, Lehrer, lauter Menschen, die in meinem bisherigen Leben eine Rolle gespielt hatten – und begann zu weinen. Ich wusste intuitiv, dass jetzt alles vorbei ist. Mein bisheriges Leben war vorbei und all diese schönen Menschen, die mich bisher begleitet hatten, gehörten nun der Vergangenheit an. Meine Mutter stellte sich neben mich, lächelte mich eisig an, umklammerte meinen Arm und zischte mir ins Ohr: >Reiß' dich ZUSAMMEN!< Die Hochzeit war schließlich für sie, und ich machte alles kaputt.«

Nach ihrer Hochzeit zog Mary mit ihrem Ehemann nach München. Er war dort Teil einer Gruppe von Leuten, die in Schwabing aus den Überresten der Studentenbewegung der 60er eine lose Gemeinschaft geformt hatten. Mit anderen Worten, Mary landete bei deutschen Hardcore-Hippies. Um ihren damaligen Gefühlszustand zu illustrieren, beschrieb mir Mary folgende Szene: Es war Sommer, und sie lag hochschwanger mit der nackt badenden Gruppe am Isarufer. Nicht wissend, wie stark die Strömung des Flusses war, ging sie allein ins Wasser, um sich abzukühlen. Dort wurde sie von einem Strudel erfasst und trieb um Hilfe rufend den Fluss hinab. Weder ihr Mann noch seine Freunde reagierten. Niemand half ihr. Irgendwann trieb sie ans Ufer und konnte sich retten. Nach der Geburt ihres Kindes schaffte sie es, sich von dem Mann zu trennen. Sie zog mit ihrem kleinen Sohn nach London und baute sich dort eine Karriere als Journalistin und freie Autorin auf. Mittlerweile wohnt sie wieder in Los Angeles und arbeitet als Drehbuchautorin. Es war der Moment, als sie nach 18 Jahren wieder ihr weißes Hochzeitskleid in den Händen hielt, das bei ihrem Ex-Mann im Keller gelegen hatte, in dem die Erinnerungen an ihre Hochzeit und die darauffolgenden Jahre des Verlorenseins wieder in ihr Bewusstsein fluteten. Dieses weiße Symbol gesellschaftlich sanktionierter Träume, Wunschbilder und Illusionen machte ihr erst bewusst, wie traumatisch das damals alles gewesen war. Sie saß danach ziemlich durcheinander bei mir zu Hause auf dem Sofa. Zufällig war an diesem Tag auch meine Freundin Hadley zu Besuch, eine amerikanische Psychotherapeutin und Fotografin. Hadley bezieht sich in ihrer Arbeit immer wieder auf Mythen, um ihren Patienten zu helfen, traumatische Erlebnisse zu bewältigen und zu integrieren. Sie erzählte Mary vom griechischen Mythos vom Raub der Persephone. Persephone ist die Tochter der Demeter, der Göttin der Landwirtschaft und Fruchtbarkeit. Hades, der Gott der Unterwelt, kann keine Göttin bewegen, freiwillig zu ihm in sein sonnenloses Reich der Toten zu ziehen. Also raubt er Persephone, zerrt sie auf seinem Gespann hinab in die Unterwelt und macht sie dort zu seiner Frau und Göttin der Toten. Demeter ist untröstlich über das Verschwinden ihrer Tochter und sucht überall nach ihr. In ihrer Trauer verbietet Demeter der Natur, zu blühen und Früchte zu tragen. Die Menschen beginnen zu verhungern. Weil die Menschheit droht, unterzugehen, zwingen die anderen Götter Hades, Persephone ihrer Mutter zurückzugeben. Hades und Demeter einigen sich auf einen Kompromiss: Während der einen Hälfte des Jahres ist Persephone bei ihrer Mutter. Dann blühen die Felder und die Natur trägt Früchte. Die andere Hälfte des Jahres ist Persephone bei ihrem Ehemann in der Unterwelt und regiert über die Toten. Dann ist Demeter traurig, die Natur zieht sich zurück, und nichts blüht mehr.

Mary verstand, warum Hadley ihr die Geschichte von Persephone erzählt hatte. Denn in der Tat hatte sich ihre Hochzeit wie ein Abstieg in den Hades angefühlt. Ein symbolischer Tod. Der lange Weg zurück ins Land der Demeter nach Kalifornien führte sie durch den Berliner Party-Hades, der in unterschiedlichster Form immer wieder in ihrer Arbeit auftaucht. Dieser symbolische Tod wohnt jeder Hochzeit inne. Wir sehen eine Heirat heute gerne nur als »ein Stück Papier«, das steuerliche Vorteile verspricht. Doch ein Eheversprechen besitzt eine Macht. Es ist ein Ritual der Transformation. Bedeutet doch eine Hochzeit das Ende des bisherigen Ichs und die Neugeburt des Ichs in Verbindung mit einem anderen Ich. Und das Seltsame ist, dass wir ja trotzdem nicht aufhören, als Einzelwesen zu existieren. Eine Hochzeit ist demnach die Geburt eines Widerspruchs. In Marys Fall, wie auch bei so vielen anderen Ehen, führte dies zu einer Begegnung mit den dunklen Seiten sowohl ihrer selbst als auch der ihrer Mutter und anderer Menschen, denen sie vertraut hatte. Es führte sie auf eine Transformations- oder Heldinnenreise, die laut dem Mythenforscher Joseph Campbell immer auch durch ein Tal der Finsternis führt. Für Hadley sind Mythen deshalb so mächtig und so effektiv in ihrer Therapiearbeit, weil wir Heilung darin finden können, diese Finsternis in uns selbst akzeptieren zu lernen. Dass der Unschuldstraum in Weiß, der Mary damals übergestülpt worden war, ebenso Teil ihres Selbst ist wie auch all die Enttäuschungen, Verletzungen und Fehler, die daraufhin folgten. Dass das Hochzeitskleid den Anfang einer langen, teilweise dramatischen, aber auch schönen Reise markiert, zu der Person, die Mary heute ist. Einer Reise, bei der es nicht nur darum ging, die Grenzen der Liebe zu anderen zu erweitern, sondern vor allem auch der Liebe zu sich selbst.

Nicht jeder überlebt den Abstieg in den Hades. Als kleines Mädchen sollte ich die Blumen bei der Hochzeit meines Cousins streuen. Er war gerade mal 18 Jahre alt und wurde von seiner Mutter dazu gezwungen, seine schwangere Freundin zu heiraten. Halb Niederaula war eingeladen, um zu beweisen, dass es hier nichts, aber auch gar nichts gab, weswegen die Familie sich schämen müsste. Ich hatte keine Ahnung, was das ist, heiraten. Und noch weniger verstand ich das Konzept des Blumenstreuens. Aber meine Großmutter hatte mir extra einen neuen Rock genäht. Weiß mit kleinen rosa Rosenknospen. Irgendwann stand ich hinter dem Brautpaar am Altar. Direkt im Blick des Pastors, der auf die beiden einredete. Die Trauung war schon im vollen Gange, und ich wusste nicht, was ich tun sollte. Um mich herum nur die nach vorne starrenden Gesichter der Erwachsenen. Und die Rod-Stewart-Haare meines Cousins, der da in seinem schwarzen Konfirmationsanzug neben seiner Braut in Weiß stand. Irgendwann zog mich meine Tante weg vom Altar und auf ihren Schoß. Dann läuteten die Glocken, und ich durfte so viel Spezi trinken und Torte essen, wie ich wollte. Das Unglück des Pärchens wurde begraben unter einem Berg von Sahne. Mein Cousin hatte danach sehr viele Probleme. Ein paar Jahre später war er tot. Er war mit seinem Motorrad frontal in einen Bus gefahren. Als Teenager habe ich dann als Kirchenorganistin auf vielen solchen Familienhochzeiten gespielt. Allerdings nie bei einer, bei der das Hochzeitspaar selbst noch Kinder waren. Aber bei fast all diesen Hochzeiten wirkten die Brautleute wie Nebendarsteller. Einmal musste ich eine sehr korpulente Frau begleiten, die das Hochzeitspaar während des Gottesdienstes mit einem »Ave Maria« überraschen wollte. Als sie mit ihrer grellen Stimme loslegte, waren dann auch alle sehr überrascht. Ihr riesiger Busen wogte, während die Hochzeitsgemeinde in Schockstarre auf den Kirchenbänken saß. Die Braut stand regungslos in ihrem weißen Polyesterhut neben ihrem völlig überforderten

Bräutigam, der aussah, als würde er gleich anfangen zu weinen. Ein Sonnenstrahl fiel durch das Kirchenfenster. Als ich wieder zur Braut schaute, hatte sich ihre große 8oer-Jahre-Brille verdunkelt und war zur Sonnenbrille geworden. Vielleicht war das auch am besten so. Jetzt konnte niemand mehr sehen, was in ihr vorging. Schwüre wurden ausgetauscht, der Pastor sprach den Segen, ich spielte eine Variation von »Geh aus mein Herz und suche Freud« und schwor mir, dass ich selbst nie eine Familienhochzeit feiern würde. Zum Glück ging es meinem Mann ähnlich, und wir feierten unsere Hochzeit sehr klein mit ein paar Freunden in Los Angeles. Uns ging es darum, einen neuen Lebensabschnitt zu beginnen. Ganz bewusst unsere alten Ichs hinter uns zu lassen. Aber ohne dass uns unser neues Ich von außen aufgedrängt wurde. Meine Hochzeit war alles andere als ein Abstieg in die Unterwelt. Im Gegenteil. Aber um das Tal der Finsternis kommt niemand herum, es gehört zu jeder Reise. Ein paar Jahre später starb mein Mann, und mit einem Mal wusste ich, wie's da ausschaut, dort unten im Hades.

Wie das ist, wenn man in einer Ehe den Hades beziehungsweise die Hölle auf Erden erlebt, das beschreibt William Shakespeares Tragödie »Othello«. Das 1603 verfasste Theaterstück regt nicht nur zu Vermutungen an, was wohl Tante Trudis Schwägerin dazu veranlasste, ihrem Mann im Schlaf die Kehle durchzuschneiden. Es zeigt auch, dass sich an den problematischen Dynamiken innerhalb einer Ehe oder häuslichen Partnerschaft wie sie in »Alle drei Tage« beschrieben werden, nicht viel geändert hat. Bei Othello handelt es sich um einen stolzen Feldherrn des Stadtstaats von Venedig. Ohne dass er um den Segen ihres Vaters bittet, heiratet Othello die junge Desdemona. Er hatte ihr im Garten des Vaters von seinen Kriegserlebnissen und seinem harten Leben erzählt. Desdemona verliebte sich nicht in den strahlenden Helden, sondern in Othellos Verwundbarkeit. Doch schon kurz nach der Hochzeit entwickelt sich zwischen Othello und Desdemona ein Kleinkrieg der Eifersucht. Denn der Edelmann Jago intrigiert gegen Othello und sät Misstrauen ob der Treue Desdemonas. Othello wird rasend vor Eifersucht. Er sucht nach Beweisen für die Liebe seiner Frau und findet stattdessen nur absurde Gründe, um Desdemona Untreue zu unterstellen. Immer wieder wird die Hochzeitsnacht verschoben. Der öffentliche Schwur der beiden hat stattgefunden, nach außen hin sind die beiden ein Paar. Aber fast scheint es so, als zögere Othello den Moment hinaus, in dem er physisch mit seiner Frau verschmilzt. Einerseits, weil er damit tatsächlich und endgültig vom strahlenden Feldherrn zum domestizierten Ehemann mutieren würde. Andererseits, weil Desdemona damit nicht mehr seinem Idealbild von der perfekt weißen Alabasterstatue entsprechen würde, als die er sie vor ihrer Ehe wahrgenommen hat. Sie wäre dann plötzlich keine idealisierte Trophäe mehr, sondern eine Frau aus Fleisch und Blut und damit per se imperfekt. Jagos Intrigen sind so lächerlich, sie gehören eigentlich in eine Komödie. Die Tragödie liegt darin, dass der große Othello ihnen trotzdem zum Opfer fällt. Warum tut er das? Die Antwort kann nur lauten, weil er es in seinem geheimsten Inneren will. Weil es da etwas in ihm gibt, das sich der Ehe grundsätzlich widersetzt. Othello kann nicht glauben, dass Desdemona nicht das perfekte Heldenbild an ihm liebt – sein ideales Ich – sondern vielmehr genau das, was ihn verwundbar macht. Es macht ihn misstrauisch, dass sie etwas liebt, was sonst niemand liebt. Vor allem nicht er selbst. Am Anfang mag ihn Desdemonas Mitgefühl noch gerührt haben. Er mag sich geliebt gefühlt haben wie noch nie. Doch dann setzt die soziale Realität der Ehe ein. Denn eine Ehe, das ist ja nicht nur Intimität, sondern bis zu einem gewissen Grad auch Performancekunst. Zwei Körper, zwei Egos, zwei Ideal-Ichs existieren mit einem Mal im Blick der anderen als Einheit und müssen lernen, als solche zu agieren. Ehepartner werden dabei zu den Hütern wie auch potenziellen Zerstörern der individuellen Außenstrahlung des anderen. Das bedeutet auch, dass wir unsere Schamgefühle der anderen Person ausliefern. Plötzlich liegt es nicht so sehr in unserer, sondern in der Hand unseres Partners, ob wir uns gegenüber der Außenwelt oder auch vor uns selbst schämen müssen. Othellos Image vom strahlenden Helden und starken Feldherrn ist mit einem Mal abhängig von der Außenwirkung Desdemonas. Einer Frau, die von ihrem Vater öffentlich als Lügnerin verflucht wird. Als Desdemonas Vater Othello warnt: »Sie wird dich betrügen, genau wie sie auch ihren Vater betrogen hat«, ist das der erste Kratzer in Othellos öffentlichem Image. Othello wird klar, dass ihm durch seine Ehe mit Desdemona die Kontrolle über sein Ideal-Ich entgleitet. Sein Perfektionismus ist nicht länger haltbar. Um die Kontrolle wiederherzustellen, verliert er sich im Wahnsinn der Beweissuche. Denn Liebesbeweise haben ja genau diese Aufgabe: Sie sollen einem bestätigen, dass alles perfekt ist. Dass es nichts gibt, was uns verletzen oder bloßstellen könnte. Mit dem erlangten Liebesbeweis können wir uns einreden, dass wir wieder die Kontrolle über unsere Scham erlangt haben. Doch das Perfide an dieser Beweissuche – die ja eigentlich die Kontrolle wiederherstellen soll – liegt darin, dass sie unweigerlich zum totalen Kontrollverlust der Eifersucht führt. Othello, der Held, der auf dem Schlachtfeld Armeen zu Fall gebracht hat, wird auf dem Ehebett vom »grünäugigen Monster« besiegt – Shakespeares berühmte Bezeichnung für die Eifersucht. Der Eheschwur der Monogamie soll uns vor diesem Monster bewahren. Der Schwur soll uns für immer beweisen, dass wir jemanden gefunden haben, mit dem wir nach einem hoffentlich langen gemeinsamen Leben sterben werden. Doch bei Othello, wie auch in vielen anderen Ehen, wird dieser Schwur mit einem Schutz gegen die Imperfektion des Lebens verwechselt. Denn wir sind nun mal keine Alabasterstatuen, und auf dem Heldenpodest hält es keiner auf Dauer aus. Oder in den Worten von *The Dude*: » *We're human. Humans fuck up.* «

»Othello« ist eine Tragödie über das Wechselspiel zwischen Idealbild und Kontrollverlust. Darüber, wie schnell dieses Wechselspiel aus den Fugen geraten kann, wenn sich zwei Menschen einander verwundbar machen. Denn das ist es ja, was wir tun, wenn wir eine Ehe oder eine monogame Beziehung eingehen: Wir machen uns verwundbar, wir lassen die Brücke herunter, die über unseren persönlichen Burggraben führt, ja, wir machen aus zwei Burgen eine Burg und erlauben damit der anderen Person Zugang zu unserem Privatesten. Wobei bei einer Ehe noch hinzukommt, dass wir uns auch wirtschaftlich und juristisch der anderen Person ausliefern. Eine Freundin von mir musste irgendwann herausfinden, dass ihr

Mann spielsüchtig war, und saß plötzlich auf einem riesigen Schuldenberg. Nach der Scheidung hat sie nicht noch einmal geheiratet. Wie jeder betrogene Ehepartner fühlte sie sich auch entsetzlich naiv und verlor nicht so sehr das Vertrauen in andere Menschen als in sich selbst und ihre Menschenkenntnis. Und doch zeigt uns »Othello«, dass die Hölle (das ›*hell*‹ in Othello deutet es schon an), die uns erwartet, wenn wir nicht vertrauen und stattdessen ständig Liebesbeweise einfordern, noch viel größer ist. Deswegen darf auch in der griechischen Mythologie der Sänger Orpheus nicht zurückblicken, als er versucht, seine verstorbene Gefährtin Eurydike aus dem Hades wieder zurück in die Welt der Lebenden zu bringen. Orpheus soll beim Verlassen der Unterwelt vorausgehen und darauf vertrauen, dass Eurydike ihm folgt. Doch Orpheus wird misstrauisch, weil er keine Schritte oder Kleiderrascheln hinter sich vernimmt. Also dreht es sich um, um sich selbst zu beweisen, dass Eurydike noch bei ihm ist. Sein misstrauisches Vergewissern bedeutet das Ende ihrer Liebe. Eurydike wird für immer von der Dunkelheit des Hades verschlungen.

Es ist seltsam, wie uns die Ehe oder eine eheähnliche Beziehung immer wieder das vermeintliche Recht gibt, eifersüchtig über die Taten einer von uns geliebten Person zu wachen. Genauso, wie wir als kleine Kinder das Gefühl haben, dass unsere Eltern uns gehören und wir ihnen, übertragen wir diese Besitzansprüche auf unseren Partner. Wir denken, dass es sich bei der anderen Person um eine Fortsetzung unseres Selbst handelt. Damit kollabiert unser Ichgefühl in das emotionale Konvolut der Beziehung. Nicht nur die andere Person hört auf zu existieren, sondern auch wir selbst. Wie meine Freundin Melissa sind wir frustriert von unserem Partner, der uns anekelt wie ein Körperteil, das wir nicht mehr kontrollieren können und welches unsere Bewegungsfreiheit einschränkt. Deswegen war auch der zweitbeste Ratschlag, den ich jemals fürs Zusammen- und Eheleben erhalten habe, immer anzuklopfen, wenn die Tür des Partners geschlossen ist. Und auch darauf zu bestehen, dass der Partner anklopft, wenn die eigene Tür zu ist. Weil man mit dieser winzigen Geste die Privatsphäre und damit eben auch die Eigenständigkeit der anderen Person anerkennt. Denn auch ein Eheversprechen macht die andere Person nicht zu unserem Eigentum, und es gibt auch keine Garantie für Begehren. Wer solche Ansprüche hegt, wird immer wieder damit konfrontiert werden, dass sie unmöglich sind. Eifersucht ist gewissermaßen ein Symptom dieser Ansprüche. Eifersucht konfrontiert uns mit der Tatsache, dass uns unsere Partner weder gehören, noch, dass sie dazu verpflichtet sind, uns zu begehren. In diesem Sinne ist Eifersucht eine Frustrationserfahrung. Was wohl auch der Grund ist, warum die Eifersucht für viele Menschen zur Sucht wird. Denn Sucht, das ist ja immer die Sucht nach Frustration, punktiert von kurzen Momenten der Erlösung. Jeder Femizid, ebenso wie jedes Sexualverbrechen, ist die Unfähigkeit, mit dieser Frustrationserfahrung leben zu können. Auch Othello, der Held, der bisher zu scheinbar allem fähig war, schafft es nicht, diese Frustration zu akzeptieren. Am Ende sind bei »Othello« alle tot: In seiner rasenden Eifersucht erwürgt Othello Desdemona im Ehebett und begeht kurz darauf Selbstmord, als Desdemonas Zofe und Jagos Ehefrau Emilia die Intrigen ihres Mannes entlarvt und so Othello zeigt, dass seine Eifersucht völlig unbegründet war. Eine Ehe, das macht uns »Othello« deutlich, birgt immer ein Risiko. Dieses Risiko, so der Psychoanalitiker Adam Phillips in »Monogamy«, verkleiden wir aber gern als Versprechen. Und lassen dazu weiße Tauben in die Luft fliegen. Bei einer Hochzeit feiern wir nicht, was schon existiert und was wir schon geschafft haben, sondern vielmehr eine unbekannte Zukunft. Eine Zukunft, für die es keinerlei Garantien gibt. Doch nur wer voll ins Risiko geht, hat auch die Chance zu gewinnen.

Wenn ich mit einer meiner 30-jährigen Freundinnen rede, dann wirken all diese Gedanken über heterosexuelle, monogame Ehen wie Märchen aus der Steinzeit. In ihrer Bourgeoise-Bohème-Welt leben die wenigsten in einer monogamen Beziehung, sondern fast alle in polyamourösen Beziehungen unterschiedlichster Konstellationen und Gender-Kombinationen. Die Ehe ist Ausdruck eines veralteten Weltbilds, das nur durch Lügen und Heuchelei überleben kann. Warum sich versprechen, dass man ein Leben lang nur noch mit einer Person Sex haben oder exklusiv lieben wird, wenn dieser Schwur mit aller Wahrscheinlichkeit irgendwann gebrochen wird? Kommt das nicht einer Lüge gleich? Warum sich in ein Beziehungskonstrukt hineinbegeben, in dem das Possessivpronomen eine zentrale Stelle einnimmt? »Mein Mann«, »meine Frau« oder »mein(e) Partner(in)« – macht das überhaupt noch Sinn? Ist dieses sich gegenseitig Gehören nicht der Ursprung allen Beziehungsübels? Der amerikanische Anthropologe und Harvard-Professor Joseph Henrich sieht das anders. In seinem Buch »The WEIRDest People in the World« beschreibt er, wie das von der christlichen Kirche forcierte und global gesehen absolut abnorme Lebenskonzept der Monogamie einen der Hauptfaktoren für den Erfolg und die Dominanz der westlichen Kultur darstellt. WEIRD ist dabei ein Akronym für *Western, Educated, Industrialized, Rich* und *Democratic*. Henrich beschreibt, wie die Monogamie-Doktrin der christlichen Kirche instrumental darin war, die Macht patriarchaler Strukturen wie Großfamilien oder Clans zu durchbrechen, die über weite Teile Europas herrschten. Die Oberhäupter dieser Strukturen waren meistens männlich und beanspruchten nicht nur das Recht, sich mehrere Ehefrauen zu nehmen, sondern auch, darüber zu bestimmen, wer innerhalb der Familie wen heiratete. Status und ökonomische Situation eines Mannes entschieden darüber, wie viele Frauen oder Sexualpartner er beanspruchte. Eine solche Gesellschaftsform führt dazu, so Henrich, dass eine enorme Anzahl an Männern übrig bleibt, die keine Partnerin finden. Wenn Patriarchen aus wirtschaftlichen oder Machtinteressen Ehen arrangieren, führt das unweigerlich dazu, dass Frauen hauptsächlich mit Männern mit Geld, Status oder Macht verheiratet werden. Ein Leben ohne Aussicht, eine Partnerin zu finden und eine Familie zu gründen, führt zu großer Unzufriedenheit und erhöht laut Henrich das Gewaltpotenzial einer Gesellschaft. Die verbale und teilweise reale Gewalt der Online-Subkultur der Incels (kurz für *Involuntary Celibates*), also Männern, die sich als ungewollt enthaltsam bezeichnen und von einem Hass auf Frauen und Selbstmitleid geprägt sind, ist in gewisser Weise ein heutiges Beispiel für dieses Phänomen. Auch wenn der Grund, warum diese Männer keine Frauen finden, wohl eher etwas mit ihren Ansichten zu tun hat als mit ihrem Mangel an Status oder Geld.

Die Monogamie erhöhte also die Anzahl der Ehen. Dies war laut Henrich auch deswegen gut, weil bei einem verheirateten Mann der Testosteronspiegel fällt. »Monogame Normen unterdrücken den Testosteronspiegel auf gesellschaftlichem Level«, so Henrich. Für eine erfolgreiche Gesellschaft ist das entscheidend, denn eine Gesellschaft kann sich nur dann weiterentwickeln, wenn kooperiert und auch unter Fremden Wissen geteilt wird.

Ein hoher Testosteronlevel in einem großen Teil der Gesellschaft erschwert diese Kooperation, denn Testosteron erhöht nicht nur das Aggressionspotenzial, sondern auch kompetitives Verhalten. Dies wirkt sich negativ auf das gesamte Umfeld aus, denn es führt zu erhöhtem Misstrauen und ständiger Alarmbereitschaft. Mit anderen Worten, eine Gesellschaft wird instabiler, die Gewalt- und Verbrechensrate steigt, und Kooperation, Handel und der Austausch von Wissen werden erschwert. Dieser Austausch wurde auch deswegen beschleunigt, weil die Monogamie-Doktrin mit einem Inzestverbot verbunden war. Während der Patriarch vorher durch Ehen zwischen Cousins ersten Grades die Familie zusammenhielt und oft auch Witwen die Brüder ihres verstorbenen Ehemannes heirateten, verbot die Kirche all diese innerfamiliären Ehen. Dies bedeutete, dass Fremde aus anderen Regionen zueinanderfanden und so auch dem Austausch von Wissen und dem Öffnen der Gesellschaft behilflich waren. Auch der Eheschwur vor dem Priester untergrub die Macht des Patriarchen, Ehen zu arrangieren. Legte er doch die letztendliche Entscheidung zu heiraten in die Hände des Brautpaars. Vor allem aber wurden individuelle Besitzverhältnisse gefördert. Ein Clan konnte nicht mehr gemeinsam Hof und Land besitzen und auch nicht kollektiv vererben. Außereheliche Kinder wurden als illegitim und daher nicht erbberechtigt erklärt. Das Stigma des unehelichen Kindes ist bis heute geblieben. Es führte nicht nur dazu, dass meine Freundin Mary unter zwei flatternden Tauben einem Fremden lebenslange Treue schwören musste, sondern auch, dass alleinerziehende Mütter auch heute noch mit finanziellen Nachteilen und Negativ-Klischees zu kämpfen haben.

Die Durchsetzung der Monogamie-Doktrin veränderte grundsätzlich, wie wir uns als Individuum definieren und erfahren. Unsere Identität konnte sich loslösen von dem Großfamilienkonstrukt, das meistens beherrscht wurde von Patriarchen, die darüber entschieden, wer mit wem verheiratet wurde, und sich das Privileg von Nebenfrauen herausnahmen. Familiäre Bindungen wurden schwächer, und wir suchten uns stattdessen Bindungen mit Gleichgesinnten, etwa in Zünften oder Vereinigungen. Auch das half dem Wissensaustausch und dem Handel. Die Gesellschaft wurde mobiler, offener, kooperativer, weniger misstrauisch. Henrich zeigt: Eine Gesellschaft, die sich abschottet, die stark hierarchisch organisiert ist und nur wenigen Mächtigen Selbstverwirklichung ermöglicht, stagniert. Fortschritt entsteht durch Offenheit, gepaart mit einem System, das einerseits die Gesellschaft stabilisiert und gleichzeitig möglichst vielen Menschen erlaubt, ihr Glück zu finden. Die Monogamie verbesserte in vieler Hinsicht auch die Stellung der Frauen. Sie musste sich nicht mehr einreihen in einen Harem, konnte nicht einfach verstoßen werden (»Bis dass der Tod euch scheide!«), konnte in ihrem eigenen Hausstand leben. Die Familien wurden kleiner, weniger Kinder wurden geboren. Der Druck von anderen Familienmitgliedern nahm ab. Und wenn eine Frau nicht heiraten wollte, gab ihr die Kirche die Möglichkeit, in einem Nonnenkloster ein sicheres und respektables Leben zu führen. Die monogame Ehe als Befreiung der Frau zu sehen, funktioniert natürlich nur dann, wenn wir dieses Lebensmodell mit der Unterdrückung der Frau im polygamen Patriarchat vergleichen. Freiheit ist immer relativ, denn sie braucht die Unfreiheit, um sich zu definieren. Am Patriarchat jedenfalls hat auch die Monogamie nicht gerüttelt. Im Gegenteil.

Ehe, das bedeutet für die Mehrzahl von heterosexuellen Frauen immer noch, dass Kinderbetreuung, Haushalt und die mentale Last, das alles zu organisieren, an ihnen hängen bleibt. Offiziell gibt es den polygamen Pascha vielleicht nicht mehr, in den Köpfen aber schon. Sogar dann, wenn er in treuer Monogamie nur mit einer Frau verheiratet ist. Ein Bekannter von mir erzählte mir, er habe vor dem ersten Lockdown eine Frau kennengelernt. Eigentlich nur eine Bettgeschichte. Aber dann kam eben der Lockdown, und plötzlich verbrachte diese neue Frau sehr viel Zeit bei ihm. Nach jahrelangen Distanzbeziehungen erlebte er eine für ihn ganz neue Form der Intimität. Alles, was er über die Frau sagte, klang nach einer interessanten, klugen, warmherzigen Person. Ich freute mich für ihn. Ihm dagegen schien es fast peinlich, dass ihm diese Domestizität so gefiel. Vor allem aber gefiel ihm, dass diese Frau so einen guten Geschmack hatte. Da sie jetzt so viel Zeit bei ihm verbrachte, half sie ihm, seine Wohnung neu einzurichten. In all den Jahren der Distanzbeziehung hatte er diese vernachlässigt. Gemeinsam saßen sie auf dem Sofa und bestellten neue Möbel auf seinem Laptop. Ich war irritiert. War das eine Beziehung oder eher ein Inneneinrichtungsverhältnis, wollte ich ihn fragen. Stattdessen aber fragte ich, ob er glaube, dass die Beziehung den Lockdown überleben würde. Mal abwarten, sagte er. Ich ging nach Hause und setzte mich an meinen Schreibtisch. Vor mir stand der Stuhl, der früher im Wohnzimmer meiner Großmutter gestanden hatte. Auf ihm hatte mein Vater gesessen, als er meine Großmutter um die Hand meiner Mutter gebeten hatte. Ich starrte den Stuhl an und merkte, wie langsam die Wut in mir hochkochte. Wie kann es sein, dass auch in den Augen heutiger Männer eine Frau sofort zur Köchin, Reinigungskraft, Sekretärin oder eben Innenausstatterin mutiert, sobald sie sich dem häuslichen Bereich nähert? Haben denen ihre Mütter so gar nichts beigebracht? Oder suchen die eigentlich nur nach einer Mutter? Die Sache mit Jeff Bridges und der Liebe, die immer größer wird, wenn man seine Grenzen weitersteckt, funktioniert eben nur, wenn beiden Partnern klar ist, dass diese Grenzen existieren. Wenn das Niedertrampeln dieser Grenzen nicht zum Normalfall wird. Heiraten, das bedeutet, dass ein Paar sagt: Top, die Wette gilt, wir gehen jetzt den Weg gemeinsam. Es bedeutet nicht, dass eine Person über die andere hinweggeht.

Vor Kurzem habe ich meine Eltern besucht. Mittlerweile sind sie 57 Jahre verheiratet. Was so wirklich in ihrer Ehe abläuft, weiß ich natürlich nicht, aber ich denke mal, ich übertreibe nicht, wenn ich sage: Das war ein wilder Ritt. Und sicherlich hatte nicht nur einer der beiden dabei gelegentliche Mordgedanken. Aber sie haben es geschafft und kommen gemeinsam auch gut durch den Lockdown. Monatelang hatten sie keinen Besuch mehr und ihre Nachbarn auch nur von Weitem gesehen. Es war, als würde ich zwei Schiffbrüchige auf einer einsamen Insel besuchen, die ein dreitägiges Theaterstück von Samuel Beckett aufführen, in dem über lange Passagen hin aus der Frankfurter Allgemeinen Zeitung vorgelesen wird. Wie gesagt, eine Ehe ist auch Performancekunst. Was dabei aufgeführt wird – miteinander, füreinander und gelegentlich auch für andere – ist ein lebendes Kunstwerk. Eine Kreatur mit uns selbst als Schöpfern. Eine häusliche Beziehung ist nie nur die Summe der beiden Menschen, die daran beteiligt sind, sondern ein ganz eigenes Wesen. Wie ein Mensch hat diese Kreatur ein Erscheinungsbild, Geheimnisse, unterdrückte Gefühle, unbewusste Schattenwelten, Ängste, Vorlieben, Angewohnheiten, Begehren und ein Sexualleben. Bei vielen weiß man nicht, wie sie überhaupt noch überleben. Warum sie das einander antun. Und trotzdem humpeln sie weiter. Bei manchen Beziehungen frage ich mich auch, ob sie nicht eine dritte Person oder irgendeine Art von Bedrohung brauchen, um als Paar existieren zu können. Keine Ahnung. Was sich innerhalb der Grenzzäune ehelicher Liebe abspielt, ist wirklich sehr verwirrend. Paarbeziehungen sind fremde, seltsame Wesen, permanent damit beschäftigt, absurde Theaterstücke aufzuführen. Dabei oszillieren sie zwischen Komödie und Tragödie, und manchmal bestehen sie darauf, uns als Zuschauer dabeizuhaben.

Während ich das hier schreibe, schaue ich auf eine Postkarte, die vor mir auf dem Schreibtisch steht. Sie zeigt das Gemälde »Die Einkleidung der Braut« von Max Ernst. Es ist ein rätselhaftes Gemälde, das ich als Kind in einem Bildband entdeckte und seitdem immer wieder lange angesehen habe. Die Braut ist nackt, auf ihren Schultern trägt sie einen überfließenden roten Umhang aus Federn. Auf ihren Schultern sitzt der rote Kopf eines magischen Feuervogels mit zwei unterschiedlichen Augen. Sie ist umgeben von einem unheimlichen grünen Reiher auf zwei Beinen mit zerbrochenem Speer in der grünen Hand, einer nackten Brautjungfer mit Haaren wie ein grauer Schmetterling, und vor ihr zu ihren Füßen sitzt ein grüner, schwangerer Kobold mit vier Brüsten. Ernst schuf dieses surreale Gemälde 1940, in einem Jahr, in dem die Welt in Flammen stand und er von der Gestapo verhaftet wurde. Die Braut stellt höchstwahrscheinlich die mexikanische Künstlerin Leonora Carrington dar, mit der er sich damals in einer Beziehung befand. Es hängt heute in der Peggy Guggenheim Collection in Othellos Heimatstadt Venedig. Für mich stellt es in all seiner Rätselhaftigkeit, Erotik und Gefahr ein Sinnbild der Ehe dar. Wie ein Traum. Eine Begegnung mit den Licht- und Schattenseiten unseres Selbst und darin ultimativ schön. Wofür, würde jetzt meine Tante Thea fragen, ist so ein Traum gut? Für nüscht, könnte man sagen, und gleichzeitig doch für alles. Dieser Traum ist für alles gut.

IN THE TEMPLE OF LOVE – ZWEISAMKEIT

Without contraries is no progression.
WILLIAM BLAKE, THE MARRIAGE OF HEAVEN AND
HELL

Der schlimme Jakob, mein Urgroßvater, war unter anderem deswegen so schlimm, weil er meiner Urgroßmutter Elisabeth immer untreu war. Was möglicherweise einen der Gründe darstellte, warum sie so oft unter dem Apfelbaum stand und ihrer verlorenen Liebe zu dem armen Schreiner nachtrauerte. Allerdings weiß ich nicht, ob meine Urgroßmutter überhaupt erwartete, dass ihr Ehemann ihr treu sein würde. Vielleicht war seine Untreue gar nicht das eigentliche Problem, vielleicht war sie sogar froh, dass er ihr vom Leib blieb. Das Problem lag vielmehr in der Öffentlichkeit seiner Untreue. In Niederaula gab es nämlich den Brauch, dass bei heimlichen Liaisons zwischen verheirateten Dorfbewohnern in der Nacht eine Spur aus Sägemehl zwischen den Häusern der beiden Ehebrecher gestreut wurde. Wahrscheinlich von Jugendlichen, angestiftet von irgendwelchen Klatschbasen oder selbsternannten Sittenwächtern. Jedenfalls führten vom Hof meiner Urgroßeltern immer wieder Sägemehlspuren zu anderen Häusern. Heute nennt man das *Contact Tracing*. Ich frage mich, wie sich Elisabeth verhalten hat, wenn wieder einmal so eine Sägemehlspur auftauchte. Wurde sie wütend oder ging sie traurig zum Apfelbaum? Schaltete sie auf Angriff, oder schluckte sie ihre Gefühle hinunter? Leider weiß ich nichts über ihre Persönlichkeit. Tatsache ist aber, dass sie bis zu ihrem Lebensende eine Krinoline trug und den Gebrauch von Shampoo als vulgär empfand. Haare müsse man sauber bürsten, erklärte sie ihrer Schwiegertochter, meiner Großmutter, empört, als diese ihr etwas Gutes tun wollte und ihr anbot, die Haare zu waschen. Das 20. Jahrhundert schien Elisabeth nie wirklich erreicht zu haben. Vielleicht war sie aber auch unserer Zeit voraus und so viel realistischer als Paare der Gegenwart, die mit hohen Erwartungen in eine Beziehung gehen und bei deren Nichterfüllung mit Schmerz, Wut oder Trennung reagieren. Jedenfalls hat sie ihn ausgehalten, meinen Urgroßvater. Der, zu seiner Verteidigung, auch angenehme Seiten gehabt haben muss. Als ich einmal seine für mich nicht entzifferbaren Tagebücher vom Ersten Weltkrieg von einer sehr netten Wilmersdorfer Witwe abschreiben ließ, die noch Sütterlin lesen konnte, sagte diese zum Schluss, als alles abgeschrieben war, er würde ihr fehlen, der Jakob. Weil er so unterhaltsam und warmherzig sei und so gut erzählen könne. In diesem Tagebuch spricht Jakob von seiner »lieben Frau«, die er so sehr vermisse. Er habe Heimweh nach ihr. In seinen Tagebüchern klang er, abgesehen von seiner Vorliebe für Cognac, Zigarren und Kino, so überhaupt nicht wie der bäuerliche Lebemann aus den Erzählungen meiner Großmutter. Sägemehl hin oder her, ich habe die Hoffnung, dass meine Urgroßmutter für den schlimmen

Jakob auch Liebe empfunden hat. Dass ihr das Leben jenseits des Apfelbaums auch Glück bescherte.

Treue ist für viele Paare eine der Grundvoraussetzungen für ihre Beziehung. Ist die Treue einmal gebrochen, geht das Vertrauen verloren, Vorwürfe und Verdächtigungen machen Nähe unmöglich, die Intimität weicht der Resignation oder eben auch dem Krieg. Und obwohl die Treue so wertvoll ist für unser Glück und viele Menschen große Probleme damit haben, wenn ihre Partner*innen intime Beziehungen außerhalb der Partnerschaft pflegen, ist die Untreue doch immer Teil des real gelebten Konjunktivs. »Alle Männer gehen fremd«, versicherte mir einmal eine Hamburger Rotlichtgröße, die ich interviewte, als ich noch als Journalistin in London lebte. Zwischen seinen Gefängnisaufenthalten hatte er eine steile Karriere vom Zuhälter zum Totschläger zum Kokainhändler hingelegt. Jetzt saß er als Freigänger vor mir, mit seinem dicken Schnauzer in der Lobby eines etwas ranzigen Hotels am Hamburger Hauptbahnhof und schaute nervös auf die Uhr, weil er gleich wieder zurück in den Knast musste. »Wenn der Kerl was Anneres behauptet, kannste dir sicher sein, der erzählt dir einen vom Pferd«, fügte er hinzu und zog gierig an seiner Zigarette. Wenn er von Männern sprach, meinte er damit heterosexuelle Männer, das verstand sich für ihn von selbst.

Nach mehreren Gesprächen mit ihm gelangte ich zu dem Eindruck, dass seine vermeintliche Menschenkenntnis Teil seines narzisstischen Größenwahns war, den ihm schon sein Gefängnispsychologe attestiert hatte. Der große Durchblick, den er mir ziemlich überzeugend vorspielte, war seine Maske, die er wahrscheinlich auch vor dem Spiegel nicht abnahm. *Delusions of grandeur* heißt dieses Phänomen in der Filmdramaturgie. Die perfekte Voraussetzung für eine Komödie. Mit wem sollten all diese Männer denn Sex haben? Wo war sie denn, die lange Schlange an Frauen, die ganz unbedingt von verheirateten Männern angebaggert werden wollte?

Kurz darauf fand ich heraus, dass mein damaliger Freund Richard immer noch Sex mit seiner Ex-Freundin hatte, die offensichtlich nicht wusste, dass er ihre Beziehung als beendet betrachtete. Es war das erste Mal, dass ich systematisch und über Monate hinweg von einem Mann belogen worden war. Das war so armselig und psychisch so gestört, dass mir Richard fast leidtat. Was war das nur für eine verschrobene Gefühlswelt aus Lügen, in der dieser Mensch sich bewegte? Warum tat er das? Das war doch alles so unnötig und absurd. Zum Glück las ich damals Hermann Brochs Roman »Die Schlafwandler«, in dem steht, dass Liebe aus Mitleid schlimmer ist als gekaufte Liebe. Und so war dann auch Schluss mit dem verkorksten Richard. Später zog ich nach Deutschland zurück und ging dort eines Tages in einen Elektronik-Markt am Münchner Stadtrand einkaufen. Sehr zu meiner Überraschung – in Großbritannien sind Bordelle ebenso wie Straßenprostitution illegal – befand sich direkt gegenüber vom Elektronikladen ein Etablissement für Sexarbeit. Ein paar Meter weiter befand sich die Einfahrt zu einem großen Heimwerkermarkt. Jetzt wurde mir Einiges klar. So funktionierte also das Schlafwandeln in Deutschland. Bildschirm, Bohrmaschine, Blowjob. Der Männereinkaufstag mit Happy End. Und da soll einer noch sagen, Deutschland hat keine Servicekultur.

Das Inakzeptable, das wirklich Verkorkste damals an Richard war die Tatsache, dass er mich – ohne mir eine Wahl zu lassen – in seine Lügenwelt hineingezogen hat. Ich wurde zu einer Komplizin seiner Verlogenheit gemacht, ohne dass er mich jemals um Erlaubnis gefragt hatte. Denn nichts spricht dafür, dass Treue unbedingt die Grundlage einer intimen Beziehung sein muss. Ein schwuler Freund von mir, Bob, der nun schon fast zwanzig Jahre mit seinem Freund Uwe zusammen ist, erklärte mir sein Beziehungsglück folgendermaßen: »Wir haben uns irgendwann entschlossen, nicht mehr miteinander Sex zu haben. Wir haben mit anderen Leuten Sex. Sex macht alles so komplex. Ähnlich wie Kinder. Kinder und Sex sind die beiden großen Komplexifizierer in einer Beziehung. Da wir weder Kinder noch Sex haben, führen wir eine sehr glückliche Beziehung. Uwe ist der wichtigste Mensch in meinem Leben. Ich liebe ihn über alles.« Wenn ich Bob und Uwe zusammen sehe, dann besteht nie ein Zweifel, dass die beiden ein Paar sind. In einer Gruppe von Menschen fällt sofort auf, dass sie zusammengehören. Sie nehmen einander wahr, ihre Körper befinden sich in einem stillen, endlosen Gespräch. Die Pandemie haben sie gemeinsam problemlos überstanden. Dabei scheinen sie sich in der Minderheit zu befinden. Denn fast alle meine Freunde, die in einer Beziehung zusammenwohnen, und insbesondere Melissa, haben mich während der Lockdowns darum beneidet, dass ich so ganz allein über meinen Wohnraum verfügen kann. Wie gesagt, in meinem Freundeskreis gab es während dieser Zeit schon den einen oder anderen Mordgedanken. Therapeuten, ob für Paare oder Einzelpersonen, haben seitdem Hochkonjunktur. Sie sollen die kalten und nicht so kalten Kriege in unseren

Schlafzimmern schlichten und uns aus selbstgebauten Beziehungsgefängnissen befreien. Das permanente Zusammensein wirkte wie ein Vergrößerungsglas für schon existierende Probleme, die wir bisher mehr oder weniger erfolgreich unter den Tisch gekehrt hatten. Dazu kamen verstörte Kinder, finanzieller Stress, Zukunftssorgen und tägliche Zoom-Marathons. Der perfekte Molotowcocktail fürs Beziehungsleben. Aufgezwungene Nähe scheint ein ähnliches Hochspannungsbiotop zu schaffen, wie es in Gefängnissen existiert. Im Zuge meiner Gespräche mit der mittlerweile sicherheitsverwahrten Kiezgröße habe ich auch andere Gefangene und Ex-Gefangene interviewt, die viele Jahre in Hochsicherheitsgefängnissen verbracht haben. Hochsicherheitsgefängnis, das bedeutet Gefangene mit langen Haftstrafen und daher auch Menschen mit überdurchschnittlichem Gewaltpotenzial, geringer Frustrationstoleranz und noch geringerer Impulskontrolle. Und das auf engstem Raum. Eine winzige Geste, ein unachtsames Wort kann hier zur totalen Eskalation führen. Denn die tägliche Frustration, eine Gefängnismauer vor der Nase stehen zu haben, und allein die Tatsache, dass man nur im Kreis, nie aber über längere Strecken in einer geraden Linie laufen kann, heizen die Atmosphäre auf. Besonders dann, wenn man sich dafür schämt, im großen Spiel des Lebens versagt zu haben. Wir neigen ja dazu, die »schweren Jungs« der Kriminalität in Gangsterfilmen oder im Thriller zu verklären und sie mit der Erotik der Gefahr zu bekränzen. Doch die vorherrschende Emotion in einem Gefängnis ist Scham. Niemand hier ist stolz darauf, im Gefängnis zu sitzen. Vom Leben ausgegrenzt, weggesperrt, zur Unsichtbarkeit, ja Bedeutungslosigkeit, verdammt. So roh geschabt ist da das Selbstwertgefühl, dass die kleinste Gefühlsverletzung, jede als Respektlosigkeit interpretierbare Geste das Fass zum Überlaufen bringen und zum Gewaltausbruch führen kann. Für das Zusammenleben stellt dies enorme Herausforderungen dar. Ein Ex-Gefangener, Mo, erzählte mir, wie sehr ihn bei der Rückkehr in die Freiheit störte, dass die Menschen ständig einfach so stehen blieben und ihr Handy checkten. Ohne dabei überhaupt nur auf den Gedanken zu kommen, dass sie dabei jemanden im Weg stehen könnten. Besonders in privilegierten Gegenden, wo die Leute doch eigentlich Manieren haben sollten. Im Knast kann einem dieses mangelnde Bewusstsein für den Raum, den der eigene Körper einnimmt, das Leben kosten. Überleben im Knast bedeutet, sich ständig bewusst zu sein, welche Wirkung die eigene Gegenwart auf eine andere Person hat. Wer im Hochsicherheitsgefängnis vergisst, dass man als Mensch immer und überall in Beziehung zu den Menschen in seinem Umfeld steht, ist so gut wie tot. Einfach im Weg stehen zu bleiben und sich nicht um die anderen zu scheren, zeugt für Mo von Arroganz. Und natürlich auch von dem bürgerlichen Grundvertrauen, dass einem in der Öffentlichkeit keine Gewalt widerfahren wird. Doch nur weil man dieses Privileg besitzt, heißt es noch lange nicht, dass man gedankenlos damit umgehen muss.

Im Beziehungsknast, in dem sich gerade während der Pandemie so viele Menschen eingekerkert fühlten, ist das nicht anders. Zwar ist Scham da nicht unbedingt das Thema, aber Zukunftsangst, Monotonie und Frustration erzeugen einen Hochdruck wie im Gefängnis. Unsichtbar wie die Gefangenen im Knast sitzen wir gemeinsam auf dem Sofa, starren in den flimmernden Ereignishorizont, der da heißt Netflix und der uns in die Singularität unseres schwarzen Beziehungslochs zu verschlingen droht. *Ich werde wahrgenommen, also bin ich* funktioniert nicht mehr. Die Außenwelt ist abgeschafft. Existieren wir eigentlich noch, wenn uns niemand unsere Existenz bestätigt? Die andere Person soll uns aus dieser Existenzkrise retten, aber der geht es ja nicht anders als uns. Genau wie im Knast. In den letzten Monaten habe ich oft an die Unterhaltung mit Mo zurückdenken müssen. Weil Zweisamkeit vor allem eben auch physisch funktioniert. Wir teilen uns gemeinsam einen Raum. Das erfordert gegenseitige Wahrnehmung. Und zwar nicht nur verbal und emotional, sondern auch ganz konkret körperlich. Zweisamkeit, das ist ein Tanz, ein *Pas de deux*, und erfordert ein Bewusstsein für die eigene Präsenz und damit auch Wirkung auf die andere Person. Vor ein paar Jahren saß ich bei einem Abendessen neben einer sehr bekannten, sehr sympathischen Frau. Ihr Ehemann saß auch am Tisch, und ich konnte überhaupt nicht verstehen, warum sie mit ihm verheiratet war. Er hatte so etwas Verschwommenes, als würde er sich hinter sich selbst verstecken. Die Frau erzählte mir, dass sie und ihr Mann eine Zeit lang private Tangostunden genommen hätten. Irgendwann hätten sie den Tangounterricht aber abgebrochen, weil sie ständig in einen Pfeiler getanzt seien, der in der Mitte des Saals stand. Obwohl außer dem Tanzlehrer der Saal völlig leer gewesen sei, hätten sie es nicht geschafft, den Pfeiler gemeinsam zu umtanzen. Ein paar Monate später las ich in den Medien, dass die beiden sich scheiden lassen wollten. Als ich vor kurzem ein Foto von ihr mit ihrem neuen Freund sah, habe ich mich sehr gefreut. Er sah aus, als könne er tanzen.

In der Anfangsphase einer Beziehung, also wenn wir verliebt sind, häufen wir das libidinöse Kapital an, von dem wir in den darauffolgenden Phasen schöpfen können. Dieses Kapital ist deswegen so kostbar, weil es uns das Gefühl gibt, etwas Besonderes zu sein. Egal, wie arm man im realen Leben sein mag, dieses Kapital macht einen reich und lässt einen zu den Auserwählten, den Glücklichen dieser Erde gehören. Sich ineinander zu verlieben, ist eine magische, ja transzendentale Erfahrung. Plötzlich ist Begehren nicht mehr austauschbar, sondern an eine ganz spezifische Person gekoppelt. So außergewöhnlich ist dieses Gefühl, dass wir dazu neigen, dem Ganzen eine metaphysische Dimension zu geben. Es kann einfach kein Zufall sein, dass auf diesem von Menschen wimmelnden Planeten diese eine Person solche Gefühle in uns auslöst. Gottes Zeigefinger muss uns auserkoren haben. Ich und dieser andere Mensch, wir sind füreinander geschaffen. Das ist kein Zufall, sondern Teil des göttlichen Plans. Das Universum manifestiert sich durch uns. Das schöne Grauen, sich vorzustellen, was alles hätte schiefgehen können, gehört genauso zum Genuss dieses Glücks wie der Zustand des Zusammenseins. Und so schenkt uns denn die Liebe und das Gefühl der Zweisamkeit in der großen, alles überschattenden Sinnlosigkeit des Lebens Bedeutung. So besonders fühlen wir uns dabei, dass wir zumindest vorübergehend vergessen können, dass niemand, aber wirklich absolut niemand, etwas Besonderes ist. Ob wir nun die Queen von England oder die Frau an der Supermarktkasse sind, wir sind alle nur Lebewesen, die irgendwie den Hindernislauf aus Schmerz, Verlust und Scham bewältigen müssen, den der Zufall für uns bereithält. Es ist diese Bedeutung – wer sie nicht durch Liebe herstellen kann, versucht es durch Karriere, Status, Gedanken und Dinge, die man der Nachwelt hinterlassen will –, die uns hilft, unsere Bedeutungslosigkeit zu ertragen. Oder zumindest das Beste daraus zu machen.

Irgendwann in der Beziehung dämmert es einem dann, dass vielleicht doch nicht alles so besonders ist, was da zwischen der anderen Person und einem selbst abläuft. Irgendwann merken wir, dass wir einfach nur wie viele andere eine Beziehung führen, in der es Missverständnisse, Langeweile, Frustration und wahrscheinlich auch Verletzungen gibt. In der Phase der Besonderheit hatten wir unsere narzisstische Wunde vorübergehend heilen können. Da hatten wir uns in den frühkindlichen Zustand zurückversetzt gefühlt, als wir für unsere Eltern das perfekte Wesen darstellten. Wenn sich dann aber dieser Zauber abnutzt und die Realität einsetzt, muss die Besonderheit über andere Wege hergestellt werden. Zum Beispiel soll dann ein Urlaub in Bali helfen. Oder aber es wird ein Streit provoziert und das Adrenalin des Dramas gibt uns wieder das Gefühl, Teil von etwas wirklich Wichtigem zu sein. Das absurde Sozialverhalten, das sich im Rahmen einer Beziehung abspielt, wird perfekt von Samuel Becketts Theaterstück »Warten auf Godot« eingefangen. Das Stück handelt von zwei Männern – Estragon und Wladimir –, die an irgendeiner Landstraße sitzen und hier auf einen Mann namens Godot warten. An den Grund ihrer Verabredung erinnern sie sich nicht, und sie wissen auch nicht, ob und wann Godot auftauchen wird. Klingt langweilig, ist aber extrem witzig. Gedanken, Unterhaltungen, Machtspielchen, Probleme flackern auf und verschwinden wieder. Das ganze Spektrum des menschlichen Miteinanders kommt und geht. Das Einzige, was bleibt, ist das Warten. Einmal sagt Estragon: »Nichts passiert, niemand kommt, niemand geht, es ist schrecklich«, und klingt dabei, als hätte Beckett das Stück speziell über Paare während eines Lockdowns geschrieben. Aber das Stück stammt von 1953, als die Katastrophe des Zweiten Weltkriegs und des Holocausts noch nicht lange vorbei war. Die Menschheit hatte sich zu einer Grausamkeit fähig gezeigt, die es unmöglich machte, die Basis menschlichen Miteinanders noch durch die Zerrbrille moralisch-religiöser Verklärung zu betrachteten. Das Trauma hatte alle Sentimentalität wie ein Sandstrahler weggeblasen und geblieben war die Absurdität. Wenn Estragon ausruft »Fass mich nicht an! Frag mich nichts! Sprich nicht mit mir! Bleib einfach bei mir!«, Wladimir daraufhin fragt »Hab ich dich jemals verlassen?«, und Estragon entgegnet »Du hast mich gehen lassen … «, dann beschreibt Beckett damit den ganz normalen Widerspruch des Zweisamkeitsalltags. Oder wie der französische Psychoanalytiker Jacques Lacan es beschreibt: »Liebe ist, jemandem etwas zu geben, das man selbst nicht besitzt und das der andere auch gar nicht haben will.« Alles Zwischenmenschliche ist irreal, ein Wechselspiel der Projektionen und doch – auch darin liegt der Widerspruch der Liebe – gibt es keinen stärkeren Klebstoff, der uns ganz real und körperlich zusammenbindet.

Das alltägliche Schattenspiel der Projektionen, Ängste und Begehren, es hört auch dann nicht auf, wenn man schon 30 Jahre lang zusammenlebt. Die Spuren auf dem Tanzparkett

der Beziehung mögen dann wie abgenutzte Trampelpfade wirken, die Grenzen der ungelebten Ebenen unseres Selbst mögen verhandelt und die Leitplanken des Wahnsinns nach all den Jahren tief im Boden verankert sein. Trotzdem schaffen wir es auch nach 30 Jahren noch, einander so sehr zu frustrieren, dass wir an unsere Grenzen geraten. Wir wissen alle, dass sich Paare auch nach 30 oder mehr gemeinsamen Jahren noch trennen. Schließlich wird gerade dann, wenn eine neue Lebensphase anbricht – egal, ob es sich da nun um Jobwechsel, Umzug, Rentenalter oder gesundheitliche Umstellungen handelt – eine Tatsache deutlich, die wir in weniger dramatischen Zeiten vernachlässigen können: Es gibt einen Unterschied zwischen den realen Beziehungen, die wir führen, und den Beziehungen, die wir gerne hätten. Dabei sind die Beziehungen, die wir in unseren Tagträumen führen, meist befriedigender als die unseres tatsächlichen Lebens. Zwar versuchen wir diesen Unterschied auszugleichen – wir kaufen unseren Partner*innen neue Kleidung, versuchen sie zu Sport oder Diät zu animieren, schicken sie zur Therapie, kaufen Sexspielzeuge, laden Achtsamkeits-Apps auf unsere Mobiltelefone –, aber egal, was passiert, der Unterschied lässt sich nie wirklich beseitigen. Und wenn wir es doch tun, laufen wir Gefahr, die andere Person auszulöschen. Als kleines Mädchen sah ich einmal heimlich im Fernsehen einen französischen Film. Die Heimlichkeit machte das Ganze noch eindringlicher. Eine wunderschöne blonde Frau hatte darin eine Affäre mit einem Mann, mit dem sie sich immer in einer fast leeren Wohnung traf. Nach dem Sex zog sich der nackte Mann immer seinen Trenchcoat über und rauchte im Stehen eine Zigarette. Eines Tages lag sie wieder auf dem Bett, und er lehnte rauchend gegen die weiße Wand. Plötzlich zog die Frau aus ihrer Tasche einen weißen Frottee-Bademantel und hielt ihn ihm lächelnd entgegen. Sogar mein zehnjähriges Ich musste nicht den verachtungsvollen Blick des Mannes abwarten, um zu wissen: Diese Beziehung ist vorbei. Mit diesem Bademantel hatte die Frau die Realität in den abstrakten Raum ihrer Affäre geholt, hatte versucht, den Mann in seiner Essenz zu verändern. Dieser Mann war sein Regenmantel, so viel war mir klar. Die Absicht, einen Menschen zu verändern, bedeutet nichts anderes, als ihn kontrollieren zu wollen. Nun gibt es genügend Menschen, die sich, bewusst oder unbewusst, gern kontrollieren lassen. Bei manchen Beziehungen frage ich mich sogar, ob das Wechselspiel aus Kontrolle und Erniedrigung nicht die Essenz der Beziehung ausmacht. Ich kenne eine Frau in New York, die mit einem sehr erfolgreichen Tech-Manager verheiratet ist. Sie wohnen mit ihren drei Kindern in einem großen Haus in Manhattan. Auf ihrem Instagram-Account dokumentiert sie ihr perfekt veganes Familienleben inklusive ihrer Überzeugung, dass Mütter ihre Kinder mindestens bis zum vierten Lebensjahr stillen sollten. Jedes Foto ist perfekt durchgestylt. Die Farbpalette aller Fotos ist auf Weiß, Beige, Grau und Dunkelblau beschränkt. Alle wirken ausgesprochen glücklich, auch der Ehemann. Hier ist eine Frau, die es durchgezogen hat: Sie hat ihrem gesamten Leben einen weißen Bademantel verpasst. Nur im Keller sieht es anders aus. Dort hat sich der Mann eine *Virtual-Reality*-Station geschaffen. Mit Sessel, Brille und Handschuhen. Hier konsumiert er enorme Mengen an psychedelischen Drogen und flüchtet vor dem weiß-beige-blauen Totalitarismus seiner Frau in virtuelle Dimensionen. Die Modelleisenbahn von heute. Und das scheint ihm auch sehr gut zu gefallen. Er wirkt mit seiner virtuellen Realität absolut zufrieden, beziehungsweise die von seiner Frau geschaffene Realität in den oberen Stockwerken ist so durchgestylt, sie ist nicht weniger irreal als seine *Virtual Reality Games*. Da seine virtuellen Leben der von seiner Frau kreierten Realität nicht in die Quere kommen, lässt sie ihn gewähren. Unten im Keller macht er auch keinen Dreck, bringt das Farbkonzept nicht durcheinander und Sägemehlspuren gibt es auch keine. Die Außenwirkung der Familie ist kugelfest, die Scham ist sicher im Keller eingesperrt. Auf der Instagram-Projektionsfläche hat die Frau das für sie perfekte Leben, die für sie ultimativ befriedigende Beziehung geschaffen, während er seine Befriedigung auf seinen virtuellen Projektionsflächen sucht. Ich weiß nicht, wie glücklich die beiden tatsächlich sind, aber sie sind immer noch zusammen. Das Interessante daran ist, dass für beide die Befriedigung im Bereich der Träume und Projektionen stattfindet. Damit ist dieses Paar keine Ausnahme oder Besonderheit. Ultimativ befriedigende Beziehungen existieren nur in unserem Kopf – so der Psychoanalytiker Adam Phillips –, sie sind Projektionen unserer Träume, also buchstäblich die Beziehungen unserer Träume. Auch wenn wir denken, die Person unserer Träume gefunden zu haben, kann diese Person immer nur teilweise unserem Traumideal gerecht werden. Schließlich ist dieses Traumideal ja auch keine statische Angelegenheit, sondern verändert sich gemäß unseren Lebensumständen. Was folgt, ist ein permanentes Verhandeln zwischen Ideal und Realität – zwischen den Personen, die wir glauben zu sein, den Personen, die wir gerne wären, den Personen, von denen wir denken, dass sie unsere Partner sind, die Personen, die wir gerne als unsere Partner hätten, die Personen, die wir denken, sein zu müssen ... mit anderen Worten, eine ganz normale, reale Beziehung.

Das frustrierende Verhältnis zwischen Wünschen und dem Machtverhältnis innerhalb einer Beziehung wird beschrieben in dem plattdeutschen Märchen »Vom Fischer un syner Fru«, in dem ein armer Fischer einen sprechenden Fisch wieder aus seinem Netz in die Freiheit lässt, denn der Fisch ist ein verwunschener Prinz. Als die Frau des Fischers – genannt Ilsebill – davon erfährt, sieht sie darin eine Gelegenheit, endlich ihrer ärmlichen Hütte zu entfliehen. Sie schickt den Fischer zurück zur See und lässt ihn den Fisch bitten, ihnen ein kleines Haus zu schenken. Doch schon bald ist ihr das Haus zu klein und sie wünscht sich ein größeres. Immer wieder muss ihr Ehemann hinaus zum Strand und rufen:

Manntje, Manntje, Timpe Te, Buttje, Buttje inne See,
myne Fru de Ilsebill will nich so, as ik wol will.

Zum Schluss will die Frau wie der liebe Gott werden. Der Fischer kann sich ihr nicht widersetzen. Unterwirft sich ihrem Willen. Wieder geht er hinaus zur See, ruft den Fisch. Als er nach Hause kommt, ist alles, was ihnen der Fisch beschert hatte, verschwunden. Die Frau sitzt wieder in genau der armseligen Hütte, in der sie ganz zu Anfang der Geschichte gewohnt hatte. Und die Moral von der Geschicht'? In einer Beziehung müssen wir nicht nur unseren Frustrationen, sondern auch unseren Traumidealen Einhalt gebieten. Was leider wirklich schwierig ist. Und was machen wir, wenn wir so richtig frustriert sind? Wir werden zur Ilsebill, wir wollen werden wie der liebe Gott – nämlich allwissend. Wenn wir von unseren Beziehungen frustriert sind, analysieren wir sie gerne. Nehmen sie mit allen uns zur Verfügung stehenden Psychozangen auseinander. Gemeinsam mit unserem besten Freund oder Freundin erstellen wir das große Partner*innen-Psychogramm. Narzissmus, Minderwertigkeitskomplex, Mutterkomplex, aufgeblähtes Ego in Verbindung mit einem geringen Selbstwertgefühl – die Liste der möglichen Pathologien ist groß und ultimativ befriedigend, wenn wir sie durchdiskutieren. Allerdings muss ich hinzufügen, dass in heterosexuellen Szenarien diese Unterhaltungen fast immer mit der Feststellung enden, dass sich das männliche Objekt der Unterhaltung höchstwahrscheinlich auf dem autistischen Spektrum befindet. »Allwissenheit ist Selbstheilung von Frustrationen«, so Adam Phillips in seinem Buch »Missing Out«. Wir machen uns zum vermeintlichen Gott unserer Beziehungswelt. Wie Hamlet denken wir, alles zu wissen, alle Vor- und Nachteile, alle Facetten der anderen Person zu kennen. Und genau wie Hamlet können wir uns zu nichts entscheiden. Ewig analysierend verbringen wir Jahre in Beziehungen, wohl wissend, dass da etwas faul ist im Staate Dänemark. Im Rückblick kann ich gar nicht glauben, wie viele emotionale Kalorien ich mit dem Durchdiskutieren von Männern verbrannt und damit die Geduld meiner Freunde strapaziert habe. Obwohl die Gründe für das Nicht-Funktionieren meiner Beziehungen zu diesen Männern offensichtlich waren, brauchte ich gefühlte Ewigkeiten, um mich von ihnen zu lösen. Ich denke, damit bin ich nicht allein. Wie Hamlet schaffen wir es nicht, die Konsequenz aus den so klar ersichtlichen Fakten zu ziehen. Denn wenn wir das tun würden, wären wir möglicherweise keine Götter mehr.

Einer von diesen Männern, von denen ich mich so viel früher hätte trennen sollen, ist zweifellos der schreckliche Thorsten. Ein paar Monate, bevor meine Freundin Andrea mir im Keller des Londoner GAY-Clubs klarmachte, dass es jetzt endgültig an der Zeit sei, die Reißleine dieser unglücklichen Beziehung zu ziehen, hatte ich einen Traum. In diesem Traum lag ich neben Thorsten unter einem viel zu warmen Federbett in einem dunkelgrünen Zimmer. Ich stand auf und ging zum Fenster. Im gelben Morgendunst konnte ich Flugzeuge auf einem Rollfeld sehen und in der Ferne die Wolkenkratzer von New York. Dann sah ich in den Spiegel, und zu meinem gro-ßen Schock blickte mir da eine völlig fremde Person entgegen. In meinem Traumspiegelbild hatte ich rotes lockiges Haar, ein rundes Gesicht und schneeweiße Haut mit Sommersprossen. »Thorsten!«, rief ich erschrocken hinüber zum Bett, »ich bin ja gar nicht ich!« Er hatte keine Ahnung, was ich ihm damit sagen wollte. Existenzieller Horror durchflutete mich. Dieser Mann wusste nicht, wer ich wirklich war, denn er sah ja nur diese andere Person. Ich war gefangen in einem fremden Kör-per. Wieder schaute ich in den Spiegel und sah, dass meine Schultern von der Sonne verbrannt waren und meine Haut rot und wund. Nicht nur, dass ich jetzt im Körper einer Fremden gefangen war, diese Fremde war auch noch so dämlich, keine Sonnencreme zu benutzen. Selten war ich so froh, wieder von einem Traum aufzuwachen. Mir war absolut klar, was dieser

Traum bedeutete. Viel Raum zur Interpretation gab es ja nicht. Aber es brauchte immer noch die grandiose Andrea, um mich aus meiner Hamlet-Starre zu befreien.

Während ich das hier schreibe, sitzt draußen im Hinterhof ein fremdes Pärchen auf der Bank vor meinem Hauseingang. Ein Mann und eine Frau, Mitte 20. Sie sitzen da schon eine ganze Weile, tief in ein Beziehungsgespräch versunken. Wahrscheinlich ist ihnen nicht bewusst, dass der Hinterhof wie ein Lautsprecher funktioniert und ich jedes Wort hören kann. Die beiden rühren mich wirklich sehr, weil sie einander so intensiv zuhören. Vor ein paar Minuten hat sich die junge Frau furchtbar aufgeregt. Ihre Arme waren vor der Brust verschränkt und ihre Stimme laut. Doch anstatt sie abzuwehren oder zu ignorieren, blieb er sitzen und ließ sie reden, ohne auch nur einen Moment seinen Blick von ihr abzuwenden. Weil sie so wütend war, war ich kurz etwas besorgt um die beiden. Jetzt ist es gerade sehr still geworden. Sind sie gegangen? Starren sie beide genervt ins Leere? Ist ihre Liebe vorbei? Ich schaue aus dem Fenster und sehe, wie die beiden sich innig umarmen. Was sich hier gerade vor meinem Fenster abspielt, ist so viel schöner als der dystopische Fensterblick in meinem Traum. Ein real gelebter Liebesfilm anstatt eines Flughafenrollfelds. Aber die beiden sind auch so viel besser im sich gegenseitig Wahrnehmen als damals der schreckliche Thorsten und ich. Im Gegensatz zu ihm und mir wollten sich da zwei wirklich verstehen. Oder wie es bei Shakespeare im »Sommernachtstraum« heißt: *»Love looks not with the eyes, but with the mind. And therefore is winged Cupid painted blind.«* Das permanente Ausloten und

Kommunizieren der verschiedenen Realitäts- und Idealebenen beider Partner ist essenziell für das Funktionieren einer Beziehung. Ohne das Kommunizieren von inneren Welten bleibt man einander fremd, wie damals Thorsten und ich. Oder aber eine Entfremdung tritt ein. Das setzt allerdings ein gewisses Grundinteresse an der Seelenwelt des anderen voraus, beziehungsweise die Fähigkeit zuzuhören. Eine Bekannte von mir hatte eine Beziehung mit einem Mann, an dem ihr wirklich viel lag. Er war begabt, charmant und sah gut aus. Doch obwohl ihm auch Einiges an ihr zu liegen schien, war ihm das Konzept der exklusiven Beziehung ganz offensichtlich fremd. Vielleicht lag es daran, dass er seine Maskulinität über Quantität definierte, vielleicht machte ihm auch das Risiko Angst, all seine Gefühle und sein emotionales Selbstwertgefühl nur einer Person zu widmen. Die Angst zu verlieren – also Verlustangst – ist ja oft der Grund, warum wir nicht alle Lose auf ein Pferd setzen. Jedenfalls verfolgte er weiterhin sein Ziel, mit so vielen Frauen wie möglich Sex zu haben. Meine Bekannte verletzte das. Sie verstand nicht, wie sein Begehren so austauschbar sein konnte. Verstand er nicht, dass er ihr damit das Gefühl gab, austauschbar zu sein? Vor allem aber mochte sie diese ewig meckernde, ewig eifersüchtige Frau nicht, zu der sie in der Beziehung mutiert war. Auch die grundsätzliche Genervtheit, die sich als Lebensgefühl bei ihr eingeschlichen hatte, war ihr zuwider. Weil sie dem Mann aber trotzdem eine Chance geben wollte, nahm sie all ihre Redegewandtheit zusammen und versuchte, ihm möglichst verständnisvoll zu verdeutlichen, welche Gefühle sein Verhalten in ihr auslöste. Ohne ihn dabei zu kritisieren oder anzugreifen. Alles, was sie bis zu diesem Zeitpunkt von ihrem Therapeuten, von Frauenzeit-schriften und aus Selbsthilfebüchern gelernt hatte, packte sie in diese kleine Rede. Am Ende war sie ein klein wenig stolz auf sich. So gerade heraus und zugleich bedacht hatte sie vorher noch nie über ihre Gefühle innerhalb einer Beziehung kom-muniziert. Sie schaute ihn erwartungsvoll an. Die beiden sa-ßen auf einer Berliner Parkbank, umgeben von einer fleckigen Wiese und ein paar zerrupften Büschen. Auf der Betonmauer ihnen gegenüber hatte jemand einen großen Phallus in Neon-Pink gesprüht. Nach einer kurzen Denkpause erwiderte er ih-ren Blick. Dann wanderten seine Augen in die Ferne, wo ge-rade ein Krankenwagen mit heulender Sirene vorbeifuhr. Als er endlich etwas sagte, redete er über seinen geplanten Italien-urlaub. Er wechselte einfach das Thema. Meine Bekannte er-zählte, in dem Moment habe sich das angefühlt, als würde da in seinem Hirn ein Modul fehlen. Er war mental nicht in der Lage, ihre Worte zu verarbeiten. Heute ist sie glücklich in einer anderen Beziehung. Die beiden haben eine Tochter. Ihren Ex-Freund sehe ich ab und zu. Er sitzt dann meistens draußen vor seinem Stammlokal und trinkt Bier.

Oft ist es so, dass wir lieber eine Beziehung und mit ihr unser gesamtes Umfeld zerstören, als dass wir zulassen, dass diese Beziehung uns verändert. Weil wir um jeden Preis ver-meiden wollen, dass wir – so Adam Phillips – wieder in den Zustand frühkindlichen Ausgeliefertseins zurückversetzt wer-den. Als Babys und Kleinkinder sind wir in unserem Glück völ-lig von den Eltern oder Babysittern abhängig. Wir schreien uns die Seele aus dem Hals und brauchen einen Erwachsenen, da-mit wir uns wieder beruhigen. Nicht immer ist diese erste Erfahrung dieses Abhängigkeitsverhältnisses eine positive, sie kann auch dazu führen, dass wir Liebe auch als Erwachsene als per se frustrierend, ja gefährlich empfinden. Beziehungsweise alles daransetzen, dass sie uns und andere frustriert. Dass sich der Adrenalinkick der Angst immer und immer wiederholt, denn schließlich ist es ja das, was wir unbewusst als Liebe abgespeichert haben. Das Problem mit dem psychoanalytischen Ansatz, in frühkindlichen Erfahrungen die Erklärung für unser Beziehungsverhalten als Erwachsene zu suchen, ist die Tatsache, dass man seine Kindheit nicht ändern kann. Wir können der Kindheit die Schuld geben, warum wir nicht die Beziehungen führen, von denen wir denken, dass sie eigentlich auf uns warten. Warum wir nicht das Glück empfinden, das das Leben eigentlich für uns bereithält. Wir tragen unsere Kindheit mit uns herum, erleben und verteilen den altbekannten Schmerz, drehen unsere Bahnen in der Beziehungs-Wiederholungsschleife, bis wir dann irgendwann biertrinkend vor einer Bar sitzen und merken, dass wir zu mehr als Belanglosigkeit nicht fähig sind. Das gibt dem psychoanalytischen Projekt etwas Deterministisches, ja Fatalistisches. Aber der großartige Heureka-Moment, der in der Therapie auf einen wartet, ist die Erkenntnis, dass wir keine schreienden Babys mehr sind. Sondern erwachsene Menschen mit einem gewissen Maß an Handlungsfreiheit. Wir müssen nicht schreiend auf dem Rücken liegen und warten, bis jemand kommt, um uns zu beruhigen. Wir sind weder uns selbst noch unseren Partnerschaften ausgeliefert. Wir können einfach aufstehen und gehen. Und wir können uns verändern. Nur muss man dazu erst einmal erkennen, dass man auf dem Rücken liegt und schreit. Eine Freundin erzählte mir, dass sie und ihr Freund nach der Geburt ihrer Zwillinge im ersten Jahr zwar glücklich, aber auch enorm gestresst waren. Beide litten unter permanentem Schlafmangel. Der Stress führte irgendwann dazu, dass ihr Freund eine Charakterseite von sich zeigte, die sie so noch nicht an ihm kennengelernt hatte: Jähzorn. Seine cholerischen Anfälle waren auch deswegen so schrecklich, weil sie sie an traumatische Szenen ihrer Kindheit erinnerten. Ihr jähzorniger Vater hatte die Mutter geschlagen und auch mal einen Stuhl nach meiner Freundin geworfen. Meine Freundin konnte es nicht fassen, dass sie sich nun 25 Jahre später selbst in die Situation ihrer Mutter gebracht hatte. Bei einem erneuten jähzornigen Anfall warf sie ihren Freund schließlich aus der Wohnung. Für sie war die Beziehung vorbei. Aber der Freund, der ja selbst unter seinem Jähzorn gelitten hatte, wollte seine Beziehung und seine Familie nicht verlieren. Er machte auf eigene Initiative eine Verhaltenstherapie. Lernte, mit sich selbst umzugehen. Sehr zur Überraschung meiner Freundin funktionierte die Therapie. Sie wohnen wieder zusammen und sind problemlos durch den Lockdown gekommen.

Eine Beziehung bringt uns unvermeidlich in die Situation, emotional zu kommunizieren. Auch das Nichtkommunizieren ist eine Form der Kommunikation, denn durch Nichtkommunizieren drücken wir Desinteresse und damit auch die Verweigerung aus, mit der anderen Person in Beziehung zu treten. Zu dem digitalen Imperium Peter Thiels, dem erwähnten Erstfinanzier von Facebook, gehört auch das Big-Data-Analyseunternehmen Palantir. Palantir ordnet und interpretiert große, komplexe Datenströme. Mittlerweile arbeitet Palantir auch für Automobilkonzerne und das Gesundheitswesen, aber am Anfang bestand der Kundenstamm des Unternehmens hauptsächlich aus amerikanischen Geheimdiensten. Auch wenn Palantir nach eigenen Angaben keine Daten sammelt, sondern nur analysiert, können wir die Firma dennoch als Erben von Horst Herold sehen. Herold leitete während der intensivsten Phase der Rote-Armee-Fraktion das Bundeskriminalamt und entwickelte dort das Konzept der Rasterfahndung zur Terrorismusbekämpfung. Erstmals wurden mithilfe von damals noch neuartigen und riesigen Computern Daten von Privatpersonen gesammelt und ausgewertet, um zielgenau Mitglieder der RAF ausfindig zu machen. Herold erkannte, dass Daten über unser Alltagsverhalten, zum Beispiel, ob wir unsere Miete bar bezahlen, etwas über uns als Menschen erzählen. Und so ist denn auch Palantir ein Unternehmen, das mit Kommunikation und menschlichem Miteinander befasst ist. Damit, wie sich der Einzelne im Bezug zu anderen verhält. Der Chef von Palantir, Dr. Alex Karp, der in Frankfurt am Main in Soziologie promovierte und als Bewunderer des Philosophen Jürgen Habermas gilt, legt angeblich neuen Mitarbeitern denn auch die Lektüre eines Buchs nahe, in dem es um zwischenmenschliche Kommunikation geht. In »Improvisation und Theater« beschreibt Keith Johnstone, wie wir durch Abbrechen von Blickkontakt und Nichtkommunikation Status kommunizieren und dadurch unsere Gegenüber manipulieren können. »Meiner Ansicht nach beweist das Abbrechen des Blickkontakts Hochstatus, solange man nicht gleich darauf für den Bruchteil einer Sekunde wieder hinschaut. Wer den anderen ignoriert, hebt seinen Status, wen es dazu drängt, gleich wieder hinzusehen, der senkt ihn … Status wird nicht durch Anstarren hergestellt, sondern durch die Reaktion auf Angestarrt-Werden.« Das Ganze funktioniert natürlich nicht nur mit Blicken, sondern auch mit Textnachrichten, Sex und sonstigen Formen der zwischenmenschlichen Kommunikation. Und ist in seiner manipulativen Transaktionalität natürlich extrem deprimierend. Ich habe Dr. Karp nie kennengelernt, aber ich frage mich schon, was für Beziehungen er wohl führt. Und wie er es so mit den weißen Bademänteln hält. Das Spiel mit den Blicken und der Macht – in einer Beziehung können wir es immer und ständig spielen und uns so im Purgatorium von Kontrolle und Kontrollverlust verlieren. Was viele Menschen tun. Auch Fürsorge kann in die Kategorie Kontrolle fallen. Ich hatte einmal einen schrecklichen Streit mit einem Freund, Mario, an dem fast unsere Freundschaft zerbrochen wäre. Mario machte sich damals große Sorgen um seinen Ehemann, einen Dokumentarfilmer. Mit über 70 war er Marios Meinung nach zu alt, sich immer noch auf gefährlichen Missionen im Dschungel oder in Kriegsgebieten herumzutreiben. Nach 15 Jahren Beziehung hatte Mario plötzlich Angst um seinen Mann. Was ich nachvollziehen kann. Und doch versuchte ich, ihn daran zu erinnern, dass das Abenteuer und die Gefahr Teil von dem war, was seinen Ehemann als Menschen ausmachte. Dass die Entscheidung, mit dem Reisen in Gefahrenzonen aufzuhören, allein sein Ehemann selbst und aus eigenen Stücken treffen musste. Dass die Idee, beschützend auf ihn einwirken zu wollen, eine Form von Kontrolle war. Wenn ein Mann ständig auf mich einreden würde, ich solle doch bitteschön eine Ayurveda-Diät machen oder meditieren – alles Dinge, die sicherlich gut für mich wären –, würde ich mich doch auch bedanken und ihm zeigen, wo die Tür ist. Nur weil ich mich in einer Beziehung befinde, heißt das doch nicht, dass ich aufhöre, ein erwachsener Mensch mit Eigenverantwortung zu sein. Mario fand das gar nicht lustig. Für ihn war seine Fürsorge Ausdruck seiner Liebe. Dass ich diese Liebe als Ausdruck der Kontrolle bezeichnete, verletzte ihn. Er schrieb mir eine sehr deutliche E-Mail, in der er mir quasi die Freundschaft kündigte. Es brauchte ein halbes Jahr, bis er wieder mit mir reden wollte. Vielleicht hatte Mario ja auch recht, und ich habe das mit der Fürsorge falsch verstanden. Aber ich habe wirklich viel darüber nachgedacht. Bei aller Fürsorge, aller Liebe, aller Nähe, kann ich mir als Partnerin nicht anmaßen zu wissen, was besser für die andere Person ist als die Person selbst. Schließlich ist sie ja kein Kind, sondern erwachsen. Außerdem würde ich riskieren, genau das zu zerstören, was ich an der Person liebe. Schwierig wird die Frage, wann die Fürsorge aufhört und die Kontrolle beginnt, wenn die andere Person ein Suchtproblem hat. Wenn wir uns also in einer Situation wiederfinden, in der die andere Person sich langsam vor unseren Augen umbringt. Natürlich wollen wir helfen. Alles andere wäre grausam. Aber der anderen Person zu helfen, heißt nicht, dass man zu ihrer Krankenschwester, Aufpasserin, Dompteurin oder Betreuerin wird. Sucht in einer Beziehung oder in einer Familie ist schrecklich anstrengend und schmerzhaft. Partner*innen von Süchtigen geraten leicht in einen Abwärtsstrudel der Co-Abhängigkeit, der genauso zerstörerisch ist wie die Sucht selbst. Allein ständig eine latente Panik in sich zu tragen, dass die süchtige Person wieder irgendein Chaos angerichtet hat und man nicht weiß, was einen erwarten wird, wenn man nach Hause kommt, ist enorm anstrengend. Oft führt das dazu, dass die Partner*innen von Süchtigen immerzu auf Zehenspitzen um die süchtige Person herumschleichen, um ja keinen Ausbruch oder Rückfall auszulösen. Die Sucht der anderen Person regiert dann all unsere Gedanken und Gefühle und verschlingt all unsere Energie. Letztendlich behandeln wir so die Süchtigen nicht wie Erwachsene, sondern wie kranke Babys, die man nicht aufwecken will.

Gestern Abend ging ich mit Bob spazieren. Es war der erste laue Frühsommerabend des Jahres. In dem kleinen, verwahrlosten Park in unserem Viertel drängten sich Gruppen von Leuten, die lachend Cremant aus Plastikbechern tranken. Ich musste wieder an Hermann Broch und »Die Schlafwandler« denken. Der erste Teil dieser im wilhelminischen Zeitalter spielenden Romantrilogie dreht sich um unsere Sehnsucht nach Romantik. Es wird viel im Park gewandelt und über die Liebe geredet. Eine der zentralen Figuren ist dabei die Krinoline tragende Elisabeth. Ich trug zwar keine Krinoline, aber ein Kleid mit wilhelminischen Puffärmeln. Und wie wir da so an den Leuten vorbeiliefen, deren Sozialleben sich aufgrund der Pandemie nun hauptsächlich im Park abspielte, schien es mir wieder einmal, als würde mich die Fiktion einholen. Nur dass Bob und ich nicht über Romantik sprachen, also über die Flucht in das Land der Sehnsucht, sondern darüber, wie Liebe im Hier und Jetzt funktionieren kann. Und zwar auch dann, wenn eine der Personen ein Problem mit eben diesem Hier und Jetzt hat – und dieses Problem mit Alkohol oder Drogen betäubt. Bob ist mittlerweile seit 10 Jahren trocken. Da sein Freund Uwe und er nun seit 20 Jahren zusammen sind, bedeutet das, dass Uwe in den ersten 10 Jahren erlebte, wie Bobs Alkoholsucht langsam eskalierte. »Viel von dem Chaos, das ich angerichtet habe, hat Uwe nicht mitbekommen, weil einer von uns immer auf Reisen war. Und auch, weil ich nicht aggressiv werde, wenn ich betrunken bin. Aber natürlich fiel ihm auf, wie wichtig mir Alkohol war. Dass ich wegen meines Trinkens Jobs verlor, ließ sich immer ausgleichen. Aber irgendwann ließ sich nicht mehr ignorieren, dass ich ein massives Problem hatte. Dann kam der Morgen, an dem ich völlig blutverschmiert mit gebrochener Nase und Filmriss in Istanbul aufwachte. Uwe und ich waren eigentlich verabredet gewesen, aber ich hatte meinen Heimflug verpasst. Als ich ihn anrief und erzählte, was los war, hörte ich da plötzlich eine Distanz in seiner Stimme. Er war dabei, sich innerlich von mir zu verabschieden. Das war mir plötzlich klar. Und ich wusste, wenn ich jetzt nicht aufhöre, werde ich ihn verlieren. Da habe ich mich entschlossen, nicht mehr zu trinken. Wir haben dann sehr viel darüber geredet. Natürlich fand er meinen Entschluss gut. Ab und zu, wenn ich sehr gestresst bin, sagt er mir, dass es vielleicht gut für mich wäre, zu einem AA-Meeting (Anonyme Alkoholiker) zu gehen. Aber ansonsten ist meine Sucht meine Verantwortung. Er behandelt mich wie einen Erwachsenen. Außerdem habe ich das Gefühl, er passt auf sich selbst auf. Das fühlt sich gesund an. Sicherlich wäre es alles sehr viel anstrengender und komplizierter gewesen, wenn wir Kinder hätten. Oder wenn durch mein Verhalten unsere gemeinsame finanzielle Existenz bedroht gewesen wäre. Aber so war mein Chaos nie sein Chaos. Hätte ich ihn in mein Chaos hineingezogen, hätte er mich verlassen.«

Eine Beziehung, das ist der Widerspruch, dass Intimität immer auch einer Distanz bedarf. Ähnlich wie in der von Jessica Benjamin beschriebenen Mutter-Kind-Beziehung bedeutet es auch in einer erotischen Liebesbeziehung unter Erwachsenen, dass wir uns gegenseitig nicht wahrnehmen können, wenn wir völlig ineinander kollabieren. Datenschutz ist auch im Beziehungsleben wichtig. Die Herausforderung besteht darin, die Grenzen des anderen zu respektieren, ohne sich dabei zu entfremden. Sich immer wieder zu vergegenwärtigen, dass, egal wie nah man sich steht, wie groß auch das Kapital gemeinsam erlebter Erinnerungen und wie intensiv auch die Liebe, die andere Person nicht unser Eigentum ist. Geheimnisse können unendlich einsam machen, können uns in den Sümpfen der Traurigkeit wie auch der Scham ertrinken lassen. Gleichzeitig sind unsere privaten Phantasien und Tagträume ein zentraler Teil der Lust, die das Leben für uns bereithält, und damit eben auch der Erfahrung des Lebens selbst. Adam Phillips drückt das so aus: »Die Leben, die wir uns wünschen, sind oft so viel wichtiger als die Leben, die wir leben. Unsere Phantasien sind keine Fluchtwege oder Alternativen zu unseren gelebten Leben, sondern ein Teil dieser Leben.«

Und so gilt es denn auch in Beziehungen, den Unterschied zwischen Heimlichkeit und dem Geheimen zu erkunden. Uns trotz aller Intimität gegenseitig Raum für ungelebtes Leben zu lassen. In einem Haus, in dem permanent alle Lichter angeschaltet sind und in dem es nie auch einmal dunkel sein kann, kann man nicht leben. Das gilt auch für Beziehungen. Wer ständig in Panik lebt, dass sich im Dunkeln Monster verstecken und immer und überall alles ausleuchten muss, befindet sich möglicherweise in der falschen Beziehung. Oder braucht vielleicht eine Beziehungspause, bis man sich selbst wieder soweit stabilisiert hat, dass man sich sicher sein kann, dass man mit den meisten Monstern schon irgendwie klarkommt.

Das Christentum geht mit den Monstern so um, dass es Phantasien des Begehrens und der Lust kategorisch verbietet. Im Matthäus-Evangelium besteht Jesus darauf, dass allein schon eine andere Frau zu begehren eine Form von Ehebruch im Herzen darstellt. Man solle sich des Ursprungs dieses Begehrens radikal entledigen. Wenn einem die rechte Hand Ärger bereite, so Jesus, sei es besser, sich die abzuhacken, als dass sie den ganzen Körper vergifte. Heftige Worte. Die nach mehr als 2000 Jahren Christentum möglicherweise erklären, warum heterosexuelle Männer oft dazu tendieren, Frauen zu entwerten, die sie außerhalb der Ehe begehren. Die letzten 2000 Jahre haben auch gezeigt, dass die christliche Gedankenpolizei nicht funktioniert. Vielmehr führt sie zu Scham, Heuchelei und Angst. Gleichzeitig kann man argumentieren, dass das Begehrensverbot zu Sublimierungen in den unterschiedlichsten Ausdrucksformen geführt hat – wo wären die Musik, Poesie oder die bildenden Künste, wenn sie nicht über Jahrtausende die Aufgabe gehabt hätten, verbotene Gefühle in gesellschaftlich akzeptable Formen zu bringen? Schließlich sind Verbote in allererster Linie dazu da, gebrochen zu werden. Die Künste sind immer noch der schönste Weg, Schranken in den Köpfen zu überwinden. Und in gewisser Weise brauchen sie die Schranken – die Transzendenz bedarf ja irgendwas zum Transzendieren. Aber ganz abgesehen davon erinnert uns die Vehemenz des christlichen Verbots an die explosive Kraft, die unseren Tagträumen innewohnt – all die Versionen unseres Lebens, die nur in unseren Köpfen existieren, können extrem bereichern, aber auch zerstören. Denn sie können genau die Person verwunden, die uns am nächsten steht. Da wir unsere Tagträume zunehmend in die virtuelle Welt der sozialen Medien auslagern und die Phantasien dadurch ein Stück realer werden, kann es schnell passieren, dass die eine Person plötzlich zum Täter und die andere zum Opfer wird. Ein paar Klicks und vielleicht ein kindisches Emoji, und plötzlich liegen da Sägespäne vor dem Haus und der Partner oder Partnerin steht weinend unterm Apfelbaum. Ob es nun daran liegt, dass wir Angst vor dem Risiko haben, unsere gesamte Gefühlswelt in die Hände einer einzigen Person zu legen. Sei es, dass wir uns sexuell nicht wahrgenommen oder wir uns in unserer Beziehung alleingelassen und einsam fühlen. Sei es, weil wir unsere narzisstische Verwundung nur mit der ganz speziellen Medizin verarzten können, die uns verabreicht wird, wenn wir uns in den bewundernden Augen von Fremden spiegeln. Sei es, dass uns all diese Zweisamkeit unheimlich ist oder wir uns ihrer unwürdig erachten – es gibt so unendlich viele Gründe, warum wir uns jenseits der ausgesprochenen oder unausgesprochenen Regeln einer Beziehung bewegen. Warum wir verbotene Früchte essen und damit riskieren, aus dem Beziehungsparadies verstoßen zu werden. Das sich selbst und andere Enttäuschen, Frustrieren und Enervieren ist zutiefst menschlich und wird sich im Laufe einer langen Beziehung nicht vermeiden lassen. Das menschliche Miteinander ist ein endloses Minenfeld. Da hilft es auch nicht, wenn wir Komplexifizierer wie Sex oder Kinder vermeiden. Was schon hilft, ist, sich an den Satz von *The Dude* zu erinnern: *We are human. Humans fuck up.*

Wie schaffen wir es, trotz all dieser Hindernisse eine langfristig glückliche Beziehung zu führen? Wie geht das, dass eine Beziehung sich nicht wie Knast anfühlt? Zu diesem Thema gibt es natürlich unendlich viele Theorien, Studien, Selbsthilfebücher und ein großes Therapieangebot. Bisher hat noch niemand den heiligen Beziehungsgral gefunden. Ich entschloss mich, meine Freundin Karin zu fragen, die nun schon 20 Jahre lang mit ihrer Frau Lana zusammen ist. Lana ist trans und lebt seit zehn Jahren auch öffentlich als Frau. Damals, vor zehn Jahren, saß ich bei einer Hochzeitsfeier in Clärchens Ballhaus in Berlin neben den beiden. Es war kurz vor dem Tod meines Mannes und ein sehr glücklicher Abend. Die Gegenwart der beiden war ein wichtiger Teil des Glücks, das ich in dem Moment fühlte, denn ich fühlte mich wohl mit ihnen. In meiner Londoner Welt waren einige Leute trans, aber erst in Gegenwart von Lana ging mir plötzlich ein Licht auf. Ich war ganz geblendet von ihr, weil sie so feminin war, ohne dabei den ganzen Quatsch mit sich herumzuschleppen, der Mädchen in der Kindheit als Ballast mit auf den Weg gegeben wird. Ballast, der einzig und allein dazu da ist, uns auszubremsen: Leise und artig zu sein, nicht zu stören, nicht zu fordern, sich einzuordnen ins System. Lana war auch keine *Femme fatale*, die hinterrücks über Verführung und Manipulation zu kontrollieren suchte. Karin schien mir auch nicht die Frau, die so ein verzwirbeltes Verhalten akzeptieren würde. Nein, von Lana ging eine Durchsetzungskraft und visionäre Gradlinigkeit aus, die sie weder entschuldigte, noch mit Sachlichkeit maskierte. Und ich dachte: Ja genau, das ist der Weg nach vorne für uns Frauen. Dann wurde »Temple of Love« von den *Sisters of Mercy* gespielt, und ich bin allein auf die Tanzfläche gegangen. Früher, als Goth im Slimelight Club im Londoner Stadtteil Angel, hatte ich oft dazu getanzt. Ich schaute von der Tanzfläche aus zu, wie Bernd mit Lana und Karin redete. Lana war Regisseurin und Bernd ein riesiger Fan. Er war so begeistert, Lana kennenzulernen, und ich freute mich, wie er seine Schüchternheit überwand und eine intensive Unterhaltung mit den beiden führte. Meine Vergangenheit und die Gegenwart vermischten sich gerade auf wundersame Weise. Das war einer dieser seltenen Augenblicke, wenn alles im Leben Sinn ergibt.

> *In the temple of love*
> *Shine like thunder*
> *In the temple of love*
> *Cry like rain*
>
> *In the temple of love*
> *Hear my calling*
>
> *And the temple of love*
> *Is falling down*

Damals wusste ich nicht, dass in diesem Moment auch meine Zukunft verborgen war. Denn wenige Wochen später war Bernd tot, und unser Zusammensein beendet. Mein *Temple of Love* war eingestürzt. Deswegen kann ich jetzt auch keine Expertenratschläge in Sachen langfristige Beziehungen geben.

Die Beziehung mit einem Toten ist ein bisschen so wie Tom Hanks' Beziehung zu seinem Basketball »Wilson« in dem Film »Cast Away« über einen Schiffbrüchigen auf einer einsamen Insel. Die Unterhaltung ist ultimativ einseitig, und doch ist das Leben ohne den Basketball schier unerträglich. Die Szene, als Tom Hanks Wilson voller Wut ins Meer wirft, nur um ihn dann kurz darauf tränenreich und voller Reue wieder an Land zu holen – ich weiß, wovon da die Rede ist. Aber von solchen Ersatzbeziehungen ist hier ja jetzt nicht die Rede, sondern vom ganz realen, schmutzigen Beziehungsalltag, mit all seinen Klippen und Hürden. Ich hatte mich mit Karin verabredet, um sie dazu zu befragen. Wir wollten uns in ihrem und Lanas Berliner Zuhause treffen. Auf dem Weg dorthin unterhielt ich mich mit dem libanesisch-palästinensischen Taxifahrer. Er war ein streng gläubiger Muslim und nun schon seit 23 Jahren verheiratet – »glücklich«, versicherte er mir. Als ich ihn nach dem Geheimnis seiner Ehe fragte, war die Antwort witzigerweise nicht weit von dem entfernt, was mir kurz darauf Karin erzählen sollte. Und das, obwohl ihre Welten wirklich nicht weiter voneinander entfernt sein könnten. Vor allem sei es wichtig, »locker« zu bleiben, so der Taxifahrer. Probleme würden doch nur dann auftauchen, wenn eine Person stur bliebe und der anderen ihren Willen aufzwingen will. Den Fehler hätte sein Bruder gemacht. Der sei ein Sturkopf, und jetzt sei er geschieden. Ich bedankte mich für den Rat, bezahlte und stieg aus. Karin und Lana warteten schon auf mich. Es war ein ungewohnt warmer Tag, und wir saßen draußen im Hinterhof, weit weg vom Berliner Straßenlärm. Überhaupt, Berlin und Deutschland schienen gerade wie ein anderer Planet. Lana arbeitete im Keller des Hauses an ihrem neuen Film, und überall winkten mir Menschen zu und lächelten mich an. Teutonische Grimmigkeit existierte hier nicht. Die zwei Zentner Gemütsschwere, die ich nun schon ein Jahr mit mir herumschleppte, ließ ich fallen wie einen Sack Kartoffeln. Lana fand, dass es der perfekte Zeitpunkt sei, um ein Buch über Liebe zu schreiben. Schließlich würden wir ja gerade in einer Zeit leben, in der sich die Stärkeren und Gesünderen in der Gesellschaft sehr radikal einschränken würden, um die Schwächeren und Älteren zu schützen. Das sei doch ein globaler Akt der Liebe. Das war so eine radikal positive Sicht auf die Dinge, wieder drehten sich bei mir im Kopf die Rädchen. Sie hatte recht. Liebe kann gelegentlich sehr grimmige Züge tragen und ist trotzdem noch gegenwärtig. Nachdem sie mal so kurz nebenbei meinen Blick auf die Welt verändert hatte, verschwand Lana wieder in ihrem Schnittbunker und ließ Karin und mich allein. Ein Grund, warum ich unbedingt mit Karin reden wollte, war der, dass sie sich wirklich auskennt im Zwischenmenschlichen. Als Universitätsdozentin lehrte sie über die Kultur der Sexualität und war außerdem in der BDSM-Szene aktiv. Menschliches Begehren und Intimität sind ihr Spezialgebiet. Für Karin ist Liebe »eine Kunst. Eine Ausdrucksform ähnlich wie Musik, bildende Malerei oder Tanz. Eine lange Beziehung ist ein Kunstwerk, das wir gemeinsam mit der anderen Person schaffen und in dem wir uns selbst manifestieren.« Während ich mir Notizen machte, kam von hinten der riesige Hund der beiden angetrottet, um sich von mir streicheln zu lassen. Ich war ganz beseelt von all der Zuneigung, die mir da geschenkt wurde. Karin holte uns frisches Wasser und erklärte weiter: »Wie in jedem kreativen Prozess willst du auch in einer Beziehung in den Zustand des *flows* geraten. *Flow*, das ist, wenn alles wie von selbst fließt und jeder Zufall Sinn ergibt, jeder Stein auf dem Weg sich perfekt ins Puzzle einfügt. Beim *flow* hast du keine Selbstzweifel, keine Zukunftssorgen oder ein schlechtes Gewissen. Du vergisst das Gestern und das Morgen und bist einfach nur im Moment.« Wie Schlafwandler, die trittsicher auf einem schmalen Grat über ein Dach balancieren, dachte ich. Oder eben wie der Taxifahrer, der so bedacht darauf war, »locker« zu bleiben. »Probleme gibt es dann, wenn du Erwartungen hast. Erwartungen sind das Gegenteil von *flow*«, sagte Karin und trank einen Schluck Wasser. »Denn einerseits limitierst du mit deinen Erwartungen die Möglichkeiten einer Beziehung. Andererseits führen Erwartungen dazu, dass du Kontrolle ausüben willst. Und Kontrolle beendet jeden *flow*. Wenn du an irgendetwas festhältst, kannst du dich nicht fallen lassen. Manchmal ist einem das natürlich nicht bewusst. Aber genau wie ein Künstler musst du manchmal einen Schritt zurücktreten und dir selbst und deinem Ego aus dem Weg gehen, damit du das große Ganze siehst.« Ich versuchte, das alles einzuordnen. Wie das mit meinen eigenen wie auch Bobs und Uwes Erfahrungen und den Geschichten meiner anderen Freunde zusammenpasste. Dieses immer wieder genau in sich Hineinhören, sich immer wieder zu fragen, wie eine Frustration einzuordnen ist und ob hier möglicherweise eine unverhandelbare Grenze überschritten wird, die innere Stimme kennen- und interpretieren zu lernen – und trotzdem den *flow* nicht zu verlieren. Ja, das war in der Tat eine Kunst, ein ewiger Tanz mit vielen Pfeilern im Saal. »Eine Beziehung ist eine riesige Herausforderung«, stimmte Karin mir zu. »Und dabei ist Dankbarkeit meiner Ansicht nach sehr wichtig. Dass man das alles überhaupt erleben und fühlen darf. Dass es da eine Person gibt, die sich genauso intensiv mit mir auseinandersetzt wie ich mich mit ihr. Dankbarkeit gibt dir den Zugang zum *flow*. Und ja … Dankbarkeit ist nun mal auch das Gegenteil von Erwartungen.« Karin erzählt mir, dass Lana und sie sich zu Anfang ihrer Beziehung geschworen haben: Alles zu hoffen und nichts voneinander zu erwarten. Auch Sex könne in diesem *flow*-Zustand eine Rolle spielen, denn Sex per se ist eine von diesen Zwischenwelten, in denen du den Moment sehr intensiv wahrnimmst und dabei das Gestern und Heute vergisst. Sex, das ist für Karin eine Art Kapelle. »Das ist mentaler Raum, wo du dich ultimativ sicher fühlst. Wo du nur im Jetzt bist und alles vergisst – auch wenn du dich vielleicht gerade über die andere Person geärgert hast. Lass es einfach gehen. Vergiss den ganzen Alltag, das Gestern und das Morgen und geh zusammen mit der anderen Person in diesen Raum. Weil der wichtiger ist als irgendein Streit, Ärger oder Meinungsverschiedenheit, die dir gerade durch den Kopf gehen.« Wenn also Sex in einer Beziehung nicht ausgeklammert wird, wie zum Beispiel bei Bob und Uwe, die Beziehung nicht nur über den Kopf und das Herz funktionieren soll, müsse man diesem Raum einen Platz im Leben geben. Sich Zeit nehmen – egal, wie voll der Kalender ist. Denn es ist in diesem Raum, wo sich unsere Tagträume, Begehren und ungelebten Leben verbinden können.

In the temple of love
You hide together

Da war er wieder, der Song. Während Karin redete, klang er mir in den Ohren. Die Unterhaltung mit Karin machte Lust auf Beziehungen, auf das Sich-Verbinden und intensive Einlassen auf eine andere Person. Auch wenn Frustrationen unvermeidbar sind. Ich dachte an Albert Camus' Nacherzählung vom Mythos des Sisyphos. In dieser Erzählung sagt Camus, dass es genau diese Frustrationen sind, die die Schönheit des Lebens und damit eben auch der Liebe ausmachen. Sisyphos ist in der griechischen Mythologie der listige König von Korinth, dem es mehrmals gelingt, den Tod zu überlisten, und deswegen von den Göttern dazu verurteilt wird, einen schweren Felsblock unablässig einen Berg hinaufzuwälzen, nur, um am Ende ansehen zu müssen, dass der Fels wieder hinunterrollt. Dann fängt seine Arbeit wieder von vorne an. Für die Götter gab es keine grausamere Strafe als unnütze und aussichtslose Arbeit. Doch für Camus ist Sisyphos ein absurder Held. Denn Sisyphos ist sich seiner sich immer wiederholenden Frustrationen absolut bewusst. Es ist diese Klarsicht, der laut Camus der Schlüssel nicht nur zu seinem Heldentum, sondern eben auch zu seinem Lebensglück innewohnt. Denn darin, dass Sisyphos erkennt, wie absurd das alles ist und anstatt Ziele und Erwartungen zu erfüllen, sich einfach in die Absurdität fallen lässt, findet er Glück. »Glück und Absurdität sind Kinder ein und derselben Erde«, so Camus. Dadurch, dass Sisyphos die Absurdität seiner Existenz akzeptiert, befreit er sich von den Göttern – in unserem Falle den Göttern der Selbstoptimierung und des Urteils der anderen. »Darin besteht die verborgene Freude des Sisyphos. Sein Schicksal gehört ihm. Sein Fels ist seine Sache«, erklärt Camus und endet mit: »Wir müssen uns Sisyphos als einen glücklichen Menschen vorstellen.« Auf Beziehungen übertragen bedeutet das, nicht zu erwarten, dass eine Beziehung der persönlichen Selbstverwirklichung, Karriere oder Außenwirkung dienlich sein muss. Dass die Beziehung kein Ziel erfüllen, dass da nichts geleistet werden muss. Vielleicht hilft es, sich in Situationen extremen Beziehungsfrusts daran zu erinnern – wenn die andere Person zum Beispiel wieder einmal das Müllraustragen oder Sex verweigert, den Kindern spätabends eine Überdosis Zucker gegeben, wieder einen Job verloren oder Sägemehl verschüttet hat –, dass die Rettung von der Sinnlosigkeit des Lebens und der grundsätzlichen Absurdität unserer Existenz auf diesem Planeten, dass eben diese Rettung genau in dem liegt, was uns so frustriert: im anderen bzw. in der anderen Person. Wie bei Sisyphos liegt unsere Freiheit und damit auch unser Glück in der Erkenntnis des Eingeschränktseins. In der Tatsache, dass wir allein nicht überleben können. In »Warten auf Godot« sagt Wladimir einmal: »Warum sind wir hier, das ist die Frage? Wir sind gesegnet, dass wir zufällig die Antwort kennen. Ja, in dieser immensen Verwirrung ist nur eines klar. Wir warten darauf, dass Godot kommt ... Wir sind keine Heiligen, aber wir haben unseren Termin eingehalten.« Dass eben der Sinn und die Schönheit einer Beziehung darin liegt, eine Beziehung zu führen. Und zwar mit all den Frustrationen, die dazugehören.

Vor ein paar Tagen rief mich Mo an. Nach eigenen Angaben lebt er mittlerweile ein hochsolides Leben und will mit Kriminalität nichts mehr zu tun haben. Trotzdem tratscht er immer noch genauso gern wie die anderen Ex-Kriminellen, die ich interviewt habe. Ich weiß nicht, ob das daran liegt, dass Kriminelle von Berufs wegen so viel geheim halten müssen, aber Klatsch und Tratsch scheint bei ihnen und allen, die einmal kriminell waren, zum guten Ton zu gehören. So wollte Mo denn auch unbedingt wissen, was in meinem Beziehungsleben los sei. Er könne mir da auch behilflich sein und mir ein paar nette Typen vorstellen. Ich musste lachen, denn mir fiel die Zeile aus »Temple of Love« ein: *With a gun for a lover and a shot for the pain.* Als Beziehungsmodell hat der Song schon gewisse Defizite. Vielleicht sollte ich einfach mal die Platte wechseln.

WO DIE WILDEN TIERE LEBEN – FAMILIE

You can check-out any time you like,
But you can never leave.
THE EAGLES, HOTEL CALIFORNIA

Meine pommersche Großmutter hatte eine Cousine namens Johanna. Während des Zweiten Weltkriegs verliebte sie sich in einen polnischen Kriegsgefangenen und wurde schwanger von ihm. Der polnische Kriegsgefangene wurde sofort hingerichtet. Johanna wurde der Rassenschande angeklagt. Vor dem Prozess ging ihr Vater, also der Onkel meiner Großmutter, mit Johanna auf den Friedhof zum Grab der Mutter. Dort am Grabstein legte er Johanna eine Pistole in die Hand. Sie solle sich bitte umbringen. Um die Ehre der Familie zu retten. Johanna ist dem Druck ihres Vaters nicht gewichen. Sie hat sich nicht umgebracht. Sie stellte sich dem Richter, wurde der Rassenschande schuldig gesprochen und ins KZ geschickt. Im KZ brachte sie ihr Kind zur Welt. Nach der Befreiung studierte sie und wurde Professorin für Leninismus und Marxismus. Meine Tante Trudi schickte meiner Großmutter einen Artikel, den sie aus dem Partei-Zentralorgan »Neues Deutschland« ausgeschnitten hatte. Darin war ein Foto von Johanna und ein Zitat, das aus einem mehrere Zeilen langen, mir nicht ganz verständlichen Satz zur Agrarpolitik bestand. Mit ihrer Familie wollte Johanna verständlicherweise nie wieder etwas zu tun haben. Aber meine Großmutter hat oft von Johanna geredet. Johanna war die Heldin in einer der vielen Gruselgeschichten, die sich in meiner Familie erzählt wurden. Dazu hatte die Geschichte noch ein glückliches Ende und bildete damit die große Ausnahme.

Letztes Jahr bei einem Besuch bei meinen Eltern übergab mir meine Mutter eine rosa Pappkiste, die mit kleinen Herzchen, Feen und einer rosa Tüllschleife verziert war. Die Art von gegenderter Kiste, in denen artige Mädchen ihre Barbiepuppen und Plastikpferde aufbewahren sollen. Der Inhalt hätte nicht unpassender sein können. Es handelte sich nämlich um die Kiste meiner Großmutter – wahrscheinlich hatte sie die Kiste als Sonderangebot im »Konsum« gekauft, wie sie jede Art von Supermarkt bezeichnete –, in der sich alte Fotoalben, Dokumente, Geburtsurkunden, Verträge, Kontoauszüge, Briefe und Postkarten aus der Zeit befanden, als sie noch auf dem Hof in Niederaula gewohnt hatte. Manche der Verträge waren mehr als 300 Jahre alt und befassten sich mit Erbschaftsachen oder Fischerei- und Schnapsbrennereirechten. Es lagen darin auch viele Fotos von Menschen im Sonntagskleid, in Militäruniform oder zu Pferde, die anscheinend irgendwelche weitläufigen Verwandten darstellen. Nach jedem Besuch beim Fotografen wurden Porträts als Grußkarten an die gesamte Verwandtschaft verschickt. Wie ein frühes Instagram. Die Fotos waren ein soziales Medium, um das Geflecht der weit verzweigten Großfamilie aufrechtzuerhalten. Soweit alles nicht weiter tragisch und nur ein weiterer Beweis dafür, dass meine Familie sich nie wirklich über die hessischen Grenzen hinausbewegt hat. Nein, die zentrale Horrorgeschichte, die sich in dieser rosa Kiste verbirgt, begann erst mit dem Zweiten Weltkrieg – auch wenn sie ihren Ursprung wohl im säbelrasselnden Nationalismus hatte, der zum Ersten Weltkrieg führte.

Sie handelt von meinem Großvater Philipp und seinem Vater Jakob, ja, eben diesem schlimmen Jakob. Es ist die traurige Geschichte von einem Vater, der seinen Sohn seiner dummen Eitelkeit opfert und das dann Familienehre nennt. Die Sache war nämlich die, dass mein Großvater vom Kriegsdienst im Zweiten Weltkrieg befreit worden war. Für meine 22-jährige Großmutter, die schon einen kleinen Sohn hatte und mit meiner Mutter schwanger war, eine erlösende Nachricht. Als schon Mitte 30-jähriger Landwirt sollte sich mein Großvater um die Versorgung der Bevölkerung kümmern. Jakob, der im Ersten Weltkrieg als Kutscher gedient und dabei nie einen einzigen Schuss abgefeuert hatte, war empört. Ohne sich mit seinem Sohn abzusprechen oder ihn von seinem Plan zu unterrichten, ging er zur Wehrmachtsbehörde und bestand darauf, dass sein Sohn in den Krieg ziehen könne. Er, Jakob, werde sich solange um den Hof kümmern. Zwar war Jakob schon über 60 und dazu klein und schmächtig, aber das war ihm egal. Sein Sohn sei kein Drückeberger! Oder anders gesagt: Einen Drückeberger wollte er nicht zum Sohn haben. Und so wurde mein Großvater Soldat. Ein Jäger ohne Rang. Zu Fuß, mit Gewehr. Kanonenfutter. Im Mai 1943 wurde meine Mutter geboren. Meine Großmutter schickte ihm noch ein Foto von seiner Tochter in einem Kinderwagen. Am 23. September 1943 fiel mein Großvater im Golf von Salerno in Italien bei einem Angriff der amerikanischen Streitkräfte. Er hat meine Mutter nie kennengelernt. Meine Großmutter wurde von seinem Tod in einem Brief seines Oberleutnants informiert, in dem auch steht, dass mein Großvater angeschossen worden sei. Seine Kompanie musste sich zurückziehen und ließ ihn liegen. Er konnte nicht beerdigt werden. Der Brief des Oberleutnants war vom Postboten überbracht worden. Der Bote kam einmal die Woche. Meine Großmutter erzählte mir, sie habe dann immer am Küchenfenster gestanden und die lange Hauptstraße hinuntergeblickt. Ihr Hof lag am Ende dieser Straße, und sie konnte immer sehen, zu welchem Haus der Bote ging. Gebetet habe sie, dass er nicht zu ihr auf den Hof kommen würde. Denn die Briefe enthielten fast immer Todesbotschaften von gefallenen Soldaten. Wo der Bote Halt machte, brachte er Unglück. Eines Tages sei der Bote weder nach links noch nach rechts abgebogen. Immer weiter geradeaus sei er gegangen. Direkt auf sie zu. Da wusste sie, dass mein Großvater tot war. Sie habe am ganzen Körper gezittert. Dann habe sie den Brief geöffnet und nur noch geweint. Jakob wollte nicht glauben, dass Philipp wirklich tot war. Er begann, an die Behörden zu schreiben. In der rosa Kiste befinden sich Antworten auf seine Briefe, in denen die Knochen aufgelistet sind, die meinem Großvater zugeordnet und dann später auf dem Soldatenfriedhof in Monte Cassino begraben wurden. So sehr sich Jakob auch gegen den Gedanken sträubte, er hatte seinen eigenen Sohn in den Tod geschickt. Meine Großmutter rächte sich durch Missachtung und Erniedrigung. Da Jakob sowieso auf dem Altenteil in einem separaten Gebäude

auf dem Hof lebte, war es nicht weiter schwer, ihn vom Hofleben auszuschließen. Die beiden begannen über Anwälte und das Gericht zu kommunizieren. Immer wieder beschwert sich Jakob bei Gericht, meine Großmutter hätte ihm seine Hühner weggenommen, hätte ihm nicht die neuen Kleider gekauft, die ihm zustünden, hätte ihm minderwertiges Korn gegeben. Auch diese Briefe befinden sich in der rosa Kiste. Meine Mutter schüttelte den Kopf und lachte, als sie sie wieder las. Sie ist heute noch wütend auf ihren Großvater, den sie am Ende seines Lebens pflegen musste. Ohne Zweifel ist er der Mensch in ihrem Leben, den sie am meisten hasst. Als ich klein war, sind wir zum Soldatenfriedhof nach Monte Cassino gefahren und haben das Grab meines Großvaters besucht. In Monte Cassino hatte eine der blutigsten Schlachten des Zweiten Weltkriegs stattgefunden. Das ganze Tal ist mit Soldatengräbern überzogen. In der Mitte des Orts stand ein großer Panzer. Wir waren die einzigen Besucher auf dem Friedhof. Die Sonne brannte auf uns herab, und in den Pinienbäumen schnarrten die Zikaden. Es war das erste Mal, dass ich meine Mutter weinen gesehen habe.

Das Kind als narzisstisches Projekt, sowohl Johannas Vater als auch Jakob sind diesem Prinzip gefolgt. Das Kind soll das Ideal-Ich der Eltern spiegeln, egal, wie absurd und realitätsfern dieses Ideal auch sein mag. Das Kind wird zur Projektionsfläche aller Aspirationen, Wünsche und Ängste, die die Eltern oft schon seit ihrer Kindheit mit sich herumtragen. Das fängt meistens mit dem Namen an. Der Name soll dem Lebensstil und den Zielen der Eltern gerecht werden. Will man mit dem

Kindernamen dazugehören oder vielleicht doch lieber etwas ganz Besonderes sein und vor seinen Freunden als extravagant glänzen? Ganz abhängig davon, was die Eltern als Lebensglück definieren, wird der Kindername von Fußballern, Hollywoodstars oder Personen aus der Literatur, Musik, dem Arthouse-Kino oder der sozialistischen Arbeiterbewegung gewählt. Namen spiegeln Bildungsstufe und sozio-ökonomische Klasse wieder, nicht nur die real existenten, sondern vor allem auch die angestrebten. Und dann gibt es natürlich noch die Eltern, die ihren Kindern einen Namen geben, der gut als DJ-Künstlername auf einem Plakat aussehen würde. Möglicherweise steckt dahinter die Angst, als Kleinfamilie in die Sümpfe der Durchschnittsspießigkeit und des Früh-ins-Bett-Gehens abzurutschen. Oder die Angst vor – und das wäre nun wirklich schlimm – einem uncoolen Kind. Dann gibt es natürlich noch Namenskeulen wie der tote Übervater oder der beste Freund, der sich umgebracht hat. Solche Namen werfen lange Schatten. Dem Kind wird von Anfang an die Bürde einer Erwartung mit ins Bettchen gelegt. Beziehungsweise die Bürde der impliziten Negativerwartung, dass das Kind höchst wahrscheinlich nie so außerordentlich, begabt oder liebenswert sein wird wie die Person, von der ihr Name stammt. Mit der Erfüllung dieser Negativerwartung können sie dann den Eltern bestätigen, wie außergewöhnlich die verstorbene Person doch war. Auch berühmte Nachnamen werfen Schatten. Wenn der eigene Nachname wie ein Schloss klingt, weil man aus einer berühmten Adelsfamilie stammt, kann man sich nie sicher sein: Bin ich hier jetzt eingeladen, weil ich so interessant bin oder weil mein Name gut auf der Gästeliste aussieht? Adel, das ist oft eine verkorkste Kombination aus Anspruchsdenken und angeknacktem Selbstwertgefühl, das mit Dünkel überspielt werden soll. Ich habe nie wirklich verstanden, warum die Abstammung aus einem limitierten Genpool einen irgendwie interessanter machen soll. Nicht, dass ich per se etwas gegen Adelige hätte. Einer meiner besten und ältesten Freunde ist ein russischer Fürst. Seine Familie wird mehrmals in Tolstois »Krieg und Frieden« erwähnt. Sein Leben ist chaotisch und abenteuerlich, und er ist ständig pleite. Ich weiß nicht, ob ihm irgendwann sein Vater – ein britischer Spion – gesagt hat, dass er etwas im Namen der Familienehre zu tun oder zu lassen habe. Falls ja, dann hat mein Freund es ignoriert. Wenn überhaupt, befreit ihn sein Name davon, irgendetwas im Leben erreichen zu müssen. Als ich ihn kennenlernte, hatte er gerade die Kostüme für eine Thrash-Metal-Band namens GWAR gebastelt, und sein Leben ist eine Serie von solchen Unternehmungen. Er ist einer der unterhaltsamsten Menschen, die ich kenne, und dass er ein Fürst ist, bringt uns regelmäßig zum Lachen. Es ist einer dieser absurden Zufälle, die uns bei unserer Geburt widerfahren und dann ein Leben lang versuchen, sich Zugang zu unserem Bewusstsein zu verschaffen. Solche Zufälle wollen immer wieder beeinflussen, welche Bedeutung wir uns selbst und anderen geben.

Woher mein eigener Name stammte, fand ich eines Tages heraus, als ich im Kuhstall-Wohnzimmer meines Onkels saß. Es war das Wohnzimmer, das man im Gegensatz zum Rest des Hauses in Kuhstall-Klamotten, also in Arbeitskleidung, betreten durfte. Dort war es immer warm, in der Ecke stand ein Fernseher und das Sofa, auf dem mein Onkel Mittagsschlaf hielt. Hier roch es immer leicht nach Jauche und süßem Pfeifentabak. Eines Tages saß ich dort auf der Eckbank und sah auf dem Tisch ein Namensbuch liegen. Mein Onkel hatte viele Kühe, die alle einen Namen trugen. Immer wenn ein Kälbchen geboren wurde, wurde aus diesem Buch ein Name ausgesucht. Ich blätterte durch das Buch mit den langen alphabetischen Listen. Da bemerkte ich am Seitenrand die Handschrift meiner Mutter. Sie hatte vier Namen aufgeschrieben. Darunter auch Katja. Mein Name stammt aus einem Namensbuch für Kühe. Da kann man doch eigentlich nur Bundespräsidentin werden.

Die Namensgebung findet in Zeiten des Konjunktivs statt, wenn das Kind noch nicht oder gerade erst geboren ist. Wenn die Angst vor all dem, was im Leben dieses neuen Menschen schiefgehen kann und welche Rolle man selbst in diesem potenziellen Desaster spielen wird, mit optimistischen Szenarien ausgeglichen werden muss. In diesem Sinne sind all die Projektionen, die während der Namensgebung stattfinden, notwendige Beruhigungsmaßnamen für die Eltern. Eine Freundin mit Zwillingen erzählte mir, dass von dem Moment an, als sie erfuhr, dass sie schwanger war, ihr klar war, dass sie keine Kontrolle mehr über ihr Leben hatte. Wir versuchen, die Schwangerschaft mit verschiedensten Tests und Screenings abzusichern und uns auf den immer noch sehr großen Risikomoment der Geburt vorzubereiten. Aber letztendlich heißt Kinderkriegen, das Volumen des Wahnsinns, der da heißt: Leben, ordentlich hochzudrehen. Den großen Irrtum, dass man sein Leben kontrollieren könne, hinter sich zu lassen und sich auf lebenslangen Yoga-Unterricht fürs Herz einzustellen: Man

weiß, es tut einem gut, aber im Moment fühlt es sich anstrengend an und es tut weh – wobei der Schmerz meistens ein guter Schmerz ist. Die Namensgebung ist ein Versuch, ein Minimum an Kontrolle in diesem heraufziehenden Wahnsinn auszuüben. Dem Kind ein klein wenig Lebensglück mit auf den Weg zu geben. Was eben nicht immer gelingt. Oder wie Oscar Wilde es ausdrückte: »How can there be romance in a name like John?«.

Die Spiegelung der Eltern im Kind und der Versuch, all ihre sozio-politischen und kulturellen Ideale durch das Kind zu manifestieren, nimmt in der Namensgebung aber erst ihren Anfang. Was dann oft folgt, ist ein umfassendes Selbstdarstellungsprogramm der Eltern durch das Kind. Meistens lässt das nach, wenn das Kind seinen eigenen Willen entwickelt und widersprechen lernt. Aber solange sich das Kind der Spiegelung der Eltern nicht widersetzt, ist es die ideale Projektionsfläche für die sozialen Ambitionen der Eltern. In bürgerlichen Kreisen in München ist schon die Zahl der Kinder ein Statussymbol. Vier Kinder und den damit verbundenen Wohnungsraum, Sport und Musikunterricht sowie Nachmittagsbetreuung und Familienurlaube muss man sich erst einmal leisten können. Die sozialen Netzwerke bieten eine endlos große Leinwand der Ideal-Ich-Projektionen per Kinderfoto. Kinder, die ja nun mal niedlich anzuschauen sind und die man am liebsten ständig fotografieren würde, werden zum Accessoire in der Darstellung der persönlichen Marke. Anfang der 2000er – also lange vor Facebook, YouTube, Instagram und TikTok – sollte ich in London ein weltberühmtes Supermodel für eine Frauenzeitschrift interviewen. Das Model hatte gerade ihr erstes Kind bekommen und brachte das Baby mit zum Fotoshooting. Ent-

gegen der Absprache mit dem Fotografen – auch er war welt-
berühmt – bestand sie darauf, sich mit dem Baby auf dem Arm
fotografieren zu lassen. Das Foto mit dem Baby wurde zum
Covermotiv. Der Fotograf regte sich furchtbar auf und zog seinen Namen zurück. Er wollte nicht mit kitschigen Babyfotos in
Verbindung gebracht werden. Wenige Monate später posierte
das Model in der exakt derselben Pose – inklusive Baby auf
dem Arm – für die Werbekampagne einer großen Modekette.
Mit dem Foto von sich als Mutter mit Baby hatte sie ihre Marke
neu definiert und eine neue Zielgruppe gefunden. Mittlerweile ist es völlig normal geworden, dass Menschen sich selbst
als Marke oder *brand* sehen. Self-branding gehört heute zum
Standardprogramm der Selbstoptimierung. Aber damals, Anfang der 2000er, war das Supermodel eine der ersten Personen,
die öffentlich von sich selbst als Marke sprach. Nachdem ich
meinen Interviewtext abgegeben hatte, rief mich der Redak-
teur der Zeitschrift an und lachte ungläubig ins Telefon: »Hat
sie das wirklich gesagt? Das ist ja irre!«. Er fand das lächerlich.
Der gute Mann hatte ja keine Ahnung. Das Supermodel hatte
die Vermarktungskultur des Selbst durchschaut, lange bevor
sie zum Mainstream wurde.

Heute bieten die sozialen Netzwerke Möglichkeiten für
Selbstvermarktung im Endlos-Scroll. Und oft spielen dabei
eben auch Kinder eine Rolle. Bei den niedlichen Videos, in denen Kleinkinder putzige Dinge für die Kamera der Eltern ver-
anstalten und viralen Ruhm erlangen, frage ich mich oft, was
das wohl mal für Erwachsene werden. Diese Kinder sind nicht
nur Teil des Selbstdarstellungsprogramms der Eltern, sondern
sie scheinen auch erkannt zu haben, dass ihre Eltern von ih-

nen unterhalten werden wollen. Sie liefern die Show, die die Eltern erwarten, wohlwissend, dass sie dafür mit Aufmerksamkeit belohnt werden. Da werden einige Therapeuten mal sehr viel Geld verdienen können. Aber auch wenn wir von Kindern keine Show, kein Lächeln für die Kamera erwarten, passiert es leicht, dass sie ganz nebenbei in unseren Medienprofilen auftauchen. Warum auch nicht? Sie sind ein zentraler Teil unseres Lebens, und das stellen wir ja eben auf den sozialen Netzwerken dar. Dazu sind sie noch so unglaublich süß, und wir sind furchtbar stolz auf sie – überwältigt von dem großen Wunder, dass wir mit so einem perfekten Wesen verwandt sind. Außerdem haben für viele von uns die sozialen Netzwerke eine ähnliche Funktion wie früher die Fotos, die an die Verwandtschaft verschickt wurden: Wir teilen unser Leben und bleiben miteinander in Verbindung. Problem ist dabei nur, dass es sich bei sozialen Netzwerken nur um einen quasi öffentlichen Raum handelt. Sie gehören Konzernen, deren erstes Ziel darin besteht, in der Aufmerksamkeitsökonomie Profit zu erzielen. Das geschieht, indem wir die Netzwerke mit Inhalten füttern und ihnen unsere Aufmerksamkeit zur Verfügung stellen. Dass das für uns selbst auch profitabel ist, dass es uns Plaisir verschafft und wir unser digitales Selbst auch genießen, mag sein. Aber es stellt sich die Frage, welche Rolle geben wir unseren Kindern in der digitalen Shopping Mall der Persönlichkeiten? Wir können uns genauso gut fragen, wie wir zu Werbung stehen, die speziell auf Kinder zugeschnitten ist. Die Darstellung von Kindern auf einem sozialen Netzwerk bedeutet Einbindung in kapitalistische Prozesse, die unsere Leben beherrschen. Will ich das, was mir am liebsten ist, worauf ich am meisten stolz bin in meinem

Leben, was mein Herz erfüllt und mich zum Menschen macht, will ich das wirklich einbringen in diese Prozesse? Will ich mein Herz wirklich darauf reduzieren? Auf Algorithmusfutter?

Natürlich will ich das nicht, lautet meine Antwort. Und doch verfolge ich mit großer Freude die Fotos und Videos, die eine englische Ballerina von ihrer Schwangerschaft, ihrem Baby und ihrer Rückkehr auf die Bühne auf Instagram veröffentlicht. Ich kann mich dem Narrativ, das da erzählt wird, einfach nicht entziehen. Bin fasziniert davon, wie das kleine Mädchen durch den Ballettsaal krabbelt, umgeben von Tänzern, die da auf höchstem Niveau ihrer Kunst nachgehen. Mir wird in diesen Fotos ein privater Einblick in das Leben von Menschen gewährt, die ich bewundere. Ein Blick hinter die Kulissen. Ich darf ein klein wenig teilnehmen an ihrer Welt. Und doch habe ich beim Konsum dieser Bilder ein schlechtes Gewissen. Bin frustriert von der Erkenntnis, dass meine einzige Konsequenz in meiner Inkonsequenz besteht. Ich beruhige mich damit, dass das Kinderporträt als Vehikel für die (Selbst-)Darstellung der Eltern keine neue Erfindung ist. Eins meiner Lieblingsgemälde ist »Las Meninas« des spanischen Hofmalers Diego Velasquez von 1656, das im Prado-Museum in Madrid hängt. Velasquez hat in diesem hochkomplexen Werk zwar die Infantin Margarete abgebildet, aber die Hierarchie der in diesem Bild dargestellten Blicke sagt in erster Linie etwas über die alles durchdringende Macht der Eltern aus, des spanischen Königs Philipp IV. und seiner Frau Marianna. Der französische Soziologe und Philosoph Michel Foucault beschreibt in seinem Buch »Die Ordnung der Dinge« den Aufbau des Gemäldes:

In »Las Meninas« fängt Velasquez einen »Augenblick des Verharrens«, ein kurzes Innehalten in einer sonst sehr lebendigen, ja privaten Szene ein. Im Zentrum steht die kleine, blonde Infantin in ihrem kostbaren grau-rosa Kleid, umgeben von Hofdamen, Hoffräulein, Höflingen und kleinwüchsigen Unterhaltern sowie einem Hund. Links von der Gruppe steht Velasquez selbst, den Pinsel und Malpalette in der Hand, etwas verdeckt von einer großen Leinwand, von der wir nur die Rückseite sehen. Die Hofdame, die vor Margarete kniet, ist in ihrer Aufmerksamkeit ganz der Infantin zugewandt. Aber der Blick der Infantin ebenso wie der Blick Velasquez' und einiger Höflinge verharrt auf uns, den Betrachtern des Bildes. Die im Gemälde Abgebildeten schauen quasi aus dem Bild hinaus. Wer oder was da außerhalb des Bildes steht und sie betrachtet bzw. buchstäblich *im Blick hat,* hält sie im Bann. Ein verschwommener Spiegel auf der Rückwand hinter der Szene verrät das Geheimnis: Betrachter der Szene, deren Blick mit dem unseren identisch ist, ist das spanische Königspaar Philipp IV. und Marianna. »Statt sich um die sichtbaren Dinge zu drehen, durchquert dieser Spiegel das ganze Feld der Repräsentation und ... stellt die Sichtbarkeit dessen wieder her, was außerhalb der Zugänglichkeit jedes Blickes bleibt«, so Foucault. Das Königspaar ist zwar nur schemenhaft zu erkennen, aber die Eltern sind das ordnende System, dem alles im Gemälde unterliegt. Das Bild tritt aus dem Rahmen heraus, indem es das, was es wirklich darstellt, unsichtbar belässt: die Macht der Betrachter. Der Spiegel zieht uns hinein ins Bild, ja verzaubert uns, wir fühlen uns eins mit dem Königspaar, können die Macht fühlen, die ihnen innewohnt und wissen doch, dass es nicht unsere Macht ist. Wissen, dass sie den Eltern gehört, die im unsichtbaren Zentrum des Bildes stehen. Und spüren dabei, dass Macht umso größer ist, wenn wir sie nicht sehen können.

In diesem Sinne können wir »Las Meninas« als psychoanalytisches Werk betrachten. Denn die Psychoanalyse beschäftigt sich mit dem Unsichtbaren, dem Unbewussten, dem Verdrängten und dabei besonders mit den ersten Jahren der Beziehung zwischen Eltern und Kind. Also der vor-bewussten Zeit, aus der, wenn überhaupt, nur wenige Erinnerungsfetzen übriggeblieben sind. Eine Zeit, in der wir beginnen, unserer Welt Bedeutung beizumessen. In der wir anfangen, Erfahrungen zu sammeln und dann anhand dieser Erfahrungen und Eindrücke das Verhalten anderer Menschen vorauszusagen. Sigmund Freud versuchte, das, was verschüttet, vergessen oder verdrängt worden ist, wieder ins Bewusstsein zu bringen. In gewisser Weise war er ein, wie es der US-palästinensische Literatur- und Kulturtheoretiker Edward Said ausdrückte, psychischer Archäologe. Freud beschäftigte sich mit den Orten unseres Inneren, die sich jenseits der Grenzen der Rationalität oder der sozialen Konventionen befinden. Also mit dem Unbewussten – all den Empfindungen, Begehren und Überlebensmechanismen, die wir entwickelten, als wir noch niedliche Bestien waren: hochemotionale, unzivilisierte Wesen, unserer Umwelt hilflos ausgeliefert. Wem oder was wir welche Bedeutung geben und wie wir mit diesen Bedeutungen umgehen, welche Geschichten wir uns über uns selbst erzählen – diese Prozesse begannen schon damals und beeinflussen immer noch die Strukturen, in denen wir unsere Realität wahrnehmen. Freuds

Thesen sind mittlerweile in Verruf geraten. Sie werden als unwissenschaftliche, subjektive Mutmaßungen bezeichnet. Sein Beharren auf der zentralen Stellung des Phallus in unseren psychischen Entwicklungen und Strukturen wirkt sexistisch, ja absurd. Und doch, so der südafrikanische Neuropsychologe Mark Solms in seinem Buch »The Hidden Spring«, rehabilitieren die neusten Forschungsergebnisse der Neurowissenschaften die Grundprinzipien Freuds. Seine Thesen zum Unbewussten sowie zu Trieben und Affekten sind mittlerweile quantifizierbar und damit wissenschaftlich belegbar. Zum Beispiel Freuds These, dass jeder Traum eine Wunscherfüllung darstellt, kann mittlerweile damit belegt werden, dass Träume und Wünsche in demselben Teil des Gehirns entstehen.

Neben der Traumdeutung als Tür zum Unbewussten ist der zentrale Gedanke in Freuds Lehren das Narrativ des Ödipus als Schlüssel zur frühkindlichen Entwicklung. In der griechischen Mythologie war Ödipus ein Mann, dem vom Orakel von Delphi prophezeit worden war, er werde seinen Vater ermorden und seine Mutter heiraten. Mit anderen Worten, ein Mensch, der von Anfang an zum Scheitern verurteilt war. Sein Vater, der König von Theben, versuchte, die Weissagung zu umgehen, indem er befahl, seinen neugeborenen Sohn zu töten. Doch der mit dem Kindsmord beauftragte Hirte hatte Mitleid mit dem Baby und schenkte es dem König von Korinth, der den kleinen Ödipus als seinen eigenen Sohn annahm. Als Ödipus erwachsen ist und ihm vom Orakel seine Bestimmung prophezeit wird, zieht er in die Ferne. Schließlich will er um jeden Fall vermeiden, seinen Vater zu töten und seine Mutter zur Frau zu nehmen. Doch auf seinen Reisen bringt er bei einem Zwischenfall einen Mann um, nicht wissend, dass es sich dabei um den König von Theben handelt, seinen Vater. Vor dem Mauern der Stadt wird Ödipus mit einem gefährlichen Fabelwesen konfrontiert, der Sphinx. Sie sucht schon lange die Stadt heim und bringt jeden um, der ihre Rätsel nicht lösen kann. Ödipus gelingt es jedoch, ihr Rätsel zu lösen: Was geht morgens auf vier, mittags auf zwei und abends auf drei Beinen? Antwort: der Mensch. Als Baby krabbeln wir auf allen Vieren, als Erwachsene gehen wir aufrecht und im Alter gehen wir mit einem Stock. Nachdem ihr Rätsel gelöst und so ihre Macht negiert ist, stürzt sich die Sphinx voller Wut in den Abgrund. Ödipus wird als Held vom Theben gefeiert. Als Belohnung darf er die Witwe des Königs (seine Mutter) heiraten, zeugt mehrere Kinder mit ihr und herrscht als König von Theben. In der 429 v. Chr. erstmals aufgeführten Tragödie »König Ödipus« beschreibt der Dramatiker Sophokles, wie Ödipus mit der Wahrheit seiner Herkunft konfrontiert wird. Die Pest hat Theben heimgesucht, überall sterben Menschen, und Ödipus fühlt ihr Leid. Die Menschen betteln darum, den Grund für diese Heimsuchung zu erfahren, und Ödipus macht sich auf die Suche. Doch als der blinde Seher Teiresias ihm die Wahrheit sagt, will er sie nicht hören, wird wütend, vermutet eine Verschwörung. Am Ende kann sich Ödipus jedoch nicht länger der Wahrheit verweigern. Voller Scham ob seiner Taten sticht er sich mit der Brosche seiner Mutter/Ehefrau die Augen aus. Am liebsten würde er sich auch taub machen, um sich völlig von der Umwelt abzuschotten und die Schande nicht mehr ertragen zu müssen. Denn Schande liegt in den Blicken und den Worten der anderen. Freud sagt in »Die Interpretation der Träume« über Ödipus: »Sein Schicksal bewegt uns nur, weil es unser gewesen sein könnte – weil das Orakel uns vor unserer Geburt den gleichen Fluch auferlegt hat wie ihm. Es ist das Schicksal aller.« Freud überträgt den Mythos von Ödipus auf Familiendynamiken und wie wir sie als Kleinkind wahrnehmen. Er beschreibt das Liebesdreieck zwischen Mutter, Vater und Kind. Dynamiken, die wir wie Ödipus verdrängen, denn sie widerstreben unseren Moralvorstellungen. Der französische Psychoanalytiker Jacques Lacan entwickelte das Ödipus-Narrativ weiter. Anstatt sich spezifisch auf die Mutter zu beziehen, beschreibt er die Beziehung zwischen Kleinkind und primärer Bezugsperson. Dabei muss es sich nicht unbedingt um die Mutter handeln. Diese besondere Beziehung erhält ein neues Moment durch eine dritte Person oder ein Element, bei der es sich zum Beispiel um den Vater handeln kann (aber nicht muss). Dieses dritte Element kann von dem Kind als Rivale oder Bedrohung wahrgenommen werden und dabei Wut und Ablehnung auslösen. Doch die Auseinandersetzung mit diesem dritten Element ist absolut notwendig, und es ist wichtig für ein Kind, dieses Element bzw. diese Person akzeptieren und wertschätzen zu lernen. Denn nur so lernt es, andere Menschen sowie »das Andere« in sich selbst zu akzeptieren und zu schätzen. Das ödipale Narrativ ist auschlaggebend in unserer Entwicklung zu einem *Zoon politikon* – zu einem sozialen Lebewesen, das auf Andersartigkeit nicht sofort mit Misstrauen und Aggression reagiert. Zu einem Menschen, der mit einem komplexen widersprüchlichen Gefühl wie Liebe umgehen kann. Und ja, das in der deutschen Rapszene weit verbreitete Motto *Alles bitches außer Mami* lässt vermuten, dass da in einigen ödipalen Narrativen etwas verdammt schiefgelaufen ist.

Einige Monate nach der Geburt meiner Patentochter saß ich mit ihr auf dem Schoß im Wohnzimmer. Die Eltern der Kleinen standen einige Meter weiter weg in der Küche und unterhielten sich. Und das Verrückte war: Obwohl das Baby mit mir interagierte, nahm es doch deutlich spürbar an der Unterhaltung der Eltern teil. Es fühlte sich an, als wäre sie auf demselben WiFi wie ihre Eltern. Unsere Wahrnehmung ist weitgehend unbewusst, auch darin unterstützen die Neurowissenschaften Sigmund Freuds Thesen. Was sich da in meiner Patentochter abspielte, war unbewusste Wahrnehmung in Aktion. Unbewusst auch deswegen, weil die Eltern gar nicht merkten, dass jedes ihrer Worte im anderen Zimmer hungrig aufgesogen wurde. Einerseits ist diese unbewusste Verbindung Teil dieses großen Wunders, das man durch Kinder erfährt. Andererseits macht das natürlich auch Angst, dass diese verletzlichen Wesen alles ungefiltert aufnehmen. Jede Stressreaktion, jedes Wort und jede Geste – auch die, die wir später bereuen. Wie werden wir da beurteilt werden, wenn dieses Wesen einmal erwachsen ist? Werden wir dann auch Thema von zahlreichen Therapiestunden sein? Auf dem Spielplatz gegenüber meines Lieblingscafés schaue ich oft Müttern zu (Väter sieht man dort immer noch selten), die mit ihren Kindern nervenzehrende Unterhaltungen darüber führen, welcher Saft, Joghurt oder Spielzeug jetzt als Nächstes an der Reihe sein soll. Unterhaltungen, die nicht nur Außenstehende wie mich, sondern auch die Kinder selbst zu überfordern scheinen. Diese Situationen wirken dann immer auf mich, als hätten die Mütter Angst vor der Vorstellung, ihr Kind könnte ihnen irgendwann einmal den Vorwurf machen, sie hätten es traumatisiert. Eine Angst, die gerade in Deutschland eine gewisse Berechtigung hat, denn hier werden Mütter immer noch gerne als *Rabenmütter* beschimpft, wenn sie ihr eigenes Seelenwohl mit dem ihrer Kinder gleichsetzen und z. B. darauf bestehen, weiterhin eine Karriere zu haben. Im Zweifelsfall, und auch dazu werden die Thesen der Psychoanalyse gerne missbraucht, ist die Mutter schuld. Erst vor Kurzem hörte ich in einem öffentlich-rechtlichen Radiosender ein Interview mit einem Kinderpsychologen (männlich und hetero), der tatsächlich ein Buch darüber geschrieben hatte, dass der Grund für die wachsende rechtsradikale Problematik in Deutschland darin liege, dass die Kinder nicht genügend Zuwendung von den Müttern erhielten und zu früh in die Kita kämen. Das politische Wohl des Landes wird zum Mutterthema. Ich weiß nicht, ob ihm bewusst war, dass er dabei an die Nazi-Rhetorik von der Frau als Erhalterin der »Volksgemeinschaft« erinnerte. In Nazi-Deutschland bestand die Rolle der Frau in erster Linie darin, »arische« Kinder zu produzieren und großzuziehen. Eine Frau, die keine Kinder hatte oder haben wollte, war gemäß der nationalsozialistischen Ideologie keine richtige Frau. Die Berufung einer jeden Frau, und demnach auch der einzige für Frauen angemessene Beruf – lag in der Ehe, deren Zweck allein in der Fortpflanzung bestand. Die Mutter als Hüterin einer politisch »gesunden« Gesellschaft geht Hand in Hand mit dem Bild der Mutter als Ursprung von allem, was »krank«, »pervers« oder »dysfunktional« an einer Gesellschaft ist. Diese Gleichung beschränkt sich nicht auf das nationalsozialistische Deutschland oder andere faschistische Staaten. Auch in den USA der 50er Jahre war der »momism« weit verbreitet. Angefeuert von Populärversionen der Thesen Freuds und einer allgemeinen Faszination von unsichtbaren Gefahren (zu denen u. a. auch Kommunismus, Bakterien und Rock 'n' Roll gehörten), wurde dabei die Mutter als Ursprung allen gesellschaftlichen Übels gesehen. Sei es nun die grausame, vernachlässigende Mutter, die ihre Kinder zu emotionalen Krüppeln machte oder die übergriffige, verhätschelnde Mutter, die vor allem die jungen Männer der Nation verweichlichte und pervertierte – Mami war immer schuld. Dieser »momism« taucht als Thema immer wieder in Alfred Hitchcocks Filmen auf. Sei es »Psycho«, »Die Vögel« oder »Marnie« – Hitchcocks Filme sind wie psychoanalytische Bilderbücher, gespickt mit Freudianischer Symbolik. Wenn dabei Norman Bates in »Psycho« sagt »*mother isn't feeling quite herself today ...*« oder sich die männliche Hauptfigur in »Die Vögel« vor ihrer Mutter rechtfertigen muss, als eine selbstbestimmte junge Frau in Form von Tippi Hedren Interesse an ihm zeigt – immer ist es die übergriffige oder emotional unerreichbare Mutter, die in kausalen Zusammenhang mit dem Horror der Handlung gebracht wird. Die Mutter trägt die Schuld an allen Perversionen, allem Versagen, allen emotionalen Problemen der Kinder und dabei vor allem der Männer.

Diese Problematisierung des Mutter-Kind-Verhältnisses ging dabei Hand in Hand mit der Zurückdrängung der Frau in die Hausfrauenrolle. Während des Zweiten Weltkriegs hatten Frauen die Arbeit von Männern in der Industrie übernommen.

Als die Männer nach dem Krieg zurückkehrten, sollte die Frau wieder dazu gebracht werden, die Rolle der eigenständigen Geldverdienerin aufzugeben. In der Mode kehrte das Korsett zurück, der Haushalt und die Küche wurden mit neuen Geräten zur technologischen Herausforderung gemacht, die Wäsche musste nicht nur sauber, sondern rein werden, und Frauen wurde erklärt, dass sie sich im Kalten Krieg gegen die ständige und überall lauernde Gefahr des Bakteriums befanden. Vor allen Dingen aber wurden die Kinderzimmer zum Schlachtfeld im Kampf um die gesunde, traumafreie Gesellschaft ausgerufen. Hier wurden die Mütter zum Kanonenfutter der Schuld. Muttersein, das bedeutet demnach, sich auf ein Minenfeld der fatalen Fehler zu begeben. Fehler, die nicht nur die Psychen der Kinder zerstören, sondern auch der Gesellschaft im Allgemeinen. Eine »gute« Mutter hat sich für ihre Kinder aufzuopfern – inklusive langer Diskussionen, ob das Kind lieber den Erdbeer- oder Maracuja-Joghurt haben will –, und ein Vollzeitjob darf nur unter enormen Schuldgefühlen angenommen werden. In Deutschland hat sich diesbezüglich immer noch wenig verändert. Auch wenn sich die mütterliche Kollektivschuld vom Ödipus-Komplex auf Ernährungsfragen verlagert hat, eine Mutter, die Karriere macht, wird immer noch misstrauisch betrachtet.

Allerdings muss nicht jede Überlegung zum frühkindlichen Elternverhältnis sofort sexistisch geprägt sein. Ich bin meiner Großmutter heute noch dankbar, dass sie mich vor zwei Arten von Männern gewarnt hat: geizigen Männern und Muttersöhnchen. Geiz sei nämlich eine unheilbare Krankheit, die nicht nur extrem unattraktiv sei, sondern auch darauf schließen lasse, dass der Mann auch emotional geizig sei und Liebe als eine Mangelware sehe. Und wenn ein Mann die Loslösung von der Mutter nicht vollbracht habe, dann sei er beziehungsunfähig. Außerdem wolle man doch einen Mann, der einen als Frau behandelt und nicht ständig die eigene Mutter in einem suche. An diese Worte musste ich denken, als mich vor vielen Jahren eine Freundin mit einem Konzertpianisten verkuppeln wollte. Er war der beste Freund ihres eigenen Freundes – Howard –, mit dem sie einige Probleme hatte. Howard war ein Muttersöhnchen par excellence. Seine Mutter hatte einen Schlüssel zu seiner Wohnung und schaute fast jeden Tag vorbei. Ich denke mal, meine Freundin erhoffte sich durch meine Anwesenheit eine Mitstreiterin in dieser ödipalen Belagerung. Ich fand den Pianisten sehr witzig, aber romantisch gesehen völlig uninteressant. Der ausschlaggebende Moment kam für mich an einem Abend, als wir zu viert in Howards Wohnung noch etwas trinken wollten. Während meine Freundin und ich in der Küche die Cocktails mixten, spielte der Pianist ein Stück von Brahms auf Howards Flügel. Wirklich sehr schön. Ich stand in der Tür mit zwei Cocktails in der Hand, als der Pianist den Schlussakkord spielte und über den Klang hinweg Howard fragte: »Denkst du, es hat etwas mit der emotional abweisenden Art meiner Mutter zu tun, dass ich immer wieder mit Japanerinnen ausgehe?«. Woraufhin Howard antwortete: »Aber du besserst dich doch! Deine letzte Freundin war doch Koreanerin.« Dann bemerkte Howard mich und lächelte mich an. Ich erwiderte sein Lächeln und reichte den beiden ihre Cocktails. Dabei musste ich mich wirklich sehr zusammenreißen, nicht laut loszulachen. Was auch immer hier gerade stattfand, ich war nicht die richtige Besetzung für dieses Rollenspiel. Laut Woody Allen funktioniert eine Beziehung dann, wenn die gegenseitigen Neurosen zueinander passen. Der Pianist und ich waren da leider nicht kompatibel. Heute ist er mit einer koreanischen Geigerin verheiratet. Wenn ich ab und zu mal von ihm höre, freue ich mich.

Die Kindheit und all die Dynamiken und Rollenverteilungen innerhalb einer Familie, die sich daraus ergeben, können sich anfühlen wie ein Fluch des griechischen Orakels – ein Schicksalsgefängnis, aus dem man nicht entkommen kann, egal, wie sehr man sich anstrengt oder wie alt man ist. Eine Freundin von mir war nach einem Besuch bei der Schwiegermutter dem Nervenzusammenbruch nahe, nachdem sie und ihr Freund an einem heißen Sommernachmittag von ihrer Schwiegermutter dazu angehalten worden waren, eine neue Tischtennisplatte im Garten aufzubauen. Nicht nur war da die aus dem Chinesischen übersetzte Aufbauanleitung zu bewältigen, sondern auch die Ratschläge der esoterisch sehr engagierten Schwiegermutter, die den *energy flow* meiner Freundin infrage stellte. Als dann noch die Brüder ihres Freundes auftauchten und sich einmischten – gemäß der Rollen, die sie sich schon in der Kindheit angeeignet hatten –, fühlte sich meine Freundin vollends ferngesteuert und in Dynamiken gedrängt, denen sie sich nicht entziehen konnte. Der älteste Bruder markierte den Chef und der jüngste das verwirrte Sorgenkind, woraufhin meine Freundin zur Wütenden mutierte und sich selbst nicht mehr wiedererkannte. Wer war das nur, diese Frau, die wegen einer fehlenden Schraube am liebsten wie Rumpelstilzchen durch den Garten gestampft wäre und die Bäume angebrüllt hätte? Die stille Rollenverteilung innerhalb einer Familie und die unausgesprochenen Verträge, wer zum Beispiel in einer Familie für das Drama zuständig ist und wer für den Erfolg, sind ein weites Feld. Bei einigen Paaren, besonders den wirklich charmanten und liebenswerten, kommt es mir vor, als hätten sie all ihre Aggressionen an ihre Kinder abgegeben. Während die Eltern ihre Identität daraus ziehen, immer verbindlich und attraktiv auf andere zu wirken und so deren Zuneigung und Wertschätzung auf sich zu ziehen, fällt ihren anstrengenden, immerfort Forderungen stellenden und Anweisungen gebenden Kindern die Rolle der Unsympathen zu. Was immer auch diese Eltern an Aggressionen gegen ihre Umwelt in sich tragen, aber aus ihrem Zuneigungsbedürfnis heraus nicht ausleben können, müssen dann ihre Kinder übernehmen. Jedenfalls ist das meine Erklärung für das seltsame Phänomen, dass die nettesten Eltern oft die nervigsten Kinder haben. In Los Angeles kannte ich einige Kinder von Stars der Film- und Musikbranche. Die meisten hatten Drogenprobleme. Vielleicht liegt es einfach daran, dass es in Los Angeles sehr viele Leute mit Drogenproblemen gibt, aber das Kind einer weltweit berühmten Person zu sein, trägt seine eigenen Komplexitäten in sich, die weit über Wohlstandsverwahrlosung hinausgehen. Unter diesen Kindern war auch der Sohn eines sehr erfolgreichen Produzenten. Er hatte schon mehrere Entzüge hinter sich und gerade noch so mit der schlechtestmöglichen Note seinen College-Abschluss geschafft. Sein Vater stellte ihm zur Belohnung für seinen schlechten Abschluss einen neuen Ferrari vor die Tür. Einerseits ein großzügiges Geschenk für das Sorgenkind, andererseits nagelte der Vater damit seinen Sohn in der Rolle des Verlierers fest. Denn der Ferrari war nichts anderes als die in rotes Blech geformte Feststellung: Ich halte so wenig von dir, dass ich deine schlechten Leistungen schon als großen Erfolg bewerte. Die Erniedrigung der Unterforderung. Frei nach dem Motto, dass das beste Geschenk, das das Leben einem erfolgreichen Mann bereiten kann, ein mittelmäßiger Sohn ist. Es gibt ein Gemälde von Francisco Goya von 1823, auf dem der griechische Gott Kronos (lateinisch Saturn) abgebildet ist, wie er seine Kinder verschlingt, weil er Angst hat, dass sie ihn stürzen könnten. Damals gab es eben noch keine Ferraris.

Zu welchen Monstrositäten eine Familiendynamik führen kann, davon handelt William Shakespeares »King Lear«, seine grausamste und, neben »Hamlet«, berühmteste Tragödie. In dem Stück erklärt der alternde König Lear, dass er sich von den Regierungsgeschäften zurückziehen und Britannien unter seinen drei Töchtern aufteilen wolle. Doch bevor er jeder Tochter ihr Land zuteilt, soll ihm jede sagen, wie sehr sie ihn liebt. »*Which of you shall we say doth love us most? That we our largest bounty may extend …*«. Die, die ihn am meisten liebt, bekommt auch das meiste Land. Wieder ist da die elterliche Eitelkeit. Die Liebe soll benannt und bemessen werden. Und sie wird nur gewährt, wenn das Kind den Vater narzisstisch spiegelt. Die älteren beiden Schwestern halten denn auch Liebeshymnen auf ihren Vater und versichern ihm, dass sie ihn mehr lieben als »*eye-sight, space and liberty*«, ja sogar, dass ihre Liebe zum Vater so groß ist, dass sie allen anderen Formen des Glücks abschwören. Doch Cordelia, Lears jüngste und ihm liebste Tochter, weigert sich, ihrem Vater solche Liebesschwüre zu leisten. Sie liebe ihn wie eine Tochter ihren Vater liebe, versichert sie ihm. Sie ist nicht bereit, Lears übergriffigen Erwartungen Folge zu leisten. Denn wie solle denn da noch Platz in ihrem Herzen für einen Ehemann sein, wenn sie schon alle Liebe ihrem Vater geschenkt habe? Lear explodiert vor Zorn. *»Nothing will come of nothing!«*, wütet er und verbannt Cordelia. Sie sei nicht mehr seine Tochter, ihre Familienbande sind zerschnitten. Das Königreich wird nun unter den zwei älteren Schwestern aufgeteilt und Lear tritt von den Regierungsgeschäften zurück. Er hat sich ausbedungen, dass ihm noch eine Gefolgschaft von hundert Rittern zur Verfügung steht. Mit dieser Meute fällt er nun am Hof seiner ältesten Tochter ein. Die Situation ist so unerträglich, dass die Tochter ihren Vater und seine Männer vom Hof verweist. Da Lear all seine Macht abgegeben hat, hat er keine Wahl, als bei seiner mittleren Tochter Unterkunft zu suchen. Doch die will ihn und seine Ritter auch nicht an ihrem Hofe haben. Lear ist außer sich ob all dieser Undankbarkeit. Wahnsinnig vor Schmerz und Zorn irrt er durch die Nacht. Lear trifft auf andere Verirrte, die in einer Nebenhandlung ähnliche familiäre Enttäuschungen erleben. Immer wieder taucht das Motiv der wilden Tiere auf. *»He's mad that he trusts in the tameness of a wolf«*, sagt der Hofnarr über den alten König, und die Wölfe, auf die er sich dabei bezieht, sind zweifellos Lears Töchter. Auch Lear selbst wird zunehmend überwältigt von der Raserei des Wahnsinns, wird vom Menschen zum Tier. In den dysfunktionalen Familienstrukturen, die Shakespeare hier zeichnet, verlieren alle Beteiligten ihre Menschlichkeit. Am Ende wird Cordelia umgebracht. Lear betritt die Bühne, seine tote Tochter auf den Armen tragend. Doch er will Cordelias Tod nicht wahrhaben. Dass all das Drama, das er selbst auslöste, indem er Liebesbeweise einforderte, zum Tod seiner immer noch so sehr geliebten Tochter geführt hat. Er hält ihr einen Spiegel vor den Mund und redet sich ein, dass dieser beschlägt und sie noch atmet. Es ist eine Szene so traurig wie die Antwort der Kriegsgräberfürsorge auf die Anfrage meines Urgroßvaters Jakob, ob sein Sohn tatsächlich tot sei. Auch da lautete die Wahrheit, die eben auch ein Urteil war: Er wird nicht wiederkommen. »*Never, never, never, never, never!*«, ruft Lear verzweifelt und stirbt kurz darauf.

In »King Lear« ist die Familie ein bestialischer Organismus. Ständig ist von Liebe die Rede, doch das führt nur zu Grausamkeiten. Ein Testament dafür, dass wir Familienbande immer als Anlass nehmen, all unseren Respekt vor der Würde und Integrität unseres Gegenübers fallen zu lassen. Familie erzeugt Erwartungen der Liebe – Lear erwartet etwa, dass seine Töchter ihn unbändig lieben. Werden diese Erwartungen enttäuscht, fühlen wir uns im tiefsten Inneren getroffen, beschämt oder wütend. Denn wie kann es sein, dass eine Person, die – wenn manchmal auch nur bedingt – Teil unserer Identität ist, so anders ist, so überhaupt nicht mit unserer persönlichen Existenzerfahrung vereinbar? Und mit »anders« meine ich auch desinteressiert, egozentrisch, übergriffig, gewalttätig, unmoralisch, erpresserisch, ungehobelt und all die anderen Dinge, die wir gerne unseren Eltern, Geschwistern oder anderen Familienmitgliedern zum Vorwurf machen. In »King Lear« erfahren die Menschen nur in der Ersatzfamilie der Verstoßenen Solidarität und Güte. Einer Familie, in der sozialer Status und Eitelkeiten keine Rolle mehr spielen. Einer Familie ohne Erwartungen. Doch weil wir solange unsere Elternfiguren zum Überleben brauchen, weil wir auf ihre, wenn nicht Liebe, dann zumindest Aufmerksamkeit angewiesen sind, ist es schwer, sich innerhalb einer Familie völlig erwartungsfrei zu begegnen. Und das führt dann eben oft zu Gefühlen, die der englische Dichter Philip Larkin 1971 in seinem Gedicht »This may be the verse« zusammenfasste:

> They fuck you up, your mum and dad.
> They may not mean to, but they do.
> They fill you with the faults they had
> And add some extra, just for you.

> But they were fucked up in their turn
> By fools in old-style hats and coats,
> Who half the time were soppy-stern
> And half at one another's throats.

> Man hands on misery to man.
> It deepens like a coastal shelf.
> Get out as early as you can,
> And don't have any kids yourself.

Die Familie als endlos Dominokette des Versagens. Ohne dass wir es wollen, geben wir ihn weiter, den ganzen Scheiß, den schon unsere Eltern mit sich rumgeschleppt haben. In

Deutschland bedeutet das vor allem das Trauma und die Schuld des Zweiten Weltkriegs und des Holocausts. Ich bin fasziniert von meinen jüngeren Freundinnen, die mit Großeltern aufgewachsen sind, die Nazi-Deutschland und den Zweiten Weltkrieg nicht mitgemacht haben. Die kennen das alles nicht, all die schrecklichen Geschichten und das jähe Erwachen der Großeltern aus Alpträumen ebenso wenig wie das Verstummen und die Unfähigkeit zu erzählen. Die haben keine Eltern, deren frühste Kindheitserinnerung darin bestand, eine Schreinerwerkstatt zu betreten, die mit Hochbetten vollgestellt war – Betten, die für das Konzentrationslager in der Nähe bestimmt gewesen waren. Die nachts, als sie klein waren, auf der Straße standen und in einen brennenden Himmel hinaufblickten. Als ich zwölf war, fragte ich meine Großmutter, die ich ja liebte und die eine der wichtigsten Personen in meinem Leben war, ob sie etwas vom Holocaust und den Todeslagern gewusst hätte. Ich habe ihr nicht geglaubt, als sie das abstritt. Und es war schwer, meine Ablehnung, ja Verachtung mit meiner Liebe zu meiner Großmutter zu vereinbaren. Aber auch davon, eben diese Widersprüche akzeptieren und damit leben zu lernen, dass die Menschen, die uns gezeigt haben, was Liebe ist, weder unsere Spiegel noch Heilige oder Superhelden sind, davon handelt Freuds Narrativ des Ödipus.

Der Einwirkungen der deutschen Vergangenheit auf deutsche Familiendynamiken zeigt, dass sich das Gesellschaftliche und das Persönliche nicht trennen lassen. Dass eben das, was in unseren Psychen stattfindet, und damit eben auch das, was wir als Liebe empfinden, in Bezug zu den politischen und wirt-

schaftlichen Systemen steht, in denen wir leben. In ihrem Buch
»Anti-Ödipus« stellen der Philosoph Gilles Deleuze und der
Psychoanalytiker Felix Guattari die These auf, dass das, was in
der Familie stattfindet, also das ödipale Dreieck zwischen Mutter, Vater und Kind, nicht von den Machtstrukturen einer Gesellschaft zu trennen ist. Die Wünsche und Begehren, die die
Konsumgesellschaft in uns triggert, sie lassen sich nicht von
den Wünschen und Begehren abspalten, die wir im Kindesalter im Rahmen der Familie entwickeln. Was immer wir zu individuellen Kindheitserinnerungen stilisieren, was immer auch
wir so extrem persönlich nehmen, sei es Liebe oder Hass, es ist
immer auch Teil des gesellschaftlichen Ganzen. Die Trennung
zwischen dem Subjektiven und dem Kollektiven ist sinnlos.
Wir sind alle politische Tiere. »Die Psychoanalyse beginnt mit
der Geschichte, dass wir uns selbst zu viel sind; dass wir quasi
von unserem Exzess an Gefühl und der Unmöglichkeit unseres
Begehrens terrorisiert werden«, so der Psychoanalytiker Adam
Phillips. Er bezieht sich dabei auf das ödipale Begehren des
Kindes auf die Mutterfigur. Entwicklung bedeutet demnach,
die eigenen Gefühle managen zu lernen. Begehren wird so unweigerlich zu etwas Geheimem, dessen wir uns nicht einmal
selbst bewusst sind. Die Personen, die uns beim Managen unserer Gefühle helfen sollen, sind meistens auch die Objekte
unseres Begehrens. Die Zurückweisung ist somit intrinsischer
Teil unserer ersten Liebeserfahrung. In diesem Sinne bietet die
Psychoanalyse einen Ansatz, um über gesellschaftliche Dynamiken nachzudenken. Denn Demokratie funktioniert nur,
wenn wir gelernt haben, mit Zurückweisung umzugehen und
die Existenz des Anderen, ja des Inakzeptablen zu akzeptie-

ren. Dabei reicht es nicht, das Andere nur in den anderen zu sehen und mit dem Finger auf das Inakzeptable zu zeigen, sondern es ist nötig, das Andere auch in sich selbst zu erkennen. Faschismus, das bedeutet, nicht akzeptieren zu können, dass die eigene Identität brüchig ist. Dass eben all unsere Identitäten brüchig sind. Es ist der Versuch, das Leben wieder auf die allumfassende Verschmelzung unserer ersten Liebeserfahrung zu reduzieren und das dritte Element auszuschalten.

Edward Said bediente sich in seiner Vorlesung »Freud and the Non-European« für das Freud-Museum in London im Jahr 2003 des Konzepts des Kontrapunkts aus der Musiktheorie. Der Kontrapunkt beschreibt, wie zum Beispiel bei Bach mehrere gleichberechtigte Stimmen in einem Musikstück existieren können. Anspannung, Dissonanz und Erlösung wechseln einander ab. Für Said lassen sich mit dem Konzept des Kontrapunkts die Erfahrungen von Exilanten beschreiben. Denn Exilanten leben immer in einer Pluralität simultaner Dimensionen. Die Kultur des Exils existiert immer vor dem Hintergrund der Erinnerungen an die Kultur der Kindheit. Wir können Saids Anwendung des Kontrapunkts aber auch auf die psychische Entwicklung des Kleinkindes übertragen, etwa, dass ein Kind die Stimme der dritten Person in die perfekte Harmonie zwischen Kind und Mutterfigur integrieren muss. Said bedient sich des Kontrapunkts, um zu erklären, warum Stimmen wie die Sigmund Freuds trotz ihrer offensichtlichen Mängel immer noch ihre Berechtigung in unserem Kulturkanon haben. Bei der Einordnung von Ansichten versucht er immer zu verstehen, »wie sehr sie durch die Perspektiven ihres eigenen kulturellen Moments gebunden sind ... ich sehe sie als kontrapunktuell, d. h. Figuren, deren Gedanken und Schriften zeitliche, kulturelle und ideologische Grenzen überschreiten und dann völlig unerwartet auf ganz neue Weise zu späterem Zeitpunkt wieder auftauchen, in darauffolgender Kunst weiterleben«. Das Bild des Kontrapunkts ist hilfreich, wenn wir uns mit unserer Kindheit oder unseren Eltern auseinandersetzen. Die Kraft unserer Familie liegt darin, dass sie uns immer wieder herausfordert, mit Mehrstimmigkeit und Dissonanzen zu leben. Und zu erkennen, dass auch in der Krise und der traumatischen Erinnerung die Chance innewohnt, es anders zu machen, loszulassen von alten Mustern. Zu vergeben. Sich kontrapunktuell dem Neuen zuzuwenden.

So gesehen ist Philip Larkins Aufruf, sich so früh wie möglich aus der Familienstruktur zu lösen und am besten keine Kinder zu haben, nichts anderes als eine Omnipotenzphantasie von einer ähnlichen Logik wie die eines Selbstmords – im Sinne von, wenn ich mich umbringe, muss ich nie wieder Schmerz, Einsamkeit oder Verzweiflung spüren. Nach dieser Logik würde es bedeuten, dass ich mich nie wieder mit dem Inakzeptablen oder einfach nur dem Anderen auseinandersetzen müsste, wenn ich jegliche Familienstrukturen vermeide. Nun gibt es inakzeptables Verhalten, Dissonanzen oder Situationen, die keine andere Haltung als Distanz und Kommunikationsabbruch möglich machen. Auf manche Familienfeste braucht man einfach nicht zu gehen. Und doch müssen wir ja innerlich damit umgehen.

Verdrängung funktioniert eben nur bedingt. Bei all diesen emotionalen Verstrickungen, bei allen Sackgassen, in die wir durch familiäre Rollenverteilungen geraten, bei allen Hemmungen oder Überforderungen, denen wir uns ausgeliefert fühlen, weil sie ihren Ursprung in der Kindheit zu haben scheinen, kann Therapie die kopernikanische Wende herbeiführen. Dann können wir zu der Erkenntnis gelangen, dass wir eben nicht auf der Erde stillstehen, während die Gestirne unserer Eltern und Familienmitglieder an uns vorbeiziehen und wie die antiken Götter, nach denen die Planeten benannt sind, unser Leben bestimmen. Dass wir eben weder das Zentrum allen Geschehens sind, noch diesem Geschehen hilflos ausgeliefert, sondern dass sich die Planeten unserer Familie wie eben auch unsere ganz persönlichen Erdplaneten in ständiger Bewegung befinden. Dass diese anderen Planeten keine magischen Götter sind. Wir selbst wie auch unsere Eltern und alle anderen Menschen kreisen um etwas, von dem wir immer noch herauszufinden suchen, was es eigentlich ist. So erfahren wir unsere ganz persönliche, innere Revolution: Durch einen anfangs unserer Intuition widerstrebenden Perspektivwechsel können wir die Bahnen und Strukturen sehen, denen wir folgen. Und uns dadurch aus der Selbstzentriertheit des Opfers befreien.

Während ich das hier schreibe, schaue ich auf ein Klassenfoto meiner hessischen Großmutter aus dem Jahr 1904, das gegenüber von meinem Schreibtisch an der Wand hängt. Sie wurde 1897 in der Nähe von Bad Hersfeld geboren und wuchs in einer armen Weberfamilie mitten im Wald auf einem Berg auf. Lange gab es dort keine Elektrizität. Eine meiner witzigsten Kindheitserinnerungen war der Abend, als sie mich mit ihren hellblauen Augen verwirrt anblickte und wissen wollte, warum die Bilder im Fernseher ständig umsprangen und ich ihr daraufhin erklärte, was eine Fernbedienung ist. Die ersten Computer hat sie noch miterlebt. Aber irgendwie hat sie das alles nie wirklich interessiert. Wir sind zusammen Kräuter sammeln gegangen, und sie hat dann daraus Salben und Tees gebraut. Wenn sie bei uns zu Besuch war, bin ich morgens zu ihr ins Bett gekrochen und habe so lange gebettelt, bis sie mir die Geschichte von »Dem Datschen und dem Schuh« erzählt hat. Die Geschichte handelt von eben diesem Schulfoto. Meine damals 7-jährige Großmutter hatte vergessen, dass an diesem Tag der Fotograf kommen sollte und war in ihrem Alltagskleid und ihren Datschen in der Schule erschienen. Datschen, das waren hessische Espandrillos, die ihre Mutter ihr aus Lumpen genäht hatte. Aufgeregt war sie schnell wieder den langen Weg zurück auf den Berg gerannt, hatte sich schnell umgezogen und war dann wieder zur Schule zurückgelaufen. Atemlos erreichte sie gerade noch rechtzeitig das Schulgebäude, wo schon der Fotograf die Kinder in mehreren Reihen arrangierte. Erst als der Lehrer sie konsterniert anschaute, blickte sie hinab zu ihren Füßen und merkte, dass sie in der Aufregung nur einen Lederstiefel angezogen hatte. Am anderen Fuß trug sie immer noch ihren Datschen. Die Erzählung endete immer damit, dass meine Großmutter ob der Erinnerung leise auflachte und ich mit ihr. Die Geschichte von »Dem Datschen und dem Schuh« ist die erste Geschichte, an die ich mich erinnere. Erzählt unter einem dicken Federbett im Morgengrauen. Sie ist meine Baseline für all die anderen Stimmen, die danach kamen. Daran kann auch eine rosa Kiste nichts ändern. Das ganze 20. Jahrhundert kann daran nichts ändern. Als ich mal einen Gentest gemacht habe, um meine ethnische Abstammung herauszufinden, tauchte zu meiner großen Überraschung Johannas Enkeltochter auf. Sie heißt auch Katja. Wir teilen uns 1,87 % unserer DNA. Ich habe ihr geschrieben und ihr gesagt, dass ich schon viel von ihrer Großmutter gehört habe. Aber sie hat mir nicht geantwortet. Ich denke mal, sie ist eher an ihren polnischen Verwandten interessiert. Und dass der Kontrapunkt, nach dem sie sucht, nicht der deutsche ist, was ich verstehen kann. Ich wünsche ihr, dass sie ihn findet. Denn Shakespeare bringt es in »King Lear« auf den Punkt: *Who alone suffers most in the mind.*

I SING THE BODY ELECTRIC – SELBSTLIEBE

It's just a personality crisis, please don't stop.
THE NEW YORK DOLLS

Etwas Unerwartetes ist passiert. Leo war zu Besuch. Dabei hatte ich mir fest vorgenommen, ihn nie, aber auch wirklich nie, nie, nie wiederzusehen. Im letzten Monat war ich ihm ein paarmal auf der Straße begegnet. Damals hatte er laut in seine Apple Airpods geschrien und mit den Armen gefuchtelt. Ich hatte ihm etwas verklemmt zugewinkt und mich innerlich beschimpft: »Wie konntest du nur? Mit so einem Clown!« Wir hatten uns auch ein paar Textnachrichten geschickt, aber die hatten alles nur noch schlimmer gemacht. Jedes Wort, jedes Emoji hatte mich entrüstet. Aber nun war alles anders. Es war der 21. Juni. *Midsummer Night.* Der Tag, an dem offiziell mein Impfschutz begann. Nachmittags telefonierte ich mit einem alten Freund. Wir waren uns beide einig, dass Corona wirklich sehr schlecht für das Sexualleben war. Sein Liebesleben sei eine Wüste, versicherte er mir. Meins eigentlich auch, entgegnete ich. Da sei zwar so ein Typ, aber … und dann zählte ich die lange Liste an Dingen auf, die mich an Leo störten – wobei unser letzter SMS-Austausch für mich wirklich den Gipfel der Zumutungen darstellte. Mein alter Freund, der als Professor für Völkerrecht lange in Kriegsgebieten juristische Wiederaufbauarbeit geleistet hat, hörte sich das alles an und ließ dann sehr diplomatisch durchblicken, dass er meine Reaktionen völlig übertrieben fand. Da hatte ich seiner Ansicht nach wirklich etwas missverstanden, weil ich es missverstehen wollte. Ich musste an das vorige Kapitel denken, das ich gerade geschrieben hatte, an ödipale Strukturen und wie wichtig es ist, das Andere zuzulassen. War ich da irgendwelchen Corona-induzierten Defensivmechanismen aufgesessen? (Im Zweifelsfalle ist es immer gut, die Schuld auf globale Phänomene wie eine Pandemie zu schieben.) Hatte ich »*more devils than vast hell can hold*« gesehen, wie Shakespeare in »A Midsummer Night's Dream« liebesbedingte Paranoia beschreibt? Konnte es möglich sein, dass ich noch neurotischer war als Leo? Und was war eine Mittsommernacht ohne Sex? Also verordnete ich all meinen inneren Bedenkenträgern eine Redepause und schickte Leo eine Nachricht. Drei Stunden später lag er bei mir auf dem Sofa. Es war der witzigste und rundum beste Abend seit Langem. Ich habe mich ganz wunderbar amüsiert. Und konnte im Nachhinein überhaupt nicht mehr verstehen, warum mir zuvor all diese Nebensächlichkeiten so unter die Haut gegangen waren. Was Leo in seinem Online-Leben oder ganz allgemein in seinem Leben trieb, hatte doch nichts mit mir oder dem zu tun, was sich auf meinem Sofa abspielte. Es war doch völlig egal, wer er im Leben da draußen war. Die Mittsommernacht mit Leo war vor allem deswegen so schön und so befreiend, weil ich endlich aufhörte, mich wie eine Frau Oberstudienrätin mit rotem Notenbüchlein ob seines winzigsten Fehlverhaltens aufzuzeilen. Seine Andersartigkeit wertzuschätzen, tat gut. Und es tat gut, jemand anderem gut zu tun. Das Ganze war ein hoch angenehmes Wohlfühlprogramm.

Zwei Tage später war es dann so weit. Endlich Sommer. Ich brach auf gen Süden nach Cannes, um mein Buch fertig zu schreiben. Mit zwei großen Kisten Büchern im Kofferraum. Auf der Fahrt legte ich einen Zwischenstopp in einem sehr luxuriösen und viel zu teuren Hotel ein, in dem normalerweise reiche Amerikaner drei Tage verbringen, viele Fotos auf Instagram posten und sich dann so fühlen, als wären sie in Europa gewesen. Eigentlich ein obszöner Ort, aber eben auch sehr schön. Und nach den langen Monaten im Lockdown wollte ich mir zumindest für eine Nacht etwas Gutes tun. Ein verspätetes Geburtstagsgeschenk an mich selbst. Ein Akt der Selbstliebe. Wie heißt es doch so schön in der Shampoo-Werbung? Weil ich es mir wert bin. Nach einer Horrorfahrt auf der überfüllten italienischen Autobahn war ich dann auch wirklich sehr erleichtert, in die samtige Umarmung des Hotels abzutauchen. Die Angestellten und Kellner wirkten etwas verwirrt, dass ich alleine dort übernachtete. Eine alleinstehende Frau, so etwas schien es hier nur selten zu geben. Tatsächlich waren abgesehen von zwei Familien mit Kindern alle anderen Gäste im Hotel Pärchen unterschiedlichen Alters. Sie alle waren hier für romantische Tage zu zweit. Wollten *quality time* miteinander verbringen. Sich etwas Gutes tun. Weil auch sie es sich wert waren. Und weil auch sie die Werbung, Zeitungsartikel, Fernsehserien und Kinofilme konsumiert hatten, die uns vermitteln, dass das so funktioniert: Das sich selbst etwas Gönnen. Dass man dazu in einem luxuriösen Hotel mit Panorama-Blick sitzen soll, umgeben von livrierten Angestellten, die einem Nüsse in Silberschalen zu den exorbitant teuren Cocktails dazustellen. Spätestens am Pool war jedoch klar, dass auch Selbstliebe nicht käuflich ist. Die Sonne glitzerte im azurblauen Wasser, das Rot der Geranien strahlte, und dann waren da auch noch die neon-orangenen Fingernägel der jungen Frau neben mir auf der Liege. Es war alles so schön bunt hier. Doch die Frau mit den neon-orangenen Nägeln schien sich etwas unwohl zu fühlen und tippte irritiert auf ihr Mobiltelefon ein, seit gegenüber von uns eine Gruppe anderer junger Frauen aufgetaucht war. Allesamt dünner als sie, mit teuren Taschen von Hermès am Arm und glänzenden Körpern, die sie sofort mit Handyfotos für die sozialen Netzwerke dokumentierten. Dass sie mit ihren nagelneuen Designerhandtaschen, von denen eine mindestens zehntausend Euro kostet, am Pool erschienen waren, und diese strategisch neben der Liege platzierten, wunderte mich etwas. Wozu braucht man eine riesige Lederhandtasche am Pool? Was will man darin aufbewahren? Bücher ganz offensichtlich nicht, so viel war klar. Auch meiner Liegennachbarin mit den neon-orangenen Nägeln schienen diese Taschen ein Dorn im Auge. Regelrecht wütend starrte sie darauf. Trotzig warf sie den Kopf in den Nacken, erhob sich ruckartig von der Liege und verschwand in das Hotelgebäude wie ein besiegter Boxer. Ihr Platz wurde schon bald von anderen Badegästen eingenommen, die ebenfalls ihre Hermès-Accessoires wie Monstranzen vor sich her trugen. Eine Dame um die 70 erschien mit ihrem Ehemann in einem weit ausgestellten Petticoat-Kleid, ihr geliftetes

Gesicht unter einer dicken Schicht Make-up, und an Ohren, Hals und Armgelenken glitzerte massiver Schmuck. Auch hier wurde sofort alles fotografisch dokumentiert. Natürlich gab es auch Badegäste, die nicht an dieser Hermès-Schlacht teilnahmen. Da war das amerikanische Pärchen, das ganz offensichtlich Beziehungsstress hatte und sich voller Groll anschwieg. Oder das Pärchen, bei der die sehr hübsche junge Frau mit der großen Celine-Tasche alle anderen Frauen böse anfunkelte und die ich später mit ihrem Freund in einem heulenden Ferrari im Schritttempo durch die engen Gassen fahren sah. Sowohl sie als auch der Ferrari-Fahrer starrten dabei apathisch durch ihre Sonnenbrillen. Vielleicht lag es am Heulen des Motors, das war auf Dauer sicherlich ermüdend. Später tauchten dann noch die männlichen Begleiter der schönen jungen Frauen mit den Hermès-Taschen auf. Übergewichtige Banker-Typen, die kaum mit ihren Begleiterinnen redeten, sondern im Pool stehend irgendetwas untereinander diskutierten. Auch die Frauen begegneten ihnen mit Desinteresse. Da war dann auch klar, dass sich diese jungen Frauen geschäftlich am Pool aufhielten und dass ihre dezent augmentierten Brüste und Lippen Teil ihrer Berufsausrüstung darstellten. Sie waren anwesend, weil es sich die beiden Typen wert waren. Der ganze Technicolor-Luxustrash war obszön und irgendwie auch großartig. Ein Theater der Blicke und Posen. Alex Karps Improvisationsguru und Statusexperte Keith Johnstone hätte wahrscheinlich seine Freude daran gehabt. Aber entspannend war das alles nicht. Ich war froh, dass ich nicht die inneren Monologe der Badegäste hören musste. Wäre hier Bruno Ganz als Engel Damiel in Wim Wenders »Himmel über Berlin« anwesend gewesen und hätte ihren

Gedanken gelauscht, er hätte sich ganz sicher nicht entschieden, zum Menschen zu werden. Ein Spektakel der Sozialangst, in dessen Zentrum die verzweifelte Frage stand: Warum bin ich nicht glücklicher, wenn ich doch gerade alle Kategorien des kapitalistischen Glücks erfülle?

Es waren die semi-nackten Körper der Badegäste, geschmückt mit Designer-Logos und anderen Statussymbolen, die am Pool all diese Emotionen aushalten mussten. All die Ängste und Sehnsüchte, sie waren in die von Bikinis und Badehosen nur spärlich bedeckten Leiber gegossen. Der Körper als Austragungsort von Machtverhältnissen – vor allem uns Frauen ist das bewusst. Sei es nun, dass unser Uterus Gesetzen unterliegt, dass die Sichtbarkeit des Frauenkörpers immer noch ein globales Politikum darstellt, dass wir nur unter Vorsichtsmaßnahmen allein im Dunkeln nach Hause gehen können oder dass trans-Frauen in binären Gendersystemen nicht wahrgenommen werden. Im Justizvollzug unterliegt der Körper offensichtlichen Regulierungen und Einschränkungen, was sicherlich auch ein Grund ist, warum Gewichtestemmen für viele Gefangene so lebensnotwendig ist. Denn durch Sport erreicht man zumindest die Illusion, dass der eigene Körper nicht völlig der Staatsmacht ausgeliefert ist. Als Teenager sah ich 1987 in der Documenta 8 die Video Installation »Les Larmes d'acier« (Tränen aus Stahl) der Künstlerin Marie-Jo Lafontaine. Für mich war das eine der prägenden Erfahrungen meiner Jugend, die ich erst viel später, als ich mich mit Feminismus und der (Selbst-)Objektifizierung des Frauenkörpers zu beschäftigen begann, wirklich anfing zu verstehen. Auf 27

Monitoren sind darin Männerkörper zu sehen, die an Body-building-Maschinen trainieren. Maria Callas singt im Hintergrund die berühmte »Casta Diva«-Arie aus *Norma* und alles ist sehr schön, sehr ästhetisch, ja fast schon poetisch. Doch dann verschwindet die Musik und stattdessen hören wir das angestrengte Atmen der Männer und das laute Klacken der Stahlrohre. Der Körper wird zum Objekt, beherrscht von der Maschine, von den Monitoren in Einzelteile zerstückelt. Wie Frankensteins Monster, verzweifelt ob seiner eigenen Unzulänglichkeit und doch seinem Schicksal ausgeliefert. Ich bin danach sofort in den nächsten Plattenladen gegangen und habe mir ein Maria-Callas-Album gekauft. Und beobachte seitdem, wie die beiden Aspekte dieser Videoinstallation – die Ästhetisierung wie die Brutalisierung des Körpers – in unserer Konsumkultur wiederzufinden sind. Sei es nun in Musikvideos, der Werbung oder der Selbstinszenierung der Konsumenten sozialer Netzwerke – immer wieder zeigen wir muskulöse Körper in den unterschiedlichsten Posen des Erfolgs, umgeben sie mit käuflichen, sofort ins Auge fallenden Statussymbolen: Uhren, teuren Taschen, Designerklamotten, Schmuck, Autos oder platzieren sie vor attraktiven Panoramen und Urlaubszielen. Die Körper sollen Glück und Erfolg darstellen. Doch im Grunde genommen tun wir dabei nichts anderes, als unsere Körper der Konsummaschine unterzuordnen. Wir knechten uns selbst. Der Körper wird zum Ornament der eigenen Unterdrückung. Das körperliche Selbst ist gefangen im hilflosen Aktionismus angesichts all der Glücksversprechen des Konsums.

Natürlich ist die Ästhetisierung des Körpers keine Erfindung der Konsumgesellschaft. Sie ist Teil unserer Kultur seit Menschen Kunst produzieren. Sei es nun der Mann mit den Pfeilen in der altsteinzeitlichen Grotte von Lascaux oder die etwa 30 000 Jahre alte Venus von Willendorf. Der Körper wird gefeiert als das wundersame Gefäß unserer Seele, das uns Plaisir wie auch Frustration bereitet. Ohne dieses Gefäß können wir nicht leben. Unsere Gefühle, unsere Gedanken sind unsichtbar, ungreifbar. Sie sind subjektiv, denn wir können sie nicht objektiv beobachten. Unsere Körper machen diese Gefühle real, nicht nur in dem Sinn, dass sie die Bedingung für Leben sind, sondern auch, weil unsere eigene Körperlichkeit wie auch die der anderen Gefühle in uns weckt und manifestiert. Körper und Bewusstsein gehören zusammen. Trotzdem stellt sich immer wieder die Frage: Ist unser Bewusstsein nur ein Produkt unseres Gehirns und verschiedener Stoffwechselprozesse des Körpers? Oder kotrolliert unser Bewusstsein unseren Körper? Sind wir, und wie wir uns selbst wahrnehmen, mehr als die Summe unserer Hormone und Nervenzellen? Kann ich meine Gefühle, meine Selbstwahrnehmung darauf reduzieren, was ich gerade gegessen habe, welche DNA ich in mir trage, welche Arznei ich nehme, in welcher Phase meines weiblichen Zyklus ich mich befinde oder von welchen externen Stimuli (z. B. Gefängniszelle oder Luxuspool) ich gerade umgeben bin? Wir wollen unsere Gefühle wissenschaftlich und damit eben auch physisch verstehen, wollen sie analysieren, wollen das Subjektive zu etwas Objektivem machen. Denn so sind wir nicht länger ihr Opfer. Sind ihnen scheinbar weniger ausgeliefert und können – so das Versprechen der Wissenschaft – sofort eine Tablette nehmen, sobald sich ein Verlassen unserer Komfortzone andeutet. Ohne hier eine umfassende These zum Körper-Bewusstsein-Rätsel aufstellen zu wollen, scheint es mir doch so, dass sich unser Bewusstsein aus unseren Erfahrungen und Erinnerungen entwickelt. Als Baby empfangen wir Impulse und Informationen von unseren Eltern – seien es nun Worte, Gesten oder Gerüche –, die wir nicht verstehen und die auch oft unsere Eltern selbst nicht verstehen oder gar nicht bemerken. Wir beginnen, all diese rätselhaften Informationen abzuspeichern, geben ihnen Bedeutung, stellen Kausalitäten her. Entwickeln das Unbewusste. Der Neurowissenschaftler und Psychoanalytiker Mark Solms beschreibt in seinem Buch »The Hidden Spring«, wie wir ständig Lernerfahrungen verarbeiten, um (unbewusste) Automatismen zu entwickeln. Damit wir nicht ständig über jede kleine Handlung und Reaktion nachdenken müssen. Wenn diese Automatismen versagen, reagieren wir mit Gefühlen. Wir sind verletzt, empört, wütend, fühlen uns unterdrückt. Da wir nie perfekte Automatismen entwickeln, ist im Idealfall das Standardlaufwerk unseres Ichs ein Zustand der Neugier. Idealerweise versuchen wir ständig, neue Erfahrungen zu machen und so unsere Automatismen zu perfektionieren. Diese Abspeicherung findet im Körper statt. Das bedeutet demnach nichts anderes, als dass unser Körper und unser Bewusstsein genauso untrennbar sind wie Blitz und Donner. Ohne Körper kein Bewusstsein und ohne Bewusstsein kein Körper, vom komatösen Zustand abgesehen. Man kann das eine nicht auf das andere reduzieren. Weder erklärt der Donner den Blitz noch der Blitz den Donner. Vielmehr sind beide Phänomene parallele Manifestationen ein und desselben Prozesses: der Elektrizität.

»I Sing The Body Electric« heißt die wundervolle Ballade des amerikanischen Dichters Walt Whitman von 1855. Auf damals hochskandalöse Weise feiert Whitman in dieser Ballade unsere Körper als Sitz der Seele. Es ist ein Gedicht über das existenzielle Glück menschlicher Sinnlichkeit und Sexualität. Davon, dass der Körper dem Geist nicht untergeordnet ist, sondern, dass den Körper zu lieben gleichbedeutend ist mit der Liebe zum Leben. Und zwar alle Körper, von allen Menschen. Nicht nur den vermeintlich perfekten oder den mit hohem sozialem Status. So frustrierend sich ein Körper manchmal auch anfühlen mag, zum Beispiel aufgrund von Krankheit, Behinderung, Gewicht oder weil wir mit den falschen Genitalien geboren wurden – diese Ballade erinnert daran, dass unsere physische Existenz uns mit all dem verbinden kann, was schön ist am Leben:

> *The bodies of men and women engirth me,*
> *   and I engirth them,*
> *They will not let me off nor I them till I go*
> *   with them and respond to them and*
> *   love them.*
> *(...)*
> *I have perceived that to be with those I like*
> *   is enough*
> *To stop in company with the rest at evening*
> *   is enough,*
> *To be surrounded by beautiful curious*
> *   breathing laughing flesh is enough,*

To pass among them .... To touch any
        one ... to rest my arm ever so lightly round his
        or her neck for a moment ...
        what is this then?
I do not ask any more delight ... I swim
        in it as in a sea.

Körperlichkeit, Sexualität, Masturbation – all diese schönen Dinge – sind in einer Welt, in der insbesondere der weibliche Körper mit Gesetzen, Moralvorstellungen und Schönheitsidealen reguliert wird, heute noch genauso radikal wie 1855. Es ist immer noch revolutionär, wenn Whitman uns Frauen auffordert:

Be not ashamed women ... your privilege encloses
the rest .... It is the exit of the rest
You are the gates of the body and you are the gates of
        the soul.

Scham, das war immer schon das perfekte Werkzeug patriarchaler Macht. Wer sich seines Körpers schämt, wird mit diesem Körper keine Revolution durchziehen. Denn Revolution, das erfordert Präsenz zeigen, Platz einnehmen. Wer sich schämt, der will eigentlich am liebsten vom Erdboden verschwinden. Das gedemütigte Selbst ist erstarrt im Zustand der Machtlosigkeit, kann nicht agieren, will nur davonlaufen.

Seit Whitman »I Sing The Body Electric« schrieb, hat die Frauenbewegung sowie die LGBT-Bewegung viel dafür getan, dass wir viele Schamgefühle, mit denen weibliche und queere Körper besetzt waren, ablegen konnten. Und doch ist sie immer noch da, das, was der queere US-Autor James Baldwin in seinem Roman »Giovannis Zimmer« als »Asche im Mund« bezeichnete – eine Scham, die wir fühlen, wenn sich unsere Körper ohne Zuneigung, ohne Freude miteinander verbinden. Wenn wir keine Freude für unsere eigenen Körper empfinden. Das ist dann, als ob man einen Stecker in eine tote Steckdose steckt. Wenn keine Elektrizität von Körper zu Körper springt, ist das das Gegenteil von »I Sing The Body Electric«. Die Asche im Mund ist mittlerweile vielleicht nicht so sehr religiöser oder moralischer Natur. Vielmehr sind es die Verunsicherungs- und Minderwertigkeitsmechanismen, mit denen wir tagtäglich in den sozialen Medien bombardiert werden, die zum inneren Kurzschluss führen und die Elektrizität abtöten. Der Ton, mit denen wir online unsere Körper gegenseitig kommentieren und beschimpfen, ist rau und in seiner Brutalität oft völlig enthemmt. Als würde die Körperlosigkeit des digitalen Raums dazu führen, dass wir unsere Körper für ihre bloße Existenz bestrafen und knechten wollen. Mithilfe von Filtern projizieren wir digitale Ego-Ideale (also Versionen von uns, die wir gerne wären), die uns unter permanenten Druck setzen, diesem auch im realen Leben gerecht zu werden. So geht die rasante Entwicklung der sozialen Netzwerke denn auch Hand in Hand mit einer Explosion plastischer Chirurgie. Lippen werden dabei so extrem vergrößert, Wangenknochen soweit hervorgehoben oder die Form der Augen so verändert, dass ein Entfremdungs- bzw. *Alien*-Effekt entsteht. Die Hyper-Augmentierung unserer Gesichter lässt uns unwirklich, ja, außerirdisch wirken. Damit ist nun endlich auch auf physischer Ebene eingetreten, was Karl Marx 1844 vorausgesagt hat: die Entfremdung (auf englisch *alienation*) des Menschen von sich selbst durch den Kapitalismus. Im digitalen Zeitalter des ungebremsten Aufmerksamkeits-Kapitalismus, in dem dem Profit in Form von *Likes* und *Followern* weder Einhalt noch wirksame Sozialrichtlinien gesetzt sind, manifestieren wir unsere Entfremdung in unseren Gesichtern, indem wir uns zu *aliens* machen. Wenn das Gesicht dann mit Botox einbalsamiert und in die Paralyse versetzt ist, kann man sich fragen: Ist das jetzt ein Gesicht, das das Selfie nachahmt oder das Selfie das Gesicht? Am Ende eines jeden schönheitschirurgischen Eingriffs soll die Selbstliebe stehen. Doch wer einmal mit der Bildhauerei am eigenen Körper begonnen hat, hört meistens nicht mehr damit auf. Stattdessen hört dann irgendwann Maria Callas auf zu singen, und wir sind gefangen in der Botox-Filler-Maschine.

Das digitale Bombardement verschärft, was spätestens seit 1925 offiziell zu den Eigenarten des modernen Individuums gehört: den inneren Monolog. 1925 war nämlich das Jahr, in dem Virginia Woolf ihren Roman »Mrs. Dalloway« veröffentlichte. Das Buch ist eines der zentralen Werke des 20. Jahrhunderts, denn es lässt uns eintauchen in die endlosen Bewusstseinsströme seiner Protagonisten mit all ihren Zweifeln, Ängsten, Sehnsüchten und Abgrenzungsmechanismen. Wenn wir heute Menschen auf der Straße mit sich selbst reden sehen, nur um dann festzustellen, dass sie zwar telefonieren, aber letztendlich monologisieren, so ist dies ein Phänomen, das »Mrs. Dalloway« auf prophetische Weise vorausspiegelt. Der Strom der Gedanken, der in unserem digitalen Alltag durch unseren Kopf sprudelt und sich gelegentlich auch in Form von *Posts* oder Kommentaren manifestiert, wir finden ihn in einer Ur-Version in »Mrs. Dalloway«. Bei der Figur Mrs. Dalloway handelt es sich um eine bourgeoise Dame der Londoner Gesellschaft, die am Abend eine Party geben will. Wir als Leser schwimmen im Fluss sowohl ihrer Gedanken als auch der der anderen Figuren, mit denen sich an diesem Tage Mrs. Dalloways Wege kreuzen. Dabei erfahren wir auch von Mrs. Dalloways Sozialängsten, die perfekt an den Pool eines italienischen Luxushotels im Sommer 2021 gepasst hätten. Als Leser erleben wir zudem die Depression und psychische Zerstörung einer anderen Romanfigur, Septimus Warren Smith, der von seinen Erfahrungen im Ersten Weltkrieg traumatisiert ist und Selbstmord begeht. Doch obwohl sich der Roman mit Themen wie Trauma und psychischer Erkrankung befasst, wirken die inneren Monologe in »Mrs. Dalloway« sanft, ja, lyrisch im Vergleich zum Strom der Empörungen, Ängste, ekstatischen Sentimentalitäten, Erniedrigungen und Eitelkeiten, mit denen wir jeden Tag den digitalen Raum beschallen und uns selbst und andere beschimpfen. Einen Raum, der sowohl öffentlich wie auch privat ist, global vernetzt und dennoch ganz intim in unserer Hand. Wir texten, posten, konsumieren und infantilisieren wie Mrs. Dalloway auf Crack Cocaine. Ähnlich wie die 20er Jahre des 20. Jahrhunderts, in denen Mrs. Dalloway entstand, sind auch die 20er Jahre des 21. Jahrhunderts eine Zeit extremer Transformationen und dadurch eine Zeit extremer Ängste, Sorgen und innerer Lähmung. Die Digitale Revolution von 1989 hat grundsätzliche Veränderung ausgelöst, wie wir als

Menschheit miteinander umgehen und welchen Bezug wir zu unseren Körpern haben. Die Klimakatastrophe wird zu weiteren tektonischen Verschiebungen in unseren Gesellschaften führen, und eine globale Pandemie ist auch nicht ganz ohne. Auf Englisch können wir unsere Zeit als *age of anxiety* bezeichnen. Dabei sind die Folgen der Digitalen Revolution der bisher langfristigste und deutlichste Wechsel, der in unserer Gesellschaft stattgefunden hat. Es fragt sich, inwiefern sich ein direkter kausaler Zusammenhang mit dem enormen Wachstum der digitalen Medien und unserer psychischen Gesundheit und unserem Selbstwertgefühl herstellen lässt. Tatsache ist, dass laut der britische Organisation *Mind* in den Jahren 2000–2014 die Anzahl der klinisch registrierten Fälle von Selbstverletzung um 62% gestiegen ist. In der gleichen Zeit ist die Anzahl der Menschen, die in den letzten 12 Monaten von Selbstmordgedanken berichteten, um 30% gestiegen. Laut eines Artikels im *American Journal of Psychiatry* vom 1. April 2021 ist in den USA Selbstmord der zweithäufigste Todesgrund bei Amerikanern im Alter von 10-34 Jahren. Teenager sind demnach besonders gefährdet, denn sie haben noch keine psychischen Resilienzen entwickelt, stehen aber in ihrer physischen wie emotionalen Umbruchsphase unter enormen Druck. Gerade für junge Menschen scheint es derzeit sehr schwer, sich selbst zu lieben.

Als ich 14 Jahre alt war und in die 8. Klasse ging, rauschte meine damalige Lateinlehrerin Frau Hintz sehr entschlossen ins Klassenzimmer und teilte einen fotokopierten Text aus. Es handelte sich um einen Brief des stoischen Philosophen Seneca, in dem dieser den Selbstmord verteidigt. Ohne große Einleitung, geschweige denn *trigger warning*, begannen wir, den Text zu übersetzen. Zu leben sei nicht so wichtig wie ehrenhaft, vernünftig und mutig zu sterben. Ich kann mich noch an die Sätze erinnern »Du hast Angst vorm Sterben? Ja, bist du denn jetzt lebendig?!« Als Hausaufgabe sollten wir einen Aufsatz schreiben, in dem wir zu Senecas Ansichten Stellung nehmen sollten. Ganz klar ein didaktisches Spiel mit dem Feuer, das Frau Hintz da betrieb. Denn auch wenn es in den 80er Jahren noch keine Mobiltelefone und kein Internet gab, in der Transformationszeit der Pubertät war Selbstliebe schon damals schwer. Aber meine Schule verfolgte den Grundsatz: Was dich nicht kaputt macht, macht dich stärker. Es gab da kein Wohlfühl- oder Spaßprogramm. Außerdem passte der Text nun mal so gut zu Goethes Werther, den wir im Deutschunterricht lasen. Beim Selbstmord, also dem ultimativen Mangel an Selbstliebe, kann der innere Schmerz, die Angst und die Selbstverachtung so massiv sein, dass wir uns fühlen, als stünden wir im 30. Stock eines brennenden Wolkenkratzers – wir stehen vor der Wahl, im Gebäude unterzugehen oder in die Tiefe zu springen. Und ja, es ist eine Heldentat, wenn wir es schaffen, das Feuer zu löschen und weiterzuleben. Damals wie heute verstehe ich, was Seneca uns sagen wollte, aber ich bewundere den Mut der Menschen, die sich gegen den Freitod entscheiden und es noch einmal versuchen wollen mit der Selbstliebe. Frau Hintz hätte uns damals sagen sollen: Wer Seneca liest, sollte immer auch David Bowie hören, besonders den Song »Rock 'n' Roll Suicide«, in dem es heißt:

Oh no, love! You're not alone
You're watching yourself but you're too unfair
You got your head all tangled up
But if I could only make you care
Oh no, love! You're not alone

Konsum wird uns verkauft als ein Werkzeug, mit dem wir zumindest die kleinen Feuer im Haus unserer Seele löschen können. Konsum soll als Akt der Selbstliebe funktionieren. Die Dinge, die wir kaufen oder *liken* (auch das ist Konsum), sollen uns helfen, unsere Identität zu bestimmen und zu festigen. Problem ist nur, dass die Mechanismen, die uns zum Konsum anregen, auf Vergleichen mit anderen und dem Schüren von Minderwertigkeitsgefühlen beruhen, dem schon erwähnten mimetischen Begehren. Sei es nun aus Frauenmagazinen oder aus den sozialen Medien, wir kennen sie alle: die ewige Litanei der Selbstoptimierung und der Fragmentierung des Körpers in Problemzonen. Das *Ich* wird zu einem Problem erklärt, das durch Konsumentscheidungen gelöst werden kann. Bei der inneren Angst vor der eigenen Unzulänglichkeit – der *anxiety* – soll angeblich dieselbe Gehirnzone aktiviert werden wie bei sexueller Erregung. Demnach ist die Erotik des Konsums immer auch die Erotik der Selbsterniedrigung. Was in gewisser Weise die Beschimpfungen erklärt, mit denen wir einander in den sozialen Netzwerken begegnen. Wie sollen wir denn unseren Nächsten lieben, wenn wir uns selbst so sehr hassen? Dass wir in konsumgeprägten Gesellschaften ein Problem mit *anxiety* haben, ist mittlerweile auch bei den unterschiedlichsten Industriezweigen angekommen. Die Pharmaindustrie

bietet ein breites Sortiment an Tabletten an, die uns bei unseren Selbstzweifeln, Ängsten und Negativgedanken helfen sollen. Auch die Werbung versucht gelegentlich, durch das Abbilden von nicht-dünnen Models damit zu punkten, dass sie Selbstakzeptanz unterstützen. Radikale Selbstakzeptanz und Selbstliebe stehen im Zentrum eines Selbsthilfe-Booms. Achtsamkeits-Apps sollen den inneren Negativmonolog beenden. Während wir den ganzen Tag dazu animiert werden, unsere Frustrationstoleranz herunterzufahren und jedem Impuls, jedem Begehren nachzugehen, sollen wir uns dann abends mit Apps beruhigen, in denen uns Schauspieler und Popstars idiotische Einschlafgeschichten erzählen. Infantilisierung total. Wie kleine Kinder werden wir in den Schlaf gesäuselt und sollen dabei all die Stimmen in unserem Kopf vergessen, die uns sagen, dass wir nicht gut, dünn, erfolgreich oder reich genug sind. Und natürlich sollen dabei auch alle wütenden Stimmen beruhigt werden, die möglicherweise ein Problem damit haben, dass zum Beispiel Frauen im europäischen Durchschnitt immer noch 17% weniger Lohn als Männer für den gleichen Job bekommen. Auch in den Streaming-Diensten der Musikindustrie boomt minimalistische Elektronikmusik, die dem digitalen Wust der Stimmen entgegenwirken und uns beruhigen soll. Diese Musik ist das Gegenteil von Kontrapunkt. Hyperreduziert – das Chaos der aufgeregt blinkenden Gedanken soll in eine Singularität kollabieren. Wie tote Sterne, die zu schwarzen Löchern mutieren. Vor Kurzem sah ich auf Instagram einen Post der Popsängerin Alicia Keys. Darin forderte sie ihre Fans auf, sich fünf Minuten lang vor den Spiegel zu stellen und sich selbst anzuschauen. Fünf Minuten lang Singularität. Nur ich mit mir. Das soll die Selbstliebe und die Selbstakzeptanz fördern. Das tiefe Einsinken in das Selbst mit dem Versprechen, dass es innendrin tatsächlich etwas radikal Interessantes zu finden gibt – irgendwas, was mich davon abhält, mir noch einmal die *Top Ten* meiner peinlichsten Momente beim Einschlafen vorzubeten. Gwyneth Paltrow, die mit Selbstoptimierung und Wellness ein ganzes Lifestyle-Imperium aufgebaut hat, macht jetzt Werbung für den deutschen Kosmetikkonzern Merz. »Selbstliebe durch Selfcare« steht da über dem Foto von Paltrow. Im Text wird uns versichert, dass Selbstliebe lebenswichtig sei und nichts mit Eitelkeit zu tun habe, sondern viel mehr damit, auf sich selbst und sein Wohlbefinden zu achten. Dazu gibt es dann natürlich verschiedene Produkte, die für eine glattere und festere Haut sorgen sollen, denn niemand will eine faltige oder – schlimmer geht's ja nun gar nicht mehr – alte Haut haben. Und klar, Meditieren ist natürlich auch ganz wichtig. Ohne Achtsamkeit geht ja eigentlich überhaupt nichts mehr.

Ich bin dieses Jahr 50 geworden. Zugegeben, ich hatte keine große Lust auf diesen Geburtstag. Aber als er dann da war, war das ein sehr befreiendes Erlebnis. Weil mir auf einmal klar wurde, dass mich das Nachdenken über das Älterwerden entsetzlich langweilt. Ich habe einfach keine Lust mehr, mein Alter in irgendeiner Weise zu problematisieren. Zu meinem Geburtstag bekam ich ein Buch geschenkt, mit dem Titel »Göttinnen altern nicht«.

In zwölf Kapiteln ist aufgelistet, was ich als alterslose Göttin alles zu tun und zu lassen habe. Zum Schluss gibt es noch das 14 Tage-Programm für die Göttin in mir. Ich habe natürlich sofort zum Kapitel über Sex vorgeblättert. Da stand, dass vom Gebrauch von Vibratoren abzuraten sei, denn die würden abstumpfen. Weiter bin ich nicht gekommen. Bei solchen natürlichkeits-ideologischen Behauptungen habe ich immer Assoziationen von keulen schwingenden Mädchen am Strand in weißen Turnleibchen. Mir fiel dann auch auf – und ich weiß, ich bin diesbezüglich neurotisch –, dass mich das Logo des Esoterik-Verlags, bei dem das Buch erschienen ist, an ein Hakenkreuz erinnert. Aber das passiert einem leicht mal, wenn man wie ich seinen Geburtstag mit Adolf Hitler teilt. Das ist schon schlimm genug und wirklich der blödeste Geburtstag, den man in Deutschland haben kann. Wenn ich mich eh schon für meinen Geburtstag schäme, will ich mir nicht auch noch Gedanken darüber machen müssen, wie ich von jetzt an nicht mehr altere. Keine Frage, das Geschenk war lieb und als Kompliment gemeint. Aber ich denke, mir ist das Göttinnen-Dasein auf Dauer einfach zu anstrengend, und ich habe noch so viel andere Dinge, die mich gerade beschäftigen. Selbstliebe in Form von radikaler Selbstakzeptanz, einem 12-Schritte-Programm zum Auf-sich-selber-Achten und dann auch noch höchst achtsam in den Spiegel starren kann auch zu *performance anxiety* führen. Zu Selbstliebe-Stress. Wieder steht man da unter dem Druck, alles richtig zu machen. Wieder sollen wir genau definieren können, wer wir sind, was wir brauchen, was wir begehren, was wir uns selbst alles vergeben dürfen. Und natürlich steht da gleichzeitig die Erwartung, dass wir am Ende dieser Selbstliebe-Übungen glücklich sind. Wir sollen die Scham besiegen und schämen uns doch gleichzeitig, dass wir uns schämen. Die Sprache der Selbstoptimierungs- und Wellness-Welt ähnelt dabei immer wieder der Sprache der Soziologie. Da sollen wir Elemente unseres Selbst *integrieren* oder uns von unerwünschten Elementen *reinigen*. Da geht es um Residuen, also Überreste, und Zwänge, von denen man sich befreien soll. Nicht immer ist diese Sprache im Einklang mit demokratischen Grundsätzen. Die totalitären Phantasien, die uns sonst peinlich sind, sie werden auf den Körper übertragen und damit eben auch all die Hysterie, die mit Totalitarismus einhergeht. Am Ende schaut uns im Spiegel nichts anderes entgegen als das hysterische Selbst: aufgeregt, hilflos und erfolgsgetrieben. Das Leben ist einfach zu kurz für diesen Quatsch.

In der griechischen Mythologie gibt es den Seher Teresias – eben der Seher, der Ödipus erklären muss, dass Ödipus selbst es war, der seinen Vater ermordet und seine Mutter geheiratet und so die Pest über Theben gebracht hat. Dieser Teresias ist übrigens auch deswegen eine interessante Figur, weil er sieben Jahre lang als Frau lebte und die Ansicht vertrat, dass Frauen zehnmal so viel Lust beim Sex empfinden wie Männer. Aber das nur nebenbei. Dieser Teresias also warnte die Mutter von Narzissus, ihr Sohn werde ein langes Leben führen, aber nur, solange er sich nicht selbst erkennen würde. Narzissus wuchs zu einem schönen jungen Mann heran, einem echten Herzensbrecher, in den sich nicht nur die Nymphe Echo hoffnungslos verliebte. Aber Narzissus wollte von all seinen Bewunderern nichts wissen. Immer wieder floh er vor jeder Form der Intimität. Als sich einer dieser Abgewiesenen, der Jüngling Ameinius, umbrachte, schworen die Götter Rache und verfluchten Narzissus. Da passierte es dann, dass Narzissus sich zum ersten Mal in einem stillen Quellwasser erblickte. Er war so verzaubert von seinem schönen Antlitz, dass er sich in sein Spiegelbild verliebte und nicht mehr wegschauen konnte. Vor dem Quellwasser verharrend, immerzu auf sein Spiegelbild starrend, verhungerte er, und sein Körper verwandelte sich in Narzissen, die am Quellufer aus dem Boden sprossen. Teresias hatte Narzissus gewarnt, dass Selbsterkenntnis nicht gut für ihn sei. Im Gegensatz zu Ödipus, der seine Identität wie ein Detektiv erforscht und dadurch die Stadt Theben von der Pest befreit, wird Narzissus davor gewarnt, sich zu sehr mit sich selbst zu beschäftigen. Sigmund Freud sah in beiden Sagen prototypische Narrative der Psyche. Die Geschichte von Narzissus ist eine Warnung vor einem Exzess an Selbstliebe, von einer Liebe, die zum Gefängnis, ja zu einem Fluch wird, ähnlich dem »Spieglein an der Wand« in Schneewittchen. Narzissus flieht vor den anderen, die Nähe zu ihm begehren. Sein Spiegelbild ist alles, was er begehrt – und alles, was nicht sein Spiegelbild ist, ist ihm unerträglich. Narzissmus bedeutet demnach eine Flucht vor dem Anderen, dem Kontrapunkt. Narzissmus, das ist die Tyrannei der Spiegelung, die Gleichschaltung aller Stimmen auf die eigene. Es ist nicht nur die Flucht vor den Anderen, sondern auch die Flucht vor dem Anderen in sich selbst. Jeder innere Widerspruch, jeder Bruch, jede Abhängigkeit, jedes Versagen muss ausgeschaltet, negiert werden. Am besten durch die Bewunderung durch andere. Menschen sind einem Narzissten nur dann erträglich, wenn sie ihn bewundernd spiegeln. Ihre Augen sind wie kleine runde Quellgewässer, in denen er sich selbst bewundern kann. Deswegen braucht der Narziss die anderen, ja, ist süchtig nach ihren bewundernden Augen. Denn nur in den Spiegelflächen der Augen kann er sich selbst erfahren, ja, überhaupt existieren. Narzissmus, das ist der Widerspruch, dass man ohne die anderen nicht zu leben und sie gleichzeitig nicht zu ertragen vermag. Eine Nichtspiegelung löst eine existenzielle Krise aus. Auch Goethes Werther trägt narzisstische Züge. Diese Ansicht mag ob Werthers Liebe zu Lotte zynisch erscheinen: Werthers vermeintliche Allwissenheit ist nichts anderes als eine Flucht vor der Realität. Die Verzweiflung, die ihn am Ende in den Selbstmord treibt, besteht auch darin, dass weder seine große Liebe Lotte noch seine Umgebung ihn und seine Sicht auf die Dinge zu spiegeln vermag. Aber auch wir, die Vertreter des vermeintlich allwissenden *Homo Digitalis*, stürzen uns mit unseren digitalen Quellgewässern in der Hand in Verzweiflung, wenn die Spiegelung per *Likes* ausbleibt. Werden süchtig nach der Bestätigung durch andere. Verfallen der Tyrannei der Bewunderung. Wir tauchen ab in die virtuelle Realität, wo es nur ein moralisches Gut gibt: Aufmerksamkeit. Die Sucht nach Spiegelung macht uns zunehmend unfähig, das Andere auszuhalten oder zu akzeptieren. Wir können den Kontrapunkt nicht mehr ertragen. Die sozialen Medien unterliegen in ihrer Essenz narzisstischen Strukturen. Egal, welche politischen Positionen wir in den unterschiedlichen Foren vertreten, im gleichgeschalteten Bedürfnis nach Zustimmung und Bewunderung sind wir alle apolitisch, um nicht zu sagen undemokratisch. Werden zu Faschisten unseres Ichs. Das ist keine Liebe, das ist Einsamkeit.

Selbstliebe vermeidet all dieses Um-sich-selbst-Kreisen, wenn wir uns vergegenwärtigen, dass es das »Selbst« gar nicht wirk-

lich gibt. Dass wir uns selbst lieben, uns wohltun, uns nach-
sehen und verzeihen, wenn wir die Welt, in der wir leben, und
die Menschen in unserem Leben, die *Anderen*, lieben. Unsere
Körper sind keine geschlossenen Systeme mit klaren Grenzen.
Jedes Molekül in unserem Körper ist Teil eines endlosen Re-
cycling-Prozesses, der vor Billionen von Jahren mit der Ent-
stehung des Lebens begann. Die Hälfte der Atome in unserem Körper stammen aus fernen Ecken des Universums und
sind das Resultat von sterbenden Sternen, die zur Supernova
werden und durch galaktische Winde zu uns geweht werden.
Die Anzahl der Bakterien, die in unserem Körper leben – unser Mikrobiom – übertrifft die Anzahl menschlicher Zellen.
Jeder Mensch verbreitet pro Stunde ca. 1 Million mikroskopi-
sche Partikel, während sich unser Körper permanent erneuert.
Diese Wolken an Mikropartikeln, die uns umgeben, sind so viel
größer als unser greifbarer, sichtbarer Körper und vermischen
sich mit den Wolken der anderen. Wir empfinden Subjektivität, doch jeder von uns ist nur ein winziger Teil eines großen
kosmischen Ganzen. Das separate Selbst ist eine Illusion, so
der britische Ökologe Prof. Tom Oliver in seinem Buch »The
Self Delusion«. Jeder von uns ist ein *body electric*, verbunden
miteinander durch den Strom unsichtbarer Partikel. Wenn
eine globale Pandemie für irgendetwas gut sein sollte, dann,
um uns an diese Tatsache zu erinnern.

Unser Selbstgefühl, unsere Identität speist sich aus unseren
Erinnerungen. Doch unsere Erinnerungen sind fluide, passen
sich den Lebensumständen an, können manchmal erst nach
langer Zeit zutage treten. In diesem Sinne ist Identität kein Zu-

stand, sondern eine Aktivität. Das Selbst ist ein Ereignis, das immer wieder aufs Neue stattfindet, und wir versuchen, diese Ereignisse miteinander zu verbinden, indem wir uns und unserer Umwelt die Geschichte von uns selbst erzählen. In diesem Sinne findet Identität immer in Zusammenhang mit anderen Menschen statt. Das Selbst ist ein Gruppensport. Der Kapitalismus bedient sich dieses Gefühls der Subjektivität, denn er beruht auf der Idee des Copyrights, des Originals, der Einzigartigkeit. Unsere Kultur definiert sich durch einen Kult, ja eine Vergötterung des Individuums – sei es durch die Idee des wissenschaftlichen Genius, die Verehrung von politischen Anführern oder Prominenten als Quasi-Erlöser, durch Hollywoodfilme, die Individualität und den freien Willen feiern, oder aber durch tragische Figuren wie Goethes Werther, der durch seinen seelischen Schmerz das Drama des Selbst erlebt. Wenn wir uns vergegenwärtigen, dass es sich beim Selbst um eine Illusion handelt, ist Selbstliebe vor allem Nächstenliebe. Die Wertschätzung des Anderen, des Kontrapunkts. Deswegen erfordert Selbstliebe Überwindung, Anstrengung und ja, auch Schmerz. Jeden Tag sein Bestes zu geben, seine Komfortzone am Quellwasser zu verlassen – auch wenn das manchmal nur ein Lächeln ist oder ein Wort, das man nicht sagt. Oder – wie Gustav Aschenbach in Viscontis Filmversion von »Der Tod in Venedig« – einfach nur am Strand im Dunst der sterbenden Stadt zu sitzen und die Grenzen des Selbst zerfließen zu lassen.

Gerade war ich am Strand. Ich war den ganzen Tag etwas durcheinander, weil ich mir am Morgen beim Glühbirne-Wechseln einen Schlag geholt hatte. Plötzlich jagten mir da

220 Volt durch den Körper. Irgendwie entsprach das nicht so ganz meiner Vorstellung von *the body electric*. Danach hatte ich mich dann wieder mal über Leo geärgert, der aber auch wirklich jeden Punkt im Narzissmus-Katalog erfüllt. Ich rollte mit den Augen und vermisste plötzlich sehr intensiv meinen verstorbenen Mann. Als ich auf meinem Bildschirm die Nachrichtenbilder sah, war ich dann endgültig fertig mit den Nerven. Die Fotos von Waldbränden und überfüllten Krankenhäusern erinnerten mich sehr an Senecas Version der Ödipus-Tragödie. Es gibt eine Stelle in der von Ted Hughes übersetzten Fassung, die perfekt die gegenwärtige Untergangsstimmung aus Pandemie und Klimakatastrophe beschreibt: »*Our lungs scorch – we gulp for breath but there's no air – the heat never moves – the sun presses down on us with its whole strength …*«. Seneca ist wirklich nichts für Wellness. Danach war ich so paralysiert, dass ich kaum etwas schreiben konnte. Kurzum, ich hatte einen schlechten Tag. Irgendwann ging ich dann zum Strand. Dort befanden sich lauter französische Rentner. Die saßen alle mit ihren faltigen, tief braun gebrannten Körpern auf Klappstühlen in der Abendsonne, bekakelten irgendeinen Quatsch und spielten Volleyball. Denen schien wirklich alles egal. Ich ließ mich besäuseln von ihren surrenden Stimmen, den leise rauschenden Wellen und den gackernden Möwen. Es dauert nicht lange, da war der ganze Tag weggeweht und all meine Mini-Dramen mit ihm. Jocaste, die Mutter/Ehefrau von Ödipus, sagt am Ende der Tragödie: »*Nothing can be blamed – everything that has happened is here – there is no road away from it.*« Mir fiel ein, dass ich am nächsten Tag mal eine Schreibpause machen und nach Saint-

Paul-de-Vence fahren könnte. Da steht das Haus von James Baldwin. Vielleicht werde ich Leo sogar ein Foto davon schicken. Er wird es zwar nicht verstehen, denn es ist ja kein Foto von ihm, aber das ist egal. Mittlerweile ist die Sonne untergegangen. Die ersten Sterne blinken am Nachthimmel über meinem Balkon. Auf der Hauptstraße röhrt ein Motorrad laut durch die Nacht. Es quaken ein paar Frösche, und zwei Fledermäuse fliegen vorbei. Mein Selbst ist gerade so angenehm klein, dass ich es kaum noch spüre. Ich fühle mich wie im »Midsummer Night's Dream« von Shakespeare. *My soul is in the sky.*

JENSEITS VON EDEN – FREUNDSCHAFT

Gib mir Honig.
JOSEPH BEUYS

Es war eine der ersten schönen Nächte des Sommers. Bob und ich saßen auf Bierbänken vor einem libanesischen Restaurant im Prenzlauer Berg. Während der langen Monate des Lockdowns hatten wir nur wenig voneinander gehört. Dass er jetzt so vor mir saß, mit all seinem Witz, seiner Intelligenz und seiner Schamlosigkeit, war wie ein kleines Wunder. Als würde ein Teil von mir nach monatelangem Koma endlich wieder erwachen. Eines unserer Lieblingsthemen ist Sex. Schon auf dem Weg zum Restaurant hatte mir Bob erzählt, dass er dort kurz sein Grindr-Date vom Vormittag treffen müsse. Ein 24-jähriger Geigenspieler, der ausgesehen hätte wie 17. Bob hatte das verstört. Er habe sich gefühlt, als hätte er der Vater des Mannes sein können. Überhaupt sei das eine seltsame Begegnung gewesen. Nicht so wirklich nach Bobs Geschmack, denn der Geigenspieler habe ihn gebeten, ihn zu ohrfeigen. Bob weigerte sich. Als der Geigenspieler wieder gegangen war, musste Bob feststellen, dass sein Date seinen Haustürschlüssel, seinen

Geldbeutel sowie seine Gesichtsmaske und zwei Euro und 57
Cents auf Bobs Tisch hatte liegen lassen. Bob und ich schauten
uns an. Wir zogen die Augenbrauen hoch und grinsten. Freud
ließ grüßen, der Geiger hatte es (bewusst oder unbewusst) auf
ein Nachspiel abgesehen. Die Gesichtsmaske hatte Bob sofort
in den Mülleimer geworfen. Die 2 Euro 57 gab er Uwe, seinem
Freund, denn der habe Wechselgeld gebraucht. Aber der Geldbeutel und der Haustürschlüssel, die musste Bob zurückgeben.
Das verlangte der Anstand. Die Übergabe sollte in diesem libanesischen Restaurant stattfinden, in dem wir zusammen saßen.
Bob hatte ihm die Adresse geschickt. Es war schon dunkel, und
wir waren seit einer Weile mit unserem Essen fertig, als wir uns
fragten, wo denn der Geiger blieb. Irgendwann schaute Bob auf
sein Handy und sah eine 45 Minuten alte Textnachricht: Der
Geigenspieler schrieb, er stünde jetzt an der Straßenbahnhalte-
stelle gegenüber vom Restaurant und warte auf ein Zeichen von
Bob. Bob kniff die Augen zusammen und suchte im Dunkeln.
Dort stand tatsächlich eine schmächtige Gestalt mit Geigenkasten auf dem Rücken. Bob verstand nicht. Was sollte das? Warum
stand der Geiger da herum wie ein unartiges Kind in der Ecke?
Ohne dass Bob es wollte, fühlte er sich in die Rolle des Bestra-
fenden gedrängt. Bob winkte, und der Geiger kam zu unserem
Tisch. Er verbeugte sich sehr artig. Bob stellte mich vor: Das
sei Katja, sie würde auch Geige spielen. Sofort schoss mir seine
Hand entgegen und wollte die meine schütteln. Ich sah den
Geiger sprachlos an. Ich hatte seit fast einem Jahr keine Hand
mehr geschüttelt und schüttelte stattdessen den Kopf (lächelnd
wohlgemerkt). Der Geiger schaute mich mit seinem blassen
Kindergesicht an, als hätte ich ihn geohrfeigt. Allerdings wusste

er dabei nicht, dass ich wusste, dass ihm Ohrfeigen Lust bereiteten. Es folgte ein kurzer Moment, in dem wir alle drei lächelten und uns unwohl fühlten. Dann gab Bob dem Geigenspieler seinen Geldbeutel und seinen Haustürschlüssel zurück, und der Mann verschwand mit seinem Geigenkasten in die Sommernacht. Bob und ich schauten uns an. »Wow ….!«, sagten wir gleichzeitig. Die ganze Interaktion war wie ein Schnappschuss einer dysfunktionalen Familie gewesen. Bob und ich hatten uns auf seltsame Weise in die Elternrollen gedrängt, ja, wie ferngesteuert gefühlt – ich die emotionale distanzierte Mutter und Bob der desinteressierte Vater, der seinem Sohn Haustürschlüssel und Geld gibt. Für ein paar Minuten waren wir nicht länger Freunde gewesen, sondern zusammengeschweißt in einem Familienzirkel der Frustrationen und Erniedrigungen. Wir fragten uns, ob der Geiger sich wieder mit uns zum Abendessen treffen und das Rollenspiel fortführen wollte. Die nächste Viertelstunde verbrachten wir damit, uns einen solchen Abend in den düstersten Farben auszumalen. Je mehr menschliche Abgründe wir uns ausdachten, desto mehr mussten wir lachen. Es ist alles so schrecklich absurd, was wir einander im Namen der Liebe und des Begehrens antun. Und irgendwie lachten wir uns dabei auch ein wenig den Stress der letzten Monate vom Herzen. Als Bob und ich uns an diesem Abend verabschiedeten, dachte ich mir, wir dankbar ich bin, ihn zum Freund zu haben.

Eine Freundschaft kann auch ohne den Einfluss eines vermurksten Grindr-Dates leicht in eine Wiederholung familiärer Dynamiken abrutschen. Vielleicht lernt man eine neue Person kennen, hat diese intensiven Gespräche, fühlt sich verstanden wie sonst von niemanden, spürt da eine ganz neue menschliche Nähe. Und dann ganz plötzlich kommt ein seltsamer Beigeschmack auf. Irgendwas läuft schief. Und auf eine unbestimmte und deswegen umso dringlichere Weise kommt einem das alles bekannt vor. Und man merkt: Ich bin gerade wieder mit 180 Sachen in die Endlosschleife meiner eigenen Dysfunktionalität hineingerast. Sei es nun, dass da Geschwisterrivalitäten wiederholt werden oder Enttäuschungsmuster, die man mit einem Elternteil erlebt hat. Aber das passiert nicht nur bei neuen Freundschaften. Auch der beste Freund kann sich verhalten wie ein Echo der Mutter, die nie zurückruft oder in letzter Minute Verabredungen platzen lässt. Deswegen haben wir uns diesen Freund ja auch ausgesucht, weil er genau wie die Mutter Probleme mit Nähe und Kontrolle hat. Das fühlt sich einerseits vertraut an, andererseits birgt der Freund die Hoffnung, dass die Dinge in ihrer Wiederholung besser laufen werden. Dass wir dieses Mal nicht abgewiesen und vernachlässigt werden, sondern dass in der Freundschaft die Wunde der Kindheit geheilt werden kann. Was allerdings nur selten passiert, denn dazu müssten wir uns auch unseres eigenen Verhaltens bewusst werden. Nicht nur in romantischen Beziehungen, sondern auch in Freundschaften taucht zudem immer wieder das Thema emotionale Ambiguität auf. Wir machen uns schwer erreichbar, um Bedürftigkeit im anderen zu erschaffen und gleichzeitig uns selbst Bedürfnislosigkeit zu attestieren, die uns wiederum erlaubt, die Bedürftigkeit des anderen mit Augenrollen zu bestrafen. Oder aber die Freundschaft wird zur Bühne der Rache, die man eigentlich an diversen Familienmitgliedern nehmen will. Sei es nun, dass

man Rivalitäten provoziert oder Druck ausübt, wenn sich die Freundin nicht an die ihr zugeteilte Rollenverteilung hält – zum Beispiel, wenn der Freund oder die Freundin plötzlich erfolgreich wird oder ihre Sucht überwindet und wir so aus unserer eigenen Rolle der Erfolgsperson gedrängt werden. Besonders beliebt ist auch die Positionierung der eigenen Person als Großinquisitorin der Loyalität. Auf diese Weise können wir die Freundschaft zum großen Melodram der Moral inszenieren – wie Gangster im Mafia-Film können wir einander vorhalten, die Freundschaft betrogen zu haben, und darauf warten, dass der andere uns ein Angebot macht, das wir dann ablehnen können. Und wie bei Gangstern geht es dabei nicht um Moral, sondern um das Melodram der Erwartungen. Die Möglichkeiten, sich das Leben mit Freundschaften zur Hölle zu machen, ist endlos. Wahrscheinlich ist das auch der Grund, warum viele Leute den Hund als »*man's best friend*« bezeichnen. Mit Hunden hat man den ganzen Ärger nicht. Und ja, wer so ganz unbedingt seine gestörte Elternbeziehung mit seinen Haustieren wiederholen möchte, kann sich immer noch einen Leguan kaufen. Oder eine Tarantel. Die machen auch keinen Dreck.

Ein Leben ohne Freundschaft mag ein Leben ohne Bitterkeit sein, aber es ist auch ein Leben ohne Süße. Ohne Salz. Ein Leben ohne Geschmack. Ich bin in Kassel aufgewachsen. Dort findet alle fünf Jahre die Documenta statt, die weltweit größte Ausstellung zeitgenössischer Kunst. Vielleicht hat sich das mittlerweile geändert, aber damals in den 70ern oder 80ern war außer der Documenta nicht viel los in Kassel. Die Stadt war grau und deprimierend. Nur ein paar Kilometer weiter hörte die Welt auf, denn da befand sich die deutsch-deutsche Grenze. Das Leben spielte sich woanders ab. Doch alle paar Jahre kamen die Künstler. Mit ihnen tauchten in der Stadt seltsame Konstrukte auf, über die sich die Leute aufregten und die Köpfe schüttelten. Diese Kunstwerke fielen aus dem Rahmen des Gewohnten, ja, sie störten. Sie waren mir als Kind auch völlig unverständlich. Und genau deswegen fand ich sie so aufregend. Erst vor Kurzem ist mir bewusst geworden, dass ich gerade mal sechs Jahre alt war, als ich folgende Unterhaltung mit meiner Mutter hatte: Wir fuhren in ihrem alten Renault 4 am Museum Fridericianum vorbei, wo gerade die Documenta 6 stattfand. Davor stand ein mehrere Meter hoher rostiger, schiefer Turm. Ich lehnte mich nach vorne zum Fahrersitz und fragte meine Mutter, was das sei. Sie antwortete ein wenig genervt: »Das ist Kunst.« Mehr hat sie nicht gesagt. Ich ließ mich wieder auf den Rücksitz fallen und fragte mich, wie das sein konnte. Dass dieses große rostige Ding – mittlerweile weiß ich, dass es sich um eine Skulptur namens »Terminal« des US-amerikanischen Künstlers Richard Serra handelte – dass dieses Ding, das mir auf mir unerklärliche Weise Angst machte, das Gleiche war wie die Gemälde und Skulpturen, die ich in den Kunstbüchern zu Hause gesehen hatte. Dass das alles gleichberechtigt war. Dass das alles Kunst war, das brachte mich wirklich durcheinander. Ich mochte dieses Gefühl. Es war wie Karussell fahren. Alles drehte sich, alles war aufgewirbelt. Ich habe mit meiner Mutter nicht weiter darüber geredet. Wenn überhaupt, habe ich das mit meiner Freundin Sibille besprochen, mit der ich schon als 2-Jährige befreundet gewesen war. Mit Sibille habe ich alles besprochen, stundenlang, bis spät in die Nacht, wenn sie bei mir übernachtete. Sie ist der erste Mensch außerhalb meiner Familie, an den ich mich erinnern kann. Nachdem wir umzogen waren, haben wir uns jahrelang Briefe geschrieben. Die Postkarte mit dem Titelbild von »Die Liebe in den Zeiten der Cholera«, auf dem ein Amor im Dschungel abgebildet ist, hatte ich eigentlich an sie geschrieben, aber nie abgeschickt. Als Teenager verloren wir uns irgendwann aus den Augen. Trotzdem: Meine ersten Erkundungen, wer ich jenseits der Familie sein mochte, sie erfolgten mit Sibille und in den langen Briefen, die ich ihr geschrieben habe. Bis ich meinen Mann kennenlernte, hatte ich nie mit einem einzelnen Menschen so viel geredet. Im selben Jahr wie Richard Serra mit seiner Skulptur »Terminal« nahm auch Joseph Beuys an der Documenta 6 teil. Seine Skulptur hieß »Honigpumpe am Arbeitsplatz«, bei der eine Pumpe Honig via Gummischläuche durch das Ausstellungsgebäude pumpt. Neben der Honigpumpe stand eine rotierende Kupferwelle in einem 100kg-Klumpen Margarine. In der offiziellen Interpretation dieser Installation geht es um gesellschaftlichen Austausch und die Erweiterung des Kunstbegriffs auf politische Dimension. Um transformatorisches, revolutionäres Handeln. Ich habe das nie so gesehen. Für mich geht es bei der Honigpumpe um Freundschaft. Honig, das ist dieser Wunderstoff, der von der Gemeinschaft eines Bienenvolks produziert wird. Und während wir als Individuen uns in unserem eigenen Saft bzw. unserer eigenen Margarine drehen (auch wichtig, denn Fett ist laut Beuys ein weiterer lebenswichtiger Wunderstoff), ist es die Freundschaft, die uns verbindet und uns mit dem magischen Elixier Honig, mit der Süße des Lebens versorgt.

In der Antike betrachtete man die Freundschaft – altgriechisch die *philia* – als essenzielle Grundlage für eine funktionierende Gesellschaft sowie für ein gutes Leben des Einzelnen.

Im griechischen Stadtstaat der *Polis*, besonders in einer Demokratie wie Athen, war das öffentliche Leben, und dabei besonders das der Manner, geprägt von sozialen Begegnungen und Austausch. Freundschaften bildeten das soziale Netzwerk, das das Individuum in Krankheits- oder anderen Notfällen auffangen konnte. Fast jeder überlieferte altgriechische Philosoph oder Autor ging davon aus, dass es sich bei Menschen um soziale Lebewesen handelt, die einen natürlichen Drang haben, Freundschaften einzugehen. Für Pythagoras, der nicht nur mathematische Formeln entwickelte, sondern angeblich auch der erste Mensch war, der sich selbst als Philosoph (also einen Liebhaber der Weisheit) bezeichnete und ca. 570 vor Chr. geboren wurde, ist die Freundschaft zentral für die menschliche Existenz. Sie geht für ihn weit über das Zwischenmenschliche hinaus und beschreibt ein Leben im Einvernehmen nicht nur mit anderen Menschen, sondern auch mit unseren Körpern, der Natur und Gott. Wie Honigschläuche, die alles durchweben und alles miteinander verbinden. Pythagoras legte Wert auf gegenseitige Nachsicht und Sanftmut als grundsätzliche Haltung zum Leben – einander mit Rücksichtnahme und Einfühlsamkeit zu begegnen, ganz besonders dann, wenn man am anderen etwas auszusetzen hat. Wut oder Ärger galt es zu kontrollieren und zu meiden, ebenso wie Misstrauen und Neid. »Freundschaft ist Gleichheit; Gleichheit ist Freundschaft« war eine der Maxime, die er seinen Anhängern ans Herz legte. In diesem Sinne ist Freundschaft eine Form der Solidarität als Grundlage einer Gemeinschaft. Freundschaft als universales Lebenskonzept, ja Weltanschauung. Sich nicht in Rivalität zueinander zu verlieren, sich nicht zu sorgen, dass man zu kurz kommt, dass zu wenig da ist, von dem, was einen glücklich macht. Freundschaft bedeutet Freundlichkeit, sich selbst und der Welt gegenüber. Ein Leben in Harmonie. Dazu muss allerdings erwähnt werden, dass die Anhänger Pythagoras' – die Pythagoräer – Freundschaft hauptsächlich untereinander pflegten und gegenüber Fremden sichere Distanz wahrten. Nur so ließ sich das Prinzip universeller Freundschaft real leben. Für Pythagoras war der Kosmos ein lebender und in sich harmonischer Organismus, dessen Schönheit sich in allen Aspekten manifestiert – sei es in der Mathematik, Musik oder in der Natur. Ein jeder Mensch ist dabei ein den großen Kosmos spiegelnder Mikrokosmos – einerseits existieren wir im Hier und Jetzt, andererseits sind wir Teil des kosmischen Honigstroms der Ewigkeit. Unsere Seelen sind unsterblich, bewegen sich in Harmonie im Universum. Und alles, alles ist Zahl. So unverständlich das Leben auch sein mag, es lässt sich immer auf die Zahl reduzieren. Oder wie es mein Teilchenphysiker Ex-Freund James ausdrückte, kurz bevor er eine Vorlesung vor Stephen Hawking an der Cambridge University halten sollte: »Eigentlich verstehe ich überhaupt nichts von dem, was ich hier mache, aber die Mathematik funktioniert.«

Mehr als hundert Jahre nach Pythagoras beschäftigte sich Plato mit dem Thema Freundschaft. Bei ihm sieht die Sache schon sehr viel komplexer aus als Pythagoras' kategorische Nettigkeit. Im Lysis-Dialog beschreibt Platon eine Unterhaltung seines

Lehrers Sokrates mit einem jungen Mann namens Lysis und dessen Freunden. Sokrates beginnt damit, dass er feststellt, dass ihm Freundschaft wichtiger ist als ein Schatz Gold. Und doch: Jedes Mal, wenn er versucht, eine These aufzustellen, was eine gute Freundschaft ausmacht, hinterfragt er seine These sofort wieder. Weder kann er bestätigen, dass sich Gleich und Gleich, noch, dass sich Gegensätze anziehen. Jeder Versuch, ein Gesetz der Freundschaft aufzustellen, endet mit einem großen Fragezeichen. Am ehesten kann er sich noch darauf einlassen, dass eine Freundschaft dann gut ist, wenn beide das Gute suchen und Gutes verfolgen. Doch das wirft dann wieder die Frage auf, warum gute Menschen überhaupt Freundschaft brauchen. Das Gute am Guten ist doch, dass es einen erfüllt und mit sich selbst und seinem Leben zufrieden macht. Oder wie Bob Dylan es in seinem Song »Dirge« ausdrückte: *I paid the price for solitude, but at least I'm out of debt.*

Platos Schüler Aristoteles versuchte, Klarheit in die sokratische Verwirrung zu bringen. Auch er beschäftigte sich intensiv mit dem Thema Freundschaft und machte dort weiter, wo Plato aufgehört hatte. In seinem Buch »Eudemische Ethik« besteht er darauf, dass Freundschaft »absolut notwendig für unser Leben« ist. »Niemand würde ein Leben ohne Freunde wählen, auch wenn er alle Güter der Welt hätte.« Aristoteles, der sich auch mit Biologie, Physik und Ethik und Politik beschäftigte und dabei sehr methodisch und analytisch vorging, versuchte auch bei der Freundschaft Kategorien und Allgemeingültigkeiten herauszuarbeiten. Für ihn gab es drei Arten von Freundschaft – wobei die Zahl Drei schon lange vor der Dreieinigkeit des Christentums eine immer wiederkehrende heilige Zahl darstellt. Das Orakel von Delphi, die Pythia, saß, wie gesagt, auf einem dreibeinigen Hocker, und in der Mythologie wurde das Schicksal der Menschen von drei Schwestern, den Moiren, entschieden; auch heute noch sind es die drei Dimensionen, die allem Raum und allem Dinglichen Stabilität geben und so Leben ermöglichen. Zu den drei Arten der Freundschaft gehört laut Aristoteles zunächst einmal die Zweckgemeinschaft. Sie verbindet die Menschen miteinander, weil sie mit gleichen Dingen beschäftigt sind, zum Beispiel miteinander zu arbeiten. Zweitens gibt es die von gemeinsamem Vergnügen geprägte Freundschaft – sei es, dass man gerne zusammen Sport treibt, trinkt oder feiert, oder eben auch die *friends with benefits* – Freunde, mit denen man Sex hat. Hollywood suggeriert uns zwar, dass Sex unweigerlich zum Ende der Freundschaft und romantischen Komplikationen führt – siehe »When Harry Met Sally« –, aber Sex kann auch einfach nur ein freundschaftliches Vergnügen sein. Bob und ich sind jedenfalls dieser Meinung. Einige meiner ältesten Freundschaften begannen mit Sex und – im Gegensatz zu den meisten meiner Ex-Partner – habe ich nie verstanden, warum das ein Problem darstellen soll. In diesem Zusammenhang stellt sich die Frage, ob Freundschaften mit Ex-Partner*innen erstrebenswert sind. Ich persönlich bin froh, dass ich immer noch mit James, dem Teilchenphysiker, in Kontakt bin. Weil ich sonst niemanden hätte, mit dem ich pubertäre Witze machen könnte. Auch die E-Mails mit meinem anderen Ex, Henry, weiß ich sehr zu schätzen. Aber dann ist da noch der schreckliche Thorsten. Und als ich vor Kurzem einen anderen Ex gegoogelt habe, tauchte da nur sein Verhaftungsfoto auf. Da war ich dann doch etwas schockiert. Freundschaften mit Ex-Lovern geben einem das Gefühl, dass nicht nur verbrannte Erde hinter einem liegt. Dass, was immer damals gewachsen ist, noch einen Platz im Garten der eigenen Seele hat. Auch wenn's nur ein morscher Baum ist. Aber manchmal ist es besser, den Garten einfach wachsen und das Leben die Vergangenheit überwuchern zu lassen.

Zweckfreundschaften und Freundschaften des Vergnügens können aus Gruppenerfahrungen entstehen, wie zum Beispiel Religion, Fußball, politische Parteien, Konzerte oder Nachtclubs. Kollektive, die sich anfühlen können wie Freundschaft, denn wir fühlen uns den anderen auf oft profunde Art verbunden. Diese regelmäßig stattfindenden Gruppenerfahrungen sind Rituale der Bedeutungsschaffung. Wir werden durch sie Mitglied einer mentalen, quasi magischen Welt aus Hierarchien und Werten, in der wir uns aufgehoben und weniger hilflos fühlen. Einer Welt, die uns vor Sinnlosigkeit und der Absurdität des Lebens beschützt. Viele dieser Welten befinden sich mittlerweile online. In den sozialen Medien oder anderen Online-Foren webt man am kollektiven Gebetsteppich, auf dem man dann gemeinsam die Bedeutung anbeten kann, die man der Welt und dadurch eben auch sich selbst gibt. Wenn dabei geschlossene Gesellschaften entstehen, die keinen Außenstehenden oder keinen Andersdenkenden zulassen, wenn alles Fremde weggebissen und niedergemacht wird, funktioniert das ähnlich wie eine Freundschaft, die keinen Dritten zulässt: Das Andere, das von außen Kommende, erotisiert die Gemeinschaft. Es schweißt zusammen und geilt auf. Nicht so sehr, weil es gefährlich ist, sondern weil es uns unsere Bedeutung so viel intensiver erfahren lässt. Nicht das Fremde, das Andere erregt uns, sondern vielmehr unsere eigene Bedeutung, die wir erst durch das Fremde intensiv wahrnehmen können.

Die virtuelle Welt bietet vor allem den erotischen Freundschaften ein weites Feld. Apps ermöglichen schnelle sexuelle Begegnungen, ebenso wie einen Austausch mit Fremden, der einen erotischen Unterton haben und zu Sex führen kann, aber nicht muss. Dass diese erotischen Freundschaften sich zu Partnerbeziehungen entwickeln können, ist mittlerweile normal. Während der Pandemie, als das reale Sozialleben auf ein Minimum runtergefahren war, gewann die Online-Welt als menschlicher Begegnungsort noch an Bedeutung. Da ich mit Dating-Apps so gut wie keine Erfahrung hatte, vermittelte mir eine Freundin ihren Bekannten Lukas, der mehrere davon benutzte. Lukas erzählte mir, dass er vor Kurzem eine achtjährige Beziehung beendet habe, in der es am Ende gar nicht mehr möglich gewesen sei, über Bedürfnisse zu sprechen. Er wisse gar nicht mehr, wer er eigentlich sei. Was ihm an diesen Apps so gefallen würde, wäre die Offenheit, die ihm die Begegnungen mit diesen fremden Frauen ermögliche. Er würde es genießen, endlich mal wieder seine Bedürfnisse zu formulieren. Ehrlich zu sein. Lukas empfahl mir eine ganz bestimmte App, mit der er schon sehr gute Erfahrungen gemacht hatte. Da habe er eine Frau kennengelernt, mit der er lange Gespräche geführt und sie zum Spaziergang getroffen hätte. Die Frau sei über den von Lukas initiierten Spaziergang sehr überrascht gewesen. Normalerweise würde sie sich mit den Männern vor einem Späti treffen, kurz ein Bier trinken und, wenn man sich als einigermaßen sympathisch erachtete, zu einem von beiden nach Hause gehen und Sex haben. Lukas und ich fanden das als soziales Phänomen zwar interessant, aber auch irgendwie traurig und glanzlos. Eine funktionale Transaktion, bar jeder menschlichen Verbindung. Für Lukas kam das nicht infrage, denn er suchte ja den Austausch, ja, eine Form von Freundschaft. Weil er so begeistert war, wollte ich die App auch ausprobieren und lud sie mir aufs Mobiltelefon. Die allererste Person, die mir der Algorithmus der App vorschlug, war ein Mann, den ich kannte. Bei meiner letzten Party in Berlin hatte ich ihn in meinem Gästezimmer vorgefunden, als er sich von einer Frau (wohlgemerkt nicht seine Ehefrau und Mutter seiner vier Kinder) einen Blowjob geben ließ. Sehr zum Ärger meines Gastes, der in diesem Zimmer übernachten wollte und am nächsten Morgen einen kleinen Stoffbeutel mit Viagra zwischen seinen Laken fand. Ich persönlich fand das nicht so schlimm, denn eine Party ist nur dann wirklich gut, wenn jemand dabei Sex hat. Aber mich störte an der ganzen Sache, dass dieser Mann mich zur Komplizin seines Betrugs an seiner Ehefrau gemacht hatte. Denn soweit ich weiß, führen die beiden keine offene Beziehung. Von seiner Beziehung war denn auch in seinem App-Profil keine Rede. Wieder wurde ich hier unfreiwillig in eine Komplizenschaft hineingezogen. Mit Ehrlichkeit und Offenheit hatte das alles so gar nichts zu tun. Ich betrachtete seine Profil-Fotos, in denen er lächelnd am Strand mit Sonnenhut posierte. Mir war, als würde mir der schale Späti-Geruch von Hundepisse, alten Kippen und Bier in die Nase steigen. Da war mir dann schon alle Lust und Neugier vergangen. Ich kam mir vor wie in einem deprimierenden Supermarkt der erotischen Verzweiflung. Noch am selben Abend habe ich die App wieder gelöscht. Danach probierte ich eine amerikanische App aus, für die man sich bewerben muss und auf der auch einige amerikanische Prominente ein Online-Profil haben. Angeblich eine App für die zertifiziert Schönen und Erfolgreichen. Begegnung und Freundschaft stehen hier im Vordergrund. Erotik liegt im Bereich des Möglichen, ist aber kein erklärtes Ziel. Ich kam mit einer Amerikanerin ins Gespräch, die wirklich sehr sympathisch schien. Sie hatte viele Naturfotos auf ihrem Profil und schien sich für Literatur zu interessieren. Zu diesem Zeitpunkt hatte ich schon das erste Kapitel dieses Buchs über Begehren und das Amazon-Erfüllungszentrum in Niederaula geschrieben. Da stellte sich doch tatsächlich heraus, dass diese Frau in der Führungsetage von Amazon arbeitete. Sie war sogar schon einmal in Niederaula gewesen. Ich war perplex. Schon wieder so ein pseudo-karmischer Zufall. Als sie erfuhr, dass ich ein Buch über Mode geschrieben und mich dabei auch mit dem Thema Luxus befasst hatte, strengte sie eine Unterhaltung über soziale Gerechtigkeit an. Da war sie bei mir aber an der richtigen Stelle gelandet. Bisher hatte ich mich bezüglich meiner Ansichten über Amazon zurückgehalten, aber nun erwachte meine innere Furie. Ich schrieb ihr eine wirklich lange Nachricht über Nachhaltigkeit, gerechte Tarifverträge und die großen Vorteile der sozialen Marktwirtschaft gegenüber ungezügeltem Kapitalismus ohne Arbeiterschutz. Tja. Damit war unsere Online-Freundschaft zu Ende. Mir fehlt leider jegliches Talent für Small Talk. Wahrscheinlich hilft es auch nicht, dass ich es hasse, wenn ständig mein Handy mit irgendwelchen Nachrichten aufleuchtet und fremde Menschen mit mir reden wollen. Jedenfalls habe ich mittlerweile alle Apps dieser Art gelöscht. Viele Menschen haben online Freundschaften und auch ihre große romantische Liebe gefunden. Oder benutzen Apps, um wie Bob ihrem Lieblingshobby nachzugehen, eine offene Beziehung zu führen oder andere Leute zu finden, die eine sexpositive Einstellung haben. Ich werde wohl nicht dazu gehören.

Während der Pandemie war der Bedarf für digitale Portale, auf denen man zwischenmenschliche Verbindungen knüpfen konnte, hoch. Mit der Wiedereröffnung der Gesellschaft ging auch der Bedarf für Online-Freundschaften zurück. Das ist laut Aristoteles auch das Problem mit allen Freundschaften, die in erster Linie einem Zweck oder dem Vergnügen dienen: Sie sind von externen Faktoren abhängig. Fallen diese Faktoren weg, indem wir zum Beispiel den Job wechseln oder mit dem Trinken aufhören, so verflüchtigt sich auch meistens die Freundschaft. Bei der dritten Art der Freundschaft ist das laut Aristoteles anders. Es die Art von Freundschaft, bei der wir die anderen Menschen einfach für sie selbst lieben. Und weil das, was wir laut der antiken Weltsicht am meisten lieben, tugendhaft und gut ist, basieren die besten Freundschaften eben auf dem gemeinsamen Streben nach dem Guten. Dies sind dann auch dauerhafte Freundschaften, denn das Gute ändert oder verflüchtigt sich nicht. Deswegen ist diese Art von Freundschaft für Aristoteles die beste Freundschaft.

»Freundschaft bedeutet Gleichheit und Ähnlichkeit und dabei vor allem die Ähnlichkeit und Gleichheit in der Tugendhaftigkeit«, so Aristoteles. In gewisser Weise kann ich das bestätigen, denn eine meiner ältesten Freundschaften begann, als meine Freundin Elena und ich uns in ihrem Büro gegenübersaßen und feststellen mussten, dass wir beide am 20. April geboren sind – wie gesagt, dem wirklich blödesten Geburtstag, den man in Deutschland haben kann, Adolf Hitlers Geburtstag. Diese Gemeinsamkeit hat uns sofort verbunden. Jede von uns hatte unangenehme Geburtstagserlebnisse parat und beide kannten wir das Gefühl, jemandem den Geburtstag nicht sagen zu wollen (es hat Wochen gedauert, bis ich meinem verstorbenen Ehemann meinen Geburtstag offenbarte und war dann ganz erleichtert, als er einfach nur mit den Schultern zuckte). Vor allen Dingen aber sind wir beide höchst allergisch gegen Antisemitismus und faschistoide Tendenzen. Dazu muss man zwar nicht am 20. April geboren sein, aber ich denke, unser Wertesystem ist diesbezüglich so kategorisch, weil wir aufgrund unserer Gemeinsamkeit von klein auf ähnliche Erfahrungen gesammelt haben. Trotzdem widerlegt meine Freundschaft zu Elena auch Aristoteles' These über die Ähnlichkeit als Grundlage einer Freundschaft. Unsere Freundschaft dauert deswegen mittlerweile schon 25 Jahre, weil ich Elenas Intelligenz bewundere und ihre Andersartigkeit genieße. Es kommt so oft vor, dass ich sie nicht verstehe oder lange darüber nachdenken muss, warum ich sie verletzt habe. In solchen Momenten scheinen wir dann auch völlig unterschiedliche moralische Ansprüche zu haben. Elena und ich haben Gemeinsamkeiten und gleichzeitig große Unterschiede. Beide sind mir gleich wichtig.

Wenn Aristoteles über die Tugend schreibt, dann will er uns zeigen, wie wir mit unserer rationalen Seite unsere eigene Irrationalität beherrschen können. Wie wir durch unser Handeln und unser Nachdenken das Beste aus uns herausholen und ein wahrhaft gutes Leben führen können. Mut, Großzügigkeit, Geist und Ehrlichkeit sind seiner Ansicht nach die Tugenden, derer es für ein solches Leben bedarf. Doch wichtiger als all diese Tugenden ist für Aristoteles die Tugend der Freundschaft. Sie steht für ihn an oberster Stelle. Sie ist das Ziel all unseres guten Handelns. Nur wenn wir die anderen Tugenden beherrschen, können wir sie erreichen. Und nur wenn wir wirklich gute Freund*innen haben – Aristoteles betont dabei, dass es sich hier nur um eine oder sehr wenige Personen handeln kann –, können wir glücklich werden. Freundschaft ist demnach kein Wort, das wir inflationär benutzen sollten. Und die 2000 »Freunde«, die wir auf einem sozialen Medium haben, mögen bestimmte Bedürfnisse in uns bedienen, doch Garant für ein glückliches Leben sind sie nicht. Für Aristoteles war die Freundschaft das, was einen als Mensch auszeichnet. Solange wir es fertigbringen, einem Menschen ein guter Freund oder eine gute Freundin zu sein, dürfen wir zufrieden mit uns sein. Gemäß dieser Logik können wir in unserem Leben auf ganzer Strecke versagen. Können Fehler begehen, die niemand und vor allem nicht wir selbst uns verzeihen können. Und trotzdem können wir Frieden finden, wenn wir es nur schaffen, in Freundschaft zu leben. Freundschaft bedeutet demnach immer auch Versöhnung mit der Welt, dem Schmerz des Lebens und mit sich selbst. Diesen Gedanken finde ich auch deswegen so schön, weil so eben auch mein Urgroßvater, der schlimme Jakob, eine versöhnende Eigenschaft besaß: die Fähigkeit, Freundschaften zu schließen und

Freundschaft zu empfinden. In seinem Tagebuch vom Ersten Weltkrieg steht:

> *Das Dorf wurde mit Granaten schwersten Kalibers furchtbar beschossen vom Feind. Unser 30er Trupp mit Unteroffizier Flämig befand sich dort auf Station. Das Haus sowie der Unterstand wurden von 2 schweren Granaten getroffen, wobei 4 Mann vom Uten Trupp tot blieben. Die Telegraphisten Danuth, Dörr, Hartung u. Frühlingsdorf. Letztere 2 waren gute Freunde von mir und ich habe den anderen Morgen, als der Unteroffizier mit noch 2 Mann zurückkam und er uns erzählte; um 6 Uhr Kaffee getrunken, bin dann in den Stall gegangen zu den Pferden und ich konnte fast nicht putzen, so hatte mich die traurige Nachricht aufgeregt. Ich mußte immer wieder weinen, wenn ich meiner lieben Kameraden und guten Freunde gedachte, wie sie so fröhlich waren auf dem Marsch und noch am 14. Juli, als wir das letzte Mal zusammen waren in dem Park unter den Bäumen.*

Was auch immer Jakob alles in seinem Leben falsch gemacht hat, er war ein Mensch mit Freunden. Und der Verlust seiner Freunde ging ihm sehr nah. Ganz so schlimm und monströs kann er nicht gewesen sein.

Freunde zu verlieren, ist traumatisch. Es kann einen genauso tief treffen wie der Verlust von Lebenspartner*innen oder die Trennung einer romantischen Beziehung. Trauer um eine Freundschaft ist nicht so anerkannt als Gefühl, hat keine Rituale wie die Trauer um eine romantische Beziehung. Dennoch kann der Verlust einer Freundschaft verheerende Auswirkung auf das eigene Leben haben. Als ob eine Grundmauer im Haus der Seele einstürzt. Was der Tod eines Freundes in einem auslöst, ist zentrales Thema in Homers *Ilias*, dem ältesten und vielleicht auch wichtigsten Werk der europäischen Literatur mit dem Krieg um Troja als zentrales Thema. Homer erzählt von dem strahlenden, als unbesiegbar geltenden Held Achilles, der sich weigert, am Kriegsgeschehen teilzunehmen und schmollend in seinem Zelt im Lager der Griechen vor den Stadtmauern von Troja sitzt. In ihrer Not schicken die Griechen seinen besten Freund, Patroklos, in die Schlacht. Patroklos zieht Achilles' auffällige Rüstung an und versucht so, die Trojaner einzuschüchtern. Doch der trojanische Krieger Hektor tötet Patroklos. Erst jetzt erwacht Achilles aus seiner Starre. Zerrissen von Trauer und Zorn stürmt er in die Schlacht und begibt sich auf eine Art Amoklauf gegen die Trojaner. Zum Schluss steht er vor Hektor. Der weiß, dass er keine Chance gegen Achilles hat. Im Angesicht des Todes bittet Hektor Achilles, seinen Leichnam mit Respekt zu behandeln. Achilles tötet Hektor, doch er ist so in Rage, dass er seinen Leichnam an seinem Streitwagen befestigt und ihn durch den Dreck schleift. Erst die Götter müssen eingreifen, um Achilles zu überreden, den Leichnam an Hektors Familie zu übergeben. Die Geschichte vom Zorn des Achilles ist eine Geschichte darüber, dass Bestrafung die letzte Zuflucht der Hilflosen ist. Ein Versuch, den eigenen Kontrollverlust zu übertünchen und die

Schuld nicht so sehr in sich selbst als in den anderen zu suchen. Seine Freundschaft zu Patroklos ist Achilles wichtiger als seine politischen Allianzen, wichtiger als seine eigene Familie, seine Kinder, seine Kameraden. Es ist eine Freundschaft, die in Gewalt existiert und die durch Gewalt und Widrigkeiten legendär, ja, unsterblich wird. In diesem Sinne bedient die Freundschaft zwischen Achilles und Patroklos die Dramaturgie nicht nur von vielen Kriegsfilmen, sondern auch dem Hollywood-*Buddy*-Movie: Wenn alles schiefgeht und verloren scheint, erfahren wir Freundschaft umso intensiver. Im typischen *Buddy*-Movie werden zwei ungleiche Figuren gezwungen, für eine gemeinsame Sache zu kämpfen, und durch all die Hindernisse, denen sie begegnen, werden sie zusammengeschweißt.

Der Verlust eines Freundes inspirierte einen weiteren zentralen Text der Antike über die Freundschaft: *De Amicitia* von Cicero, einem römischen Politiker und Philosophen. In diesem ca. 44 v. Chr. entstandenen Text beschreibt Cicero einen Dialog von drei Freunden, von denen einer, Laelius, gerade seinen besten Freund Scipio verloren hat. Wie auch Aristoteles hält Cicero die Freundschaft für das oberste Gut. Sie ist wichtiger als jede andere zwischenmenschliche Beziehung. Laelius empfindet sein Leben als glücklich und gelungen, weil er es mit Scipio verbracht hat. Die Freundschaft, die hier als ideal beschrieben wird, klingt fast wie eine Ehe: Sie haben zusammengewohnt, sind zusammen in den Krieg gezogen, haben ihre öffentlichen wie auch privaten Angelegenheiten miteinander besprochen. Völliger Einklang in Werten, politischen Ansichten und Interessen wird hier als die perfekte Freundschaft beschrieben. »Freundschaft ist Harmonie in allen Dingen, sowohl menschlich als auch göttlich, verbunden mit Güte und Zuneigung. Ich denke, mit der Ausnahme von Weisheit gibt es kein besseres Geschenk der Götter an uns Menschen.« Es ist eine intensive, auf Harmonie bedachte Zweisamkeit, die Cicero als Ideal beschreibt, bei der ich mich frage, wieviel Platz da noch für romantische Beziehungen bleibt. In gewisser Weise erinnert mich diese Art von Freundschaft an James, den Teilchenphysiker, und seine Freunde. James war im Alter von sieben Jahren auf ein englisches Privatinternat geschickt worden. Und obwohl er im Alter von neun zum ersten Mal versuchte, sich das Leben zu nehmen, musste er dort bis zum Ende seiner Schulzeit bleiben. Den anderen Kindern ging es nicht viel besser. So entwickelten sie Überlebensmechanismen, die man bei fast allen britischen Internatsschülern findet: die Fähigkeit, Freundschaften zu schließen, die einem Wärme spenden, bei denen Galgenhumor Aggressionen bewältigt und Harmonie gewährleistet. Vor allen Dingen wird immer ein großer Bogen um jedes Thema gemacht, das wehtun könnte. Es sind Freundschaften, die auf einem gemeinsamen Trauma beruhen. Für James war es einfach, Freundschaften mit anderen ehemaligen Internatsschülern zu schließen. Der Rhythmus des Miteinanders war immer sofort etabliert. Die Umgangsformen waren die gleichen. Vor allem aber stand nie infrage, wie überlebenswichtig Freundschaften sind. Ich habe gerne Zeit mit diesen *public school boys* verbracht, ich mochte sie. Besonders Olli, der vom Internat geflogen war, auf das auch Prince Charles gegangen war, weil er darauf bestand, der Antichrist zu sein. Und auch Spencer, der in der Canterbury School Bundhosen und Stehkragen tragen musste und der mit großer Fanfare die *Sisters of Mercy*-Kassetten unseres Mitbewohners in den Müll warf – in Hygienebeutel verpackt, aus symbolischen Gründen. Ich habe damals sehr, sehr viel gelacht, auch wenn der Humor dieser Jungs in Verzweiflung geboren war. Durch James und seine Freunde habe ich verstanden, wie die britische Oberschicht funktioniert. Sie basiert auf gemeinsamem Trauma. Doch wahrscheinlich hätten diese Freundschaften nicht dem Cicero-Test standgehalten, denn Cicero bestand darauf, dass Bedürftigkeit keine gute Grundlage für eine Freundschaft ist. Freundschaften, so Cicero, entstünden durch unsere Natur, weil wir uns als Menschen zueinander hingezogen fühlen, nicht, weil wir einander brauchen. Damit will Cicero das Rätsel lösen, das schon Aristoteles beschäftigte: Warum braucht ein guter Mensch Freunde, wenn er doch gut ist und damit ein emotionaler Selbstversorger? »Freundschaft ist deswegen begehrenswert«, so Cicero, »nicht, weil wir hoffen, durch sie etwas zu gewinnen, sondern weil ihr ganzer Vorteil in der Liebe selbst liegt.« Grundsätzlich denkt Cicero jedoch, dass Menschen, die gut mit sich allein sein können und selbstständig sind, die besseren Freunde abgeben. Wer Freunde sucht, weil er allein in Panik verfällt, kann laut Cicero kein guter Freund sein. Die Tyrannei der Bedürftigkeit ist keine gute Grundlage für eine Freundschaft. Die Frage ist dabei aber, ob militante Vorstellungen von Selbstgenügsamkeit nicht ebenso zur Tyrannei ausarten können. Ich bin wirklich gerne und viel allein. Nach dem Tod meines Mannes habe ich mir das wie einen Muskel antrainiert und bin froh über diese Fähigkeit. Aber die Vorstellung, dass ich ohne meine Freunde leben könnte, halte ich für eine Omnipotenz-Phantasie. Ich könnte nicht allein in Frankreich dieses Buch schreiben, wenn ich nicht gleichzeitig im engen Kontakt mit meinen Freunden stünde.

Cicero erwähnt in seinem Text über die Freundschaft auch ein Thema, das für die Freundschaft ein Problem darstellen kann: die Politik. Nichts sei schwieriger, als eine Freundschaft bis zum Lebensende aufrechtzuerhalten, denn im Laufe eines Lebens würden sich Neigungen und politische Ansichten ändern. Um diese Klippen zu umschiffen, brauche es Weisheit, aber auch Glück. Mit den sozialen Netzwerken ist die Navigation politischer Themen noch schwieriger geworden. Wenn wir früher die politischen Ansichten unserer Freunde noch vermeiden konnten, werden sie jetzt oft laut auf Twitter, Facebook oder Instagram hinausposaunt. Es war eine seltsame Kombination aus Ärger und Enttäuschung und ja, Herzschmerz, die ich empfand, als ein alter Freund vor einigen Jahren zum radikalen Leugner des Klimawandels und Unterstützer des Brexits wurde. Ständig verkündete er seine extremen und dabei extrem provozierenden Ansichten und Verschwörungstheorien auf Facebook. Damals war das ein völlig neues Phänomen: Die Verbreitung von Fehlinformationen und die Radikalisierung des digitalen Raums. Nach einigen sinnlosen Streitgesprächen wusste ich nicht anders damit umzugehen, als den Kontakt abzubrechen. Schließlich steht ja bei Cicero: »Wir sollten uns nicht an Freunde gebunden und uns unfähig fühlen, uns von ihnen zurückzuziehen, wenn diese Sünden begehen in Bezug auf wichtige öffentliche Angelegenheiten.« Nicht nur ich fand das damals sehr belastend, sondern auch unsere gemeinsamen Freunde. Es war uns allen, als hätte er eine Handgranate in unsere Runde geschmissen. Wir wussten nicht damit umzugehen. Irgendwann begann er sich zu beruhigen. Mittlerweile verbringen wir wieder Zeit zusammen, worüber ich sehr froh bin. Ab und zu brodeln dabei noch ein paar seltsame Ansichten nach oben, doch die können wir beide als solche stehen lassen. Aber wenn er zum Impfgegner mutiert wäre, hätte ich wieder ein Problem gehabt. Die Pandemie hat so viele Freundschaften zerrüttet. Menschen, von denen wir es nie erwartet hätten, entwickelten irrationale Ängste, ließen sich von Gerüchten verrückt machen, verloren sich in digitalen Wurmlöchern von Verschwörungstheorien. Dass einer, der bis vor Kurzem nicht gezögert hat, sich irgendein Pulver in die Nase zu jagen, das in irgendeinem Amsterdamer Keller von irgendeinem Dealer unter niedrigsten Hygienestandards angerührt worden ist, mir erklärt, er habe Angst, der Impfstoff würde sein Energiefeld negativ beeinflussen, erschreckt mich. Plötzlich entdecken wir Seiten an Menschen, die wir vorher nicht bemerkt oder ignoriert hatten. Irrationalität, die totale Absenz von solidarischem Denken, Antisemitismus – was da zutage tritt, ist oft inakzeptabel und macht eine Freundschaft unmöglich. In den milden Fällen versuche ich allerdings, mich in pythagoräischer Nachsicht zu üben. Einfach, weil mir die Erfahrung, fast einen Freund wegen seiner politischen Ansichten verloren zu haben, noch schmerzhaft im Gedächtnis ist. Damit verstoße ich zwar gegen Cicero, der zu absoluter Offenheit und Direktheit in Freundschaft aufrief, aber in vieler Hinsicht kann ich seinen Absolutismen sowieso nicht folgen. So sehr ich Ciceros Wertschätzung der Freundschaft auch unterstreiche, die kategori-

schen Erwartungen, die er an Freunde stellt und alle Freundschaften verurteilt, die diesen Erwartungen nicht entsprechen,
kann ich nicht nachvollziehen. Da wäre etwa auch die Loyalität. Für Cicero ist absolute Loyalität eine Grundvoraussetzung
für eine Freundschaft. Auch diesbezüglich halte ich Nachsicht
für wichtiger als eine Erwartungshaltung, die meist irgendwann zu Enttäuschungen und Konflikten führen wird.

Als ich etwa neun oder zehn Jahre alt war, war ich bei
meiner Freundin Sibille zu Besuch. Sibille hatte zwei ältere
Schwestern, vor denen ich Angst hatte. Sie waren laut, gemein,
hatten Dauerwellen und lasen die »Bravo«. Ich versuchte, ihnen immer so weit wie möglich aus dem Weg zu gehen. Doch
an diesem Tag saß Sibille mit ihren Schwestern im Wohnzimmer. Es gab kein Entkommen. Da fragte mich die Älteste ganz
beiläufig, was denn meine Lieblingsband sei. Ich wusste schon,
dass diese Frage alles andere als nebensächlich war. Die Lieblingsband entschied über Überleben oder sozialen Tod. Problem war nur: Ich kannte keine Bands. Ich kannte keinen einzigen Song von irgendeiner Band. Alle drei Schwestern sahen
mich erwartungsvoll an. Ich schluckte. Da fiel mir zum Glück
eine Band ein, die ich im Fernsehen gesehen hatte. *Boney
M.* quetschte ich heraus. Sofort gackerten die Schwestern
einschließlich Sibille los. *Boney M.* – das sei ja wohl das Un-
coolste, was sie seit Langem gehört hatten! Ich versank im Erdboden. Das Lachen der drei hallte in meinen Ohren. Und ja,
ich war schrecklich enttäuscht, dass Sibille sich auf die Seite ihrer Schwestern schlug und mich mit auslachte. Aber irgendwie
konnte ich es auch verstehen. Sie musste ja mit diesen dauer-
gewellten Monstern leben. Wenn ich wieder nach Hause fuhr,

war sie den beiden ausgeliefert. Das mit der Loyalität ist immer relativ, und viel wichtiger ist es, die Freundin zu verstehen. Außerdem ist *Boney M.* epochal und immer noch eine meiner Lieblingsbands.

Auch die Ebenbürtigkeit unter Freunden, von der Cicero ebenso spricht, ist meiner Ansicht nach überbewertet. Würde es doch bedeuten, dass ich nur mit Menschen meines Alters und meines Einkommens befreundet sein kann. Wie ultimativ langweilig! Ich bin so dankbar für meine jüngeren Freundinnen, die so viel klüger und stabiler sind, als ich es in ihrem Alter war. Die mich zur Patentante machen, und die ich, soweit mir das möglich ist, unterstütze, weil ich will, dass sie Erfolg haben. Weil ich davon träume, dass sie die Welt verändern und all das erreichen, bei dem ich versagt habe. Und weil ich hoffe, dass sie ein paar von meinen Fehlern und Dummheiten vermeiden werden. Ich weiß nicht, in welche Kategorie diese Freundschaften im Sinne von Aristoteles passen oder ob sie Ciceros Ansprüchen gerecht werden würden, und das ist mir auch egal. Mein Leben wäre arm ohne sie. Das Problem mit allen Freundschaftstheorien und darüber, was Freundschaft alles sein soll und was sie nicht sein darf – und zwar nicht nur die Freundschaftstheorien der Antike, sondern auch von anderen Philosophen wie zum Beispiel Immanuel Kant oder Hannah Arendt –, ist, dass das Wunder der Freundschaft darin besteht, dass sie sich allen Kategorien entzieht. Sobald wir eine Kategorie aufstellen, die Sinn zu machen scheint, werden wir garantiert das Beispiel einer Freundschaft finden, die sich dieser Regel entzieht und den Beteiligten trotzdem etwas schenkt. Der kategorische Imperativ, die Allgemeingültigkeit, funktioniert bei der Freundschaft nicht. Die Schönheit der Freundschaft liegt eben in genau der Ratlosigkeit, die Sokrates am Ende seines Dialogs über Freundschaft empfindet. Sie entzieht sich jeder Definition, jedem Festzurren auf eine Position, ja, jeder Moral. Freundschaft, das ist eben immer auch Vergeben und Vergessen. So sehr wir auch die Regeln zu definieren suchen, nach denen sich Freundschaften bewegen, wir werden sie nie zu fassen kriegen.

1994 arbeitete mein Ex-Freund James in einem Reaktor für Nuklearfusion in der Nähe von Oxford. Er wohnte in einer schrecklichen Bude in der Vorstadt, wo die Teppichböden nach Bratfett rochen und heißes Wasser nur dann floss, wenn man 50 Pence in einen Münzautomaten warf. An einem Abend hatten wir dort eine kleine Party mit seinen Physiker-Freunden. Einer davon, ein indischer Doktorand namens Aarun, wollte mir unbedingt die von Werner Heisenberg entdeckte (ja genau, der von »Breaking Bad«) Unschärferelation erklären, auf Englisch *uncertainty principle*. Während wir billigen Rotwein aus Plastikbechern tranken, referierte Aarun, dass es unmöglich sei, sowohl die Position als auch die Geschwindigkeit eines Elementarteilchens gleichzeitig zu bestimmen. Denn jedes Mal, wenn man ein Teilchen mit Licht bestrahlt, um zu sehen, wo es sich befindet, wird das Quantum des Lichteinfalls das Teilchen stören. Durch die Störung verändert sich seine Geschwindigkeit. Je genauer wir die Position eines Teilchens vermessen wollen, desto weniger können wir etwas über dessen Geschwindigkeit sagen. Deswegen wissen wir nie, wo sich ein Teilchen im nächsten Moment befinden wird. Ihre Bewegungen können nur berechnet werden, indem wir die Wahrscheinlichkeit voraussagen, wo sich ein Teilchen im nächsten Moment befinden wird. Im Hintergrund lief der nervöse Beat von »Out of Space« von *The Prodigy*, als Aarun mir erklärte, dass diese Wellenfunktionen auch sehr gut für die Finanzwelt anwendbar seien. Deswegen würde er diesen ganzen schlecht bezahlten Forschungsblödsinn jetzt auch hinter sich lassen und für eine Bank arbeiten. Er hätte einfach gerne mal eine Wohnung mit Zentralheizung und ohne Schimmel im Bad. Konnte ich irgendwie verstehen. Aber würde er sich da nicht schrecklich langweilen, fragte ich. Aarun schüttelte vehement den Kopf. Mit genügend Geld würde er sich schon nicht langweilen. Dann spielte »Just Like Heaven« von *The Cure*, und ich ging zu John und tanzte ein bisschen mit ihm. Viele Teilchenphysiker, die sogenannten *Quants*, sind Aaruns Beispiel gefolgt. Auch John schmiss irgendwann das Forschungs-Handtuch und arbeitet heute für eine Bank. Auch wenn das so gar nicht im Sinne Ciceros ist, scheint es doch eine Schnittmenge zwischen Geld und Freundschaft zu geben: Beide Konzepte folgen dem *uncertainty principle*. Freundschaften lassen sich nicht betrachten oder beurteilen, folgen keinem definitiven Gesetz. Es kann aufregend sein, verstörende Freunde zu haben, Freunde, die einen an schwierige Menschen aus der Kindheit erinnern. Auch auf den ersten Blick oberflächliche Freundschaften, bei denen man einfach nur gemeinsam Kaffee trinkt, über Fernsehserien redet und sich miteinander wohlfühlt, können sehr wichtig sein. Vielleicht tun sie einem genauso gut wie die intimen Freunde, die einen beim Liebeskummer trösten und mit denen man die großen Lebensfragen diskutiert. Ich kenne Bildungsbürger, die sich selbst wahrscheinlich als weltoffen empfinden, und sich doch in ihrem Freundeskreis gegenseitig Fotos von ihrem gemeinsamen Nachbarn und dessen heimlicher Geliebten schicken. Warum diese Leute Stasi spielen, verstehe ich nicht, aber irgendeinen therapeutischen Wert wird dieses Spießerritual innerhalb dieses Freundeskreises schon haben. Wie bei der Kunst gilt da für mich das Gleichheitsprinzip. Jeder hat persönliche Präferenzen, aber es läuft alles unter »Das ist Freundschaft«. Und diese Freundschaften mögen manchmal alte Familiendynamiken wiederholen, sie können aber auch Familie ersetzen, wenn die eigene Familie sich so gar nicht familiär anfühlt. Sie werden zu Wahlverwandtschaften und ersetzen die zunehmend zerfallende Großfamilie. Während in einer Großfamilie ökonomische, sozio-kulturelle Unterschiede oder sexuelle Präferenzen oft unüberbrückbare Gräben darstellen können, können wir in unseren Freundschaften die Aufgehobenheit, Akzeptanz und Unterstützung finden, die wir suchen. Ohne dass wir dabei die lebenslangen Bindungen der Verwandtschaft mit uns herumschleppen müssen. Denn manchmal macht es eben auch Sinn, eine Freundschaft ruhen zu lassen – weil man sich gegenseitig negativ beeinflusst oder sich auf unterschiedlichen Lebenswegen befindet. Das kann traurig und schmerzhaft sein, aber das ist kein Versagen. Freundschaft ist kein Leistungssport. Ziele, Erwartungen, Druck, jede Form von Misstrauen und Beobachtung – und da wären wir wieder bei der Unschärferelation – verändern die Bewegungsbahn einer Freundschaft und zwar meistens zum Negativen.

Wenn wir uns des christlichen Bilds von Adam und Eva bedienen, die aus dem Paradies verbannt wurden, weil sie vom Baum der Erkenntnis gegessen haben, ist die Freundschaft das Paradies, das jenseits von Eden auf uns wartet. Ein riesiger Dschungel mit wunderschönen, bizarren Blüten, beständigen Bäumen und auch sehr vielen giftigen Pflanzen und gefährlichen Schlangen. Ohne die letzteren wäre dieser Dschungel ein langweiliger Vorgarten. Im Paradies der Freundschaft gibt es keine verbotenen Früchte, keine verbotene Lust und kein verbotenes Wissen. Überall stehen Bäume der Erkenntnis, sie mögen giftig, ja, vielleicht sogar lebensgefährlich sein, aber der Verzehr ihrer Früchte geschieht auf eigene Gefahr. Keiner dieser Bäume unterliegt einem Tabu. Es ist ein Dschungel wie auf dem Cover von »Die Liebe in den Zeiten der Cholera«, nur eben ohne Cupido mit Pfeil und Bogen, sondern mit Kranichen wie auf dem Dschungelbild über meinem Fernseher. Wenn ich's mir recht überlege, ist das Bild in meiner Wohnung eine Darstellung meines Freundschaftsideals.

Nicht immer wachsen die Blumen und Pflanzen der Freundschaft von allein, sie brauchen Pflege. Und ja, Briefeschreiben ist ein großartiges Düngemittel. Cicero schrieb seinen Text über die Freundschaft, als er sich im politischen Exil auf einem Bauernhof außerhalb Roms befand, und widmete ihn seinem engsten Freund Atticus. Atticus und er hatten sich über die Jahre zahllose Briefe geschrieben und so ihre Freundschaft aufrechterhalten, obwohl sie oft lange getrennt waren. Es sind die Briefe an seinen Freund Wilhelm, in denen Goethes Werther sein Herz öffnet und seine Verzweiflung ob seiner Liebe zu

Lotte beschreibt. Briefe an Freunde, mehr noch als Briefe an Geliebte, erlauben ultimative Gedankenfreiheit, scheinen wir doch weniger besorgt, auch unsere negativen Seiten zu zeigen und so eine innere Wahrheit zu finden. Eine Wahrheit, die einem ganz alleine möglicherweise verschlossen bliebe. Mittlerweile haben die sozialen Medien weitgehend das Briefeschreiben ersetzt und ermöglichen uns, alte Freundschaften wiederzubeleben. Letzteres ist endlich mal eine positive Seite dieser Netzwerke. Während des Lockdowns war ich wieder vermehrt mit einer alten irischen Freundin namens Ailbhe in Kontakt, die ich während meines Studiums in London kennengelernt hatte. Wir hatten uns aus den Augen verloren und über Instagram wiedergefunden. Mittlerweile ist Ailbhe Buddhistin und sehr aufgeräumt, aber während des Studiums und noch Jahre später hatte sie einen romantischen Hang zu Kleinkriminellen und Typen, die nicht gut für sie waren. Aus einer dieser verkrachten Beziehungen ist auch ihr Sohn hervorgegangen. Es ist wie ein kleines Wunder, Ailbhe kann es sich nicht erklären, aber dieser Junge hat ein außerordentliches musikalisches Talent und hat gerade mit Bestnote sein Musikstudium am Trinity College in Dublin abgeschlossen. Seine Abschlussarbeit handelte von Pythagoras und seiner Theorie von der kosmischen Musik der Sphären. Während ich das hier schreibe, höre ich seinen Song »By The Sea«, ein meditatives Lied mit einer Melodie wie Honig. Draußen liegt ein Gewitter in der Luft, und ich schaue auf das graue Meer hinaus. Und denke mir, dass mein Leben ein gutes ist, weil ich Freunde habe.

SURRENDER TO THE VOID – TOD UND TRENNUNG

Der Tod muß abgeschafft
Werden. Diese verdammte
Schweinerei muß aufhören.
Wer ein Wort des Trostes
spricht, ist ein Verräter.
BAZON BROCK

Letztes Wochenende war ich in der Oper. »Tristan und Isolde« von Richard Wagner stand auf dem Programm. Ich wusste, dass ich jetzt das Kapitel über Tod und Trennung schreiben würde, und dachte mir: Vier Stunden Liebestod, das passt doch perfekt. Ich hatte die Oper schon ein paarmal gesehen, zuletzt als japanische Videoaufzeichnung mit lauter deutsch singenden Japanern. Nichts, aber auch gar nichts bereitete mich darauf vor, dass ich beim ersten Takt des Vorspiels anfangen würde zu weinen. Der Dirigent Kirill Petrenko erhob den Taktstock, und schon war's geschehen um meine Wimperntusche. Am Ende war ich völlig fertig. Vielleicht war es das lange Alleinsein in Cannes gewesen oder das viele Nachdenken über menschliche Gefühle, jedenfalls traf er mich tief: dieser Rausch aus Liebe und Tod. Tristan und Isolde flüchten sich vor der harten, profanen Realität in einen Liebestraum von totaler Verschmelzung. Es ist das Begehren nach der Ausschaltung des Anderen – Tristan will zu Isolde werden und Isolde zu Tristan – und die Sehnsucht nach der perfekten Spiegelung des Selbst im Anderen. Einer Perfektion, wie sie nur im Tode verwirklicht werden kann, denn das Leben ist immer imperfekt. Im Leben gibt es immer Störfaktoren, Mängel oder Hindernisse. Nur der Tod gewährt uns die ultimative Verschmelzung. In Tristan und Isoldes Liebeswahn ist denn auch der Übergang zwischen Leben und Tod ebenso wie zwischen Liebesekstase und Todessehnsucht fließend. Immer wieder flammt das musikalische Liebestod-Thema auf, und immer wieder steigern sich die beiden an den Rand einer Ekstase, die nur im Tod Erlösung finden kann. Wie ein Wiederholungszwang. Vier Stunden lang Liebestod-Neurose. Das war elektrisierend – im wahrsten Sinne *I Sing The Body Electric* – und fühlte sich zum Schluss wieder so an, als hätte ich den Finger in die Steckdose gesteckt. Während der Applaus toste und die Leute vor Begeisterung mit den Schuhen auf das Parkett trommelten, fragte ich mich, wie ich's heute mit dem Tod halte. Ist der Liebestod auch zehn Jahre nach dem Tod meines Ehemannes immer noch mein Thema? Oder habe ich irgendetwas dazu gelernt in Sachen Tod? Klafft die Wunde, also der Moment des Traumas, immer noch so tief wie Tristans unheilbare Verletzung, die nur Isolde heilen kann? Bin ich weitergekommen oder drehe ich mich wie Tristan und Isolde in einem Kreis, aus dem einen nur der Tod erlösen kann?

Nun ist es nicht so, dass mich der Tod völlig unvorbereitet getroffen hat. Im Gegenteil. Da war nicht nur die drohende Apo-

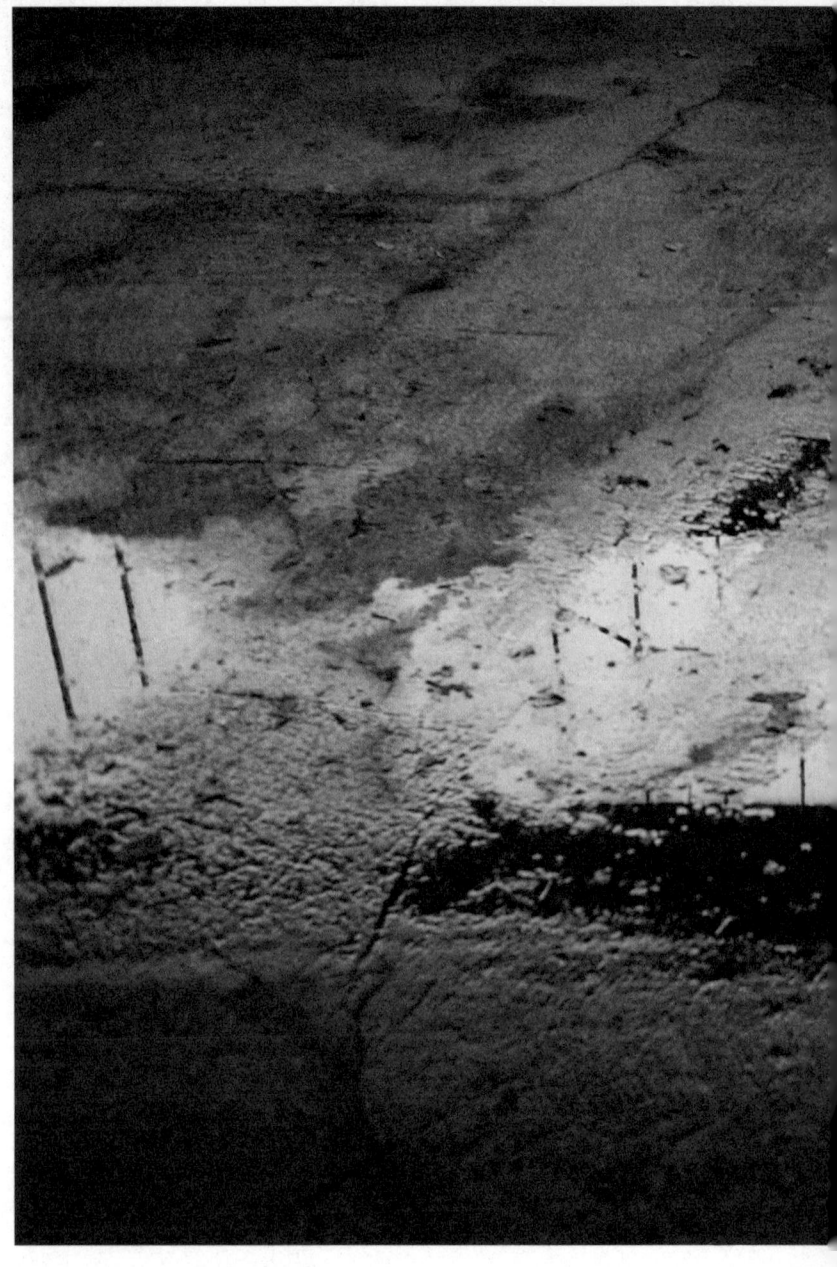

kalypse des atomaren Holocausts in den 80ern. Nein, da war auch der Bruder meines Vaters – mein Pfeife rauchender, Hessisch Platt redender, gelegentlich Gedichte schreibender Onkel Kurt, der die Stellmacherei und Schreinerei meines Großvaters übernommen hatte. Irgendwann nach dem Tod seines Sohnes entschloss er sich, sein Geschäft auf Bestattungen zu erweitern. Schon mein Großvater hatte ab und zu Särge gebaut, und mein Vater hatte als Jugendlicher eine amtliche Ohrfeige kassiert, als er sich weigerte, den Leichnam einer Frau, die ihm immer Kekse geschenkt hatte, in den Sarg zu heben. Jedenfalls kaufte sich mein Onkel in den 80ern einen gebrauchten Leichenwagen mit eingravierten Palmenwedeln auf den Fenstern und baute den Holzlagerraum hinter der Hundehütte zu einem Ausstellungszimmer für Särge um. Dieses Ausstellungszimmer faszinierte mich als Kind. Lange stand ich vor den Särgen und überlegte mir, welchen ich für mich selbst aussuchen würde. Welches Kissen, welche Zudecke und mit welchem Stoff der Sarg von innen ausgekleidet sein würde. Die Logistik des Todes beschäftigte mich. Als mich meine Tante einmal mit zum Friedhof nahm, wo sie das Grab ihres verstorbenen Sohnes neu bepflanzte – auf seiner Hochzeit ein paar Jahre zuvor hatte ich die Blumen gestreut –, stand ich neben ihr und schaute zu, wie sie auf die Erde einhackte. Friedhöfe kannte ich schon, denn andere Tanten hatten mich oft mitgenommen, wenn sie die Gräber ihrer Ehemänner jäteten. Ich wusste, dass ich mich auf gar keinen Fall auf einen Grabstein setzen durfte, denn das hatte meine Mutter mal getan. Der Stein war umgefallen und hatte ihr Bein gebrochen. Etwas gelangweilt versuchte ich, eine Unterhaltung mit meiner Tante anzufangen, und fragte sie etwas, was mich schon lange beschäftigte: Was hatte sie meinem Cousin zu seiner Beerdigung angezogen? Was hatte er im Sarg getragen? Meine Tante hielt inne und sah mich völlig entgeistert an – dieses seltsame, die ausgeleierten Klamotten ihrer großen Schwester tragende Mädchen mit der dicken Brille und den dünnen blonden Zöpfen. »Ein grünes Samtjackett und eine schwarze Hose«, antwortete sie schließlich gepresst und beugte sich dann wieder über das Grab und hackte weiter. Ich denke mal, das war der Tag, an dem ich meine totale Unfähigkeit für Small Talk entdeckte. Ein Jahr später kam ich dann aufs Gymnasium. Auf meinem Schulweg befanden sich mehrere Bestattungsunternehmen. Meine Mutter hatte sich zu jedem einen kleinen Werbeslogan ausgedacht. An Tagen, an denen ich nicht mit dem Bus fahren musste und sie mich zur Schule brachte, sagten wir diese Sprüche immer gemeinsam auf und lachten, wenn wir an den Bestattern vorbeifuhren: »Mit Buhle in die Kuhle.« »Mit Gobrecht wird's auch recht.« »Dir und mir, Dötenbier.« Neun Jahre lang, von der 5. Klasse bis zum Abitur. Das prägt.

Als Teenager verdiente ich mir mein Taschengeld als Kirchenorganistin. »Christ lag in Todesbanden« war mein Paradestück. Auf einer Beerdigung habe ich allerdings nur einmal gespielt, und das, obwohl es dafür doppelt so viel Geld gab wie bei einem normalen Gottesdienst. Der Sarg, der in der Friedhofskapelle direkt hinter meinem Rücken stand, während ich auf der Orgelbank saß, war mir unheimlich gewesen. Zwar hatte ich ein paar Jahre zuvor schon den Leichnam meiner Großmutter gesehen, aber schon beim Vorspiel konnte ich mich nicht des Gedankens erwehren, dass jetzt gleich der Deckel aufgehen, die Leiche sich hinsetzen und irgendetwas sagen würde wie »Es war sehr schön, es hat mich sehr gefreut« oder »Der Tresorschlüssel liegt in meinen Wanderschuhen«. Dieser Gedanke brachte mich derart durcheinander, dass ich ständig danebenhaute und einen furchtbaren Lärm veranstaltete. Dazu verwirrte mich die katholische Liturgie, und ich verpatzte meine Einsätze. Es war ein Desaster. Und dann auch noch all die weinenden Menschen in Schwarz. Ich war völlig überfordert, und mir half allein die Tatsache, dass ich gerade meine nihilistische Phase durchmachte und die ganze Veranstaltung sowieso als sinnlos empfand. Auch an meinem Gymnasium wurde viel über den Tod geredet. Nicht nur, als wir, wie schon erwähnt, über Senecas Haltung zum Selbstmord diskutierten und weil in Julius Caesars *Bello Gallico* sehr, sehr viele Gallier umgebracht werden. Vielleicht ist das nur meine persönliche Erinnerung, aber die Frage nach der Unsterblichkeit der Seele war ständig im Raum. Dabei wurde die Existenz der Seele nie angezweifelt. Nihilismus war nicht Teil des Lehrplans – den hatte ich mir selbst angelesen und schon bald wieder vergessen. Der Tod wurde dagegen viel diskutiert. Denn laut Plato bedeutet Philosophie sterben lernen. Im schriftlichen Abitur in Altgriechisch mussten wir denn auch einen Text Platons übersetzen, in dem Sokrates den Tod als die Befreiung der Seele vom Körper bezeichnet. Nach dem Tod kann die Seele weiterleben und das Gute suchen – ohne dabei von körperlichen Wahrnehmungen wie Schmerz oder Lust abgelenkt zu werden. Meine Schule fand ich zwar grauenhaft, und ja, in gewisser Weise traumatisch, aber die Texte, die wir da zu lesen bekamen, eröffneten mir eine wundersame Welt.

Die platonischen Ideen, dass unsere Realität nur ein Schattenspiel ist und dass es da noch eine andere, wahre Welt zu entdecken gibt und dass das Leben eine Suche ist, finde ich immer noch genauso schön wie damals. Und die pythagoreische
Vorstellung des allesumfassenden Kosmos mit verschiedenen
Sphären, in dem unsere Seelen unsterblich sind und alles miteinander verbunden ist – sie ist einfach zu schön, als dass ich
mich ihr entziehen könnte. Der Glaube an eine unsterbliche
Seele und eine metaphysische Welt, möglicherweise sogar an
ein göttliches Prinzip, macht Verlust ebenso wie die Angst im
Angesicht des Todes um so Vieles erträglicher. Ohne sie kann
man sich leicht verloren fühlen, denn dann gibt es nur uns als
Teil der im evolutionären Fluss begriffenen Natur. Einer Natur, die keine Moral kennt, keine Güte und kein Mitgefühl, die
nur überleben will. Aber das mit der Seele und Gott ist eben
möglicherweise nur eine Selbsttäuschung, ein Trick der Evolution – eine Illusion, die das Leben mit dem Tod erträglicher
macht. Sind Glaube und Religion nicht einfach nur ein Weg,
um Schmerz eine Bedeutung zu geben? Vielleicht ist es einfach
so, dass, wenn wir sterben, es genauso sein wird wie vor unserer
Geburt. Wir sind dann einfach weg. Doch auch wenn dem so
sein sollte, bleibt uns immer noch das herrliche Wunder, das
uns umschließt, wenn wir durch einen Wald gehen, die Süße
des Honigs schmecken, im Mai den Flieder riechen, den Wind
über die Wiese rascheln hören oder die Sterne am Nachthimmel funkeln sehen. So grausam die Natur auch sein kann, wir
erfahren durch sie Sublimität. Und das ist der Inbegriff von
göttlich.

Es wird ja oft gesagt, dass wir uns in der westlichen Gesellschaft nicht genügend mit dem Tod beschäftigen. Dass wir ihn verdrängen und vor der Tatsache davonlaufen, dass das Leben endlich ist. Dass wir ignorieren, dass der Tod zum Leben gehört. Ich kann mit Sicherheit behaupten, dass das bei mir bisher nicht so war. Der Tod war immer da. Da sollte man eigentlich annehmen können, dass ich auf den plötzlichen Tod meines Ehemanns vorbereitet war. Noch dazu, weil ich alle *Sisters of Mercy*-Alben besitze. Leider stimmt diese Annahme nicht. Nichts, aber auch gar nichts kann einen auf die Katastrophe vorbereiten, die auf einen einstürzt, wenn plötzlich der Lebenspartner stirbt. Es macht keinen Sinn, es lässt sich gedanklich nicht verarbeiten, die innere Festplatte crasht angesichts der Tatsache, dass die Person in einem Moment noch da ist, redet, lacht und lebt, und im nächsten Moment nicht mehr. Und das, obwohl doch der Körper vor einem liegt. Dass dieser Körper nun leblos ist, dass alle Gedanken verhaucht, das Bewusstsein verschwunden ist, dass er nichts mehr sagen und auch nichts mehr hören kann, das macht einfach keinen Sinn. In den 90er Jahren in London füllte der britische Künstler Damien Hirst ein riesiges Aquarium mit Formaldehyd und ließ darin einen ausgestopften Hai schwimmen. Das Kunstwerk heißt *The Physical Impossibility of Death in the Mind of Someone Living*. Für mich bringt es dieses Gefühl des Unverständnisses angesichts des Verschwindens eines geliebten Menschen ziemlich genau auf den Punkt. Das Ding der Unmöglichkeit ist passiert. Und man steht da und starrt ins gefühllose Angesicht eines gefährlichen Ungeheuers, das einen irgendwann auch wegraffen wird. Ein Ungeheuer, das so faszinierend wie rücksichtslos ist. So eben auch der Tod. Der Tod ist gemein, sinnlos und brutal. Darin eine Bedeutung zu suchen ist müßig. Die Bedeutung müssen wir selbst schaffen. Und ja, bei allem Schmerz macht das auch wütend. »Christ lag in Todesbanden« ist ein wildes, furioses Choralvorspiel, denn es beschreibt den Kampf Jesu angesichts seiner Wiederauferstehung zu Ostern, seinen Kampf zwischen Leben und Tod. Da kann man auf die Tasten einhämmern, wie meine Tante Gretel auf das Grab ihres Sohnes einhackte. Das Stück ist so gar nicht reflektierend oder meditativ. So gar nicht das, was wir im Allgemeinen mit diesem furchtbaren deutschen Wort »Trauerarbeit« bezeichnen: das still in der Ecke Sitzen und Weinen. Leute, die einen ermahnen, man solle doch bitte schön Trauerarbeit leisten, wollen doch nur, dass man den Mund hält, nicht stört und sich unterordnet. Wer so etwas sagt, ist einfach nur ein dummer Spießer. Johann Sebastian Bach, von dessen zwanzig Kindern zehn direkt nach der Geburt oder im Kindesalter starben, wusste, wie sich der Tod für die Überlebenden anfühlte. Und all die Wut, der Schmerz und die Verzweiflung finden sich in seiner Musik, ohne dass er dabei jemals den Sinn für die Schönheit von harmonischer Ordnung verlor.

Wut, das ist die Reaktion auf einen Kontrollverlust. Der Tod ist der ultimative Kontrollverlust. Nicht nur für den Sterbenden selbst, der jegliche Kontrolle über seinen Körper verliert, sondern auch für die Menschen, die zurückbleiben. Es gibt nichts, was du tun kannst, um den Menschen, den du liebst, zurückzubringen. Egal wohin du fasst, deine Hände bleiben leer. Wenn du Glück hast, bist du noch eine Weile im Schock, aber das schwarze Loch der Traurigkeit wartet schon. Ein See aus pechschwarzem Öl. Wer darin untergeht, ertrinkt. Vor diesem Loch gibt es kein Entkommen. Am Anfang dachte ich noch, dass das irgendwann weggeht und ich mich so wie vor Bernds Tod fühle. Aber mittlerweile weiß ich, dass nichts mehr so wird wie früher, einschließlich ich selbst. Mit der Zeit wird alles besser und leichter, die Dunkelheit lichtet sich. Nach etwa fünf Jahren lässt sogar die Panik nach, dass im nächsten Augenblick gleich wieder die Welt untergehen könnte. Doch das schwarze Loch bleibt. Es ist nicht mehr so gefährlich, riesig und hässlich wie am Anfang, aber es ist da. Man kann eine Mauer darum bauen und versuchen, es komplett aus dem Leben auszugrenzen. Aber wie die deutsche Geschichte gezeigt hat, Mauern bauen funktioniert auf Dauer nicht. Das Tabu wird schnell zum alles kontrollierenden Prinzip. Alles kreist dann nur noch darum, dass man bloß nicht anspricht, was ja doch zum großen Teil das Leben ausmacht. Wer vor der Trauer davonläuft, läuft vor dem Leben weg. Dabei ist Trauer zutiefst persönlich, und jeder muss seinen eigenen Umgang damit finden. Wenn alles falsch ist, gibt es kein Richtig. Da gibt es nur das, was sich im jeweiligen Moment einigermaßen richtig anfühlt. Daran muss ich mich immer wieder erinnern, wenn ich mir Vorwürfe mache. Wenn mir all die Fehler einfallen, die ich nach Bernds Tod begangen habe. Wenn ich zum Beispiel überreagiert habe, weil ich an jeder Ecke eine neue Katastrophe auf mich zukommen sah. Fehler sind unvermeidlich. Denn alles liegt verschüttet, der Kopf ist kaputt und das Herz blutet. Wie soll man da alles richtig machen? Ich versuche, den schwarzen See aus Öl irgendwie in meine Seelenlandschaft zu integrieren. Zorn hilft, nicht im Öl zu ertrinken, lässt einen kämpfen. Aber Zorn ist auch gefährlich. Denn gerne suchen wir uns Zielscheiben für unseren Zorn, wollen bestrafen und Rache üben – zum Teil sicherlich berechtigt. Aber da kommt man schnell vom eigenen Lebensweg ab, kämpft die Kämpfe des oder der Verstorbenen. Verliert sich in der retrospektiven Aggression, anstatt sich ein neues Leben aufzubauen. Und lebt so ständig im Schatten des Todes. Allerdings ist das ein schwieriges Thema, das ich gerade lange mit einer Freundin diskutiert habe, die letztes Jahr ihren Mann durch Covid verloren hat. Sie regt sich über seine ehemaligen Geschäftspartner auf und denkt darüber nach, vor Gericht zu gehen. Ich kann verstehen, warum sie wütend ist. Aber die Flucht in die Wut ist auch eine Flucht vorm Leben. Manchmal sind die Zielscheiben unserer Aggression wir selbst. Wir machen uns Vorwürfe, kasteien uns selbst mit Schuldgefühlen. Wenn ich in dem Moment etwas gesagt hätte, wenn ich dies oder jenes getan hätte, dann wäre er oder sie noch am Leben. Aber all diese (Selbst-)Aggressionen sind nichts anderes als Versuche, die eigene Ohnmacht ob des Kontrollverlusts des Todes zu übertünchen. Das größte Geschenk, das man sich selbst im Leben machen kann, der größte Befreiungsschlag, das ist die Vergebung. Die kann eine Weile dauern, aber für Rache ist das Leben einfach zu kurz und zu kostbar. Und üben wir sie doch einmal, so ist die Genugtuung nie so groß, wie wir uns sie all die Zeit ausgemalt hatten.

Wie jede Naturkatastrophe setzt ein Tod enorme Energie frei. Diese Energie können wir gegen uns selbst richten oder eben versuchen, sie positiv umzusetzen. Meine Freundin, die letz-

tes Jahr Witwe wurde, kocht dieses Wochenende ein 10-Gänge-
Menü für 50 Leute. Ich selbst war wohl nie so produktiv wie
in den Jahren nach Bernds Tod. Zwar war ich dann irgendwann völlig ausgebrannt, aber immerhin habe ich diese furchtbare Zeit auch nützen können. Dennoch ist es eine chaoti-
sche Energie, die in alle möglichen Richtungen ausschlägt,
und manchmal eben auch gegen einen selbst. So sehr ich mich
auch zusammengerissen und versucht habe, diese Energie in
produktive Bahnen zu lenken, Trauer hat seltsame Dinge mit
mir angestellt. Ein großer Teil meiner Identität war nun mal
mit meinem Partner gestorben, und ich musste wieder ganz
von vorn anfangen. Mich wieder zusammenstückeln und mich
selbst neu kennenlernen. In gewisser Weise ist Trauer eine Zeit
des Wahnsinns, weil die gesamte Welt – inklusive der eigene
Kopf – buchstäblich ver-rückt wird und ein riesiges Stück
fehlt. Ich kannte mich gar nicht mehr, war mir selbst unberechenbar und von mir selbst schockiert. Wie an anderer Stelle
gesagt, dem Wahnsinn wohnt sein ganz eigenes Drama inne
und weckt sofort Neugier. Aber auch ohne den Wahnsinn ist
die Witwe – mehr als jeder Witwer – ein gefundenes Fressen
für die Moralisten. Da gibt es nicht nur das beliebte Narrativ der Witwe im Wahn, der lustigen Witwe, der raffgierigen,
»schwarzen« Witwe. Die alleinstehende und ganz besonders
die finanziell unabhängige Frau steht grundsätzlich unter Beobachtung. Nicht immer weiß man in diesem Moment mit
dieser Aufmerksamkeit umzugehen. Als eine andere Freundin von mir Witwe wurde, ließ sie sich für sehr viel Geld ein
weit ausgestelltes Ballkleid aus Taffeta-Seide im lila Schotten-
muster schneidern. Ein absolutes Monstrum von einem Kleid.

Ich wusste schon, als ich ihren irren Blick sah, dass ich sie auf gar keinen Fall von diesem Kleid abbringen durfte. Irgendwie war dieser Fehlgriff ein wichtiger Schritt im Wiederaufbau ihres Selbst. Ein bisschen wie die schreckliche Frisur, die wir alle mal als 14-Jährige hatten. Furchtbar peinlich und doch ein Meilenstein in der Identitätsentwicklung. Allerdings würde ich im ersten halben Jahr nach dem Tod eines Partners von jeglichen Tätowierungen, Piercings, radikalen Haarschnitten, Wohnungsdekorationen, Umzügen, teuren Käufen oder drastischen Lebensentscheidungen abraten. Die Wahrscheinlichkeit ist hoch, dass man sie bereuen wird. Der Trauer wohnt eben auch Tragik-Komik inne, die leider immer wieder die Schmerzgrenze überschreitet.

Meine Großmutter erzählte mir, dass sie nach dem Tod ihres Mannes gebeten wurde, den Leichnam des Vaters des besten Freundes meines Großvaters zu waschen und für die Beerdigung herzurichten. Der beste Freund war das einzige Kind seiner Eltern gewesen und wie mein Großvater im Krieg gefallen. Der Ritus fiel meiner Großmutter zu, die immer noch fremd im Dorf war, kein Hessisch-Platt sprach und die anderen Frauen um einen Kopf überragte. Meine Großmutter wusch also mit wenig Begeisterung die Leiche und zog ihm seine Tracht an. Doch die kleine, gehäkelte Mütze, die der Mann immer getragen hatte, wollte einfach nicht an seiner Glatze haften bleiben. Es war zum Verzweifeln. Immer und immer wieder rutschte dem Toten, den sie ja gar nicht wirklich gekannt hatte, dieses blöde Käppchen vom Kopf. Auf einmal kochte ihre ganze Wut nach oben. Die Wut auf den Schwiegervater, die Wut auf den Krieg und all die Einsamkeit und Härte, die ihr widerfahren waren. Da ging sie in den Schuppen, wo die Werkzeuge aufbewahrt wurden, nahm sich einen Hammer und einen langen Tapeziernagel. Grimmig entschlossen marschierte sie damit zurück in den Raum, wo die Leiche aufgebahrt war, holte weit aus und nagelte das Käppchen mit einem Schlag an den Schädel der Leiche. Niemand hat es bemerkt. Alle fanden, dass meine Großmutter die Leiche wirklich schön hergerichtet hatte.

Trauer, das ist eben immer auch ein furioser Kampf um Wiedergeburt wie in »Christ lag in Todesbanden«. Um eine Neudefinition des Selbst, um das Füllen eines Vakuums. Nicht jeder im eigenen Umfeld wird die Veränderungen in einem begrüßen. Ein alter Freund Bernds hatte mich gewarnt: Wenn du irgendetwas tust oder entscheidest, was manchen Leuten nicht in den Kram passt, werden die sagen ›Bernd hätte das aber nicht getan‹ oder ›Bernd hätte das so und so gewollt‹. Und dann musst du ihnen antworten: ›Ach ja, hast du eine Telefonleitung ins Jenseits? Dann lass mich doch auch mal mit ihm reden!‹ Aber meiner Erfahrung nach sind das die Ausnahmen. Es gibt eine positive Seite am Tod: Die anderen Menschen. Das Andere. Der Kontrapunkt – er wird zur Rettung. Nach Bernds Tod habe ich eine Form von Zuneigung, Unterstützung und Geduld erfahren, die ich als großes Geschenk wahrgenommen habe. Das hat mein gesamtes Verhältnis zur Außenwelt sehr positiv verändert und mich zu einem offeneren Menschen gemacht. Während ich selbst immer noch damit hadere, die richtigen Worte zu finden, wenn jemand stirbt – mir fällt immer nur ein ›Ja, das wird jetzt die nächsten paar Jahre wahnsinnig anstrengend. Tut mir echt leid für dich.‹ – sind mir ständig Menschen begegnet, die genau wussten, was zu tun und zu sagen ist. Meine Freundin Claudia zum Beispiel, deren Vater vor ihren Augen gestorben war, kam jeden Tag, brachte mir einen Smoothie, schenkte mir ein riesiges Plüsch-Schaf, damit es im Bett nicht so leer war, und eine Flasche *Giorgio Beverly Hills*-Parfum, weil das so absurd 80er Jahre und albern war. In diesem Moment war das genau das Richtige. Ohne Freunde wie Claudia, ohne meine Familie, ohne Bekannte, aber auch ohne die Gesten oder Worte von Menschen, die ich gar nicht kannte und seitdem auch nie wieder gesehen habe, hätte ich das nicht geschafft. Was einen rettet, ist aber nicht nur die Empathie, die einem entgegengebracht wird, sondern auch die so viel stärkere und intensivere Empathie, die man nach einem Verlust für andere empfindet. Zu wissen, dass es in diesem Moment Tausende von Menschen gibt, denen es genauso geht wie mir, hilft. Erst nach Bernds Tod habe ich wirklich fühlen können, was meine Großmutter durchgemacht hatte, als sie im Alter von 22 zur Witwe wurde. Sich in die Verzweiflung von anderen hineinzufühlen, hilft – egal, ob das nun Verwandte, Freunde oder Fremde sind. Denn die eigene Verzweiflung wird dadurch weniger extrem, wir können uns lösen aus der Einsamkeit des persönlichen Dramas.

Aber egal, was man tut, egal, welche Vorgeschichte der Tod einer geliebten Person hatte – vielleicht war sie lange krank und sehnte sich danach, endlich gehen zu können –, für die Überlebenden ist Tod anstrengend. Sehr, sehr anstrengend. Nicht nur, dass es viel zu organisieren und ordnen gibt. Die

Seele und das Nervenkostüm haben enorm viel zu bewältigen. Der Schmerz und die Traurigkeit lassen sich ebenso wenig abschalten wie die Panik und die Angst. Die üblichen Erholungsmechanismen funktionieren nicht. Ich konnte lange Zeit keine Musik hören – allerhöchstens die *Sisters of Mercy*, weil die so monoton und deprimierend sind –, einfach, weil ich die Emotionen nicht ausgehalten habe. Das war, als würde meine Psyche in einem Gipsverband stecken. Sie konnte sich nicht mit der Musik bewegen. Und ja, wer dauernd *Sisters of Mercy* hört, hat ein Problem. Ein Problem, das nicht nur bei einem Todesfall auftritt. Dass man plötzlich nicht mehr in der Lage ist, gute Musik zu hören, sondern sich von Herz-Schmerz-Depressions-Pathos im tiefsten Inneren angesprochen und erkannt fühlt, ist ein Phänomen, das jede Form der Trennung kennzeichnet. Ob nun Sinead O'Connor's »Nothing Compares 2 U«, »Love Will Tear Us Apart« von *Joy Division*, »Losing My Religion« von *REM*, »Chelsea Hotel #2« von Leonard Cohen, »Ain't No Sunshine« von Bill Whithers, »Back to Black« von Amy Whinehouse, »White Flag« von Dido, »Sign of The Times« von Harry Stiles, »Someone Like You« von Adele oder »Stay« von Rihanna – um nur ein paar zu nennen –, das Trennungsgenre der Popmusik ist ein riesiges Feld mit einem niemals versiegenden Quell an Konsumenten. Denn während die Trauer nach einem Tod ritualisiert ist und den Trauernden Zeit und Raum gegeben werden, wird bei einer Trennung erwartet, dass wir schnell wieder funktionieren. Für die Trennungstrauer bleibt im Alltag wenig Platz. Und oft ist es ja auch so, dass wir uns keine Blöße geben und die Trauer nicht zeigen wollen. Aber zum Glück haben wir ja die Musikindustrie, die uns ein Ventil für unsere Gefühle bietet (und dabei viel Geld verdient). Und nur, weil es sich um Pop handelt, heißt das ja nicht, dass manche dieser Songs unsere Gefühle nicht auf profunde Art zum Ausdruck bringen können. »*There's no love like lost love and no pain like a broken heart*«, singt Ben Harper in dem Song »By My Side«, und bringt damit eine Tatsache auf den Punkt, die sowohl für den Tod einer geliebten Person als auch für eine Trennung gilt: Egal, ob Partner*innen nun gestorben sind oder nicht, Liebeskummer ist ein lähmender, schrecklicher Schmerz – ein ganz spezielles schwarzes Loch, aus dem wir manchmal nur mit viel Mühe und erst nach langer Zeit wieder herausklettern können. Manchmal denke ich auch, dass Scheidungen noch schmerzhafter und schwieriger sein können als der Tod eines Partners. Besonders, wenn Kinder involviert sind. Wenn der Tod in Liebe stattfindet und es keine ungesagten Worte gab, kein schaler Nachgeschmack von Reue oder Schuld zurückbleibt, dann stelle ich mir das leichter vor als eine Tragödie aus enttäuschten Lebensträumen, Zurückweisung, Anschuldigungen und Wut – eine Wunde, die ein Leben lang neu aufgekratzt wird, wenn man gemeinsam Kinder großzieht. Wobei Trennungen natürlich keine Schmerz-Olympiade und Vergleiche in gewisser Weise müßig sind.

Sich aus einer Beziehung zu lösen, besonders, wenn diese Beziehung uns schon lange belastet hat, ist oft eine Heldentat. Müssen wir dabei doch all unsere Verlustängste und all die Dinge überwinden, die uns in eine Beziehung getrieben haben, die uns unglücklich macht. Und im besten Falle kämpfen wir dabei so heldenhaft um unser Glück, dass wir nicht sofort wie

Tristan und Isolde dem Wiederholungszwang verfallen und uns sofort wieder in eine Beziehung mit genau der gleichen Dynamik stürzen. So wird dann die Trennung zu einem wichtigen Übergangsritus, der Veränderungen in anderen Lebensbereichen reflektiert. Doch wie die meisten Riten braucht so eine Trennung eine erhebliche Vorbereitungszeit, in der wir die Geduld unserer Freunde mit Beziehungsklagen auf die Probe stellen. Im Nachhinein wirkt die Zeit, in der wir gezögert haben, die andere Person zu verlassen, wie eine riesige Zeit- und Energieverschwendung. Dass ich mich nicht früher vom schrecklichen Thorsten getrennt habe, scheint mir immer noch einer meiner größten Lebensfehler. Auch wenn mir da noch ein paar andere Kandidaten einfallen. Aber vielleicht waren all das Drama und die lächerlichen Streitgespräche einfach notwendig. Nicht unbedingt die effizienteste oder angenehmste Form, seine Energie einzusetzen, doch Liebe und alles, was wir als solche wahrnehmen, unterliegt nun mal nicht den Gesetzen der Effizienz. Ein Freund von mir war mal mit einem Unternehmensberater zusammen, der mir bei einem Abendessen seine Richtlinien darlegte, unter welchen Umständen er eine Beziehung beenden würde. Am liebsten hätte er mir wahrscheinlich einen Flow-Chart auf die Serviette gezeichnet. Er war von seinen Ansichten nicht abzubringen, und ich dachte mir: Was hat sich mein Freund denn da für einen Gestörten an Land gezogen? Der Typ entpuppte sich als eine riesige Dramaqueen, und die Trennung der beiden zog sich über zwei Jahre hin und war mit vielen Heulsitzungen auf meinem Sofa verbunden. Trennungseffizienz ist eine Illusion. Verlieben geht leider meistens irre schnell, während Trennen sich hinzieht wie eine Wagner-

Oper, wenn man mitten im Parkett sitzt und auf Toilette muss. Und leider geht so eine Trennung selten glatt über die Bühne. Als ich es endlich geschafft hatte, mit James, dem Teilchenphysiker, Schluss zu machen, schnitt er sich die Pulsadern auf. Natürlich, wie immer, in die falsche Richtung. Es bestand also keinerlei Gefahr, dass er sterben würde. Aber danach war ich eine ganze Weile ziemlich durcheinander. James hat dann bald darauf eine Mathematikerin geheiratet, Kinder bekommen und sich ein Haus in derselben Gegend gekauft, in der wir damals zusammengewohnt haben. Wenn er nicht so viel Bier trinken würde und einen dementsprechenden Bauchumfang hätte, würde er wahrscheinlich immer noch dieselbe Lederjacke tragen wie damals. Ich denke mal, es hat mit seinem Internatstrauma zu tun und der Tatsache, dass er sich als Kind so verlassen gefühlt hat, dass ihm Veränderungen so verhasst sind. Bei ihm ist das Memo einfach nie so wirklich angekommen bzw. er versucht, es immer wieder zu verdrangen: Leben, das bedeutet ewiger Wandel, ewige Veränderung und deswegen auch Verlust in Form von Tod und Trennungen.

Nach einer Trennung müssen wir uns alle irgendwie mit dem oder der Ex arrangieren. Müssen Wege finden, dass der Platz, den sie in unserem Leben einnehmen, für uns tragbar ist und ein Weiterleben möglich macht. Das ist auch dann nicht anders, wenn der oder die Ex verstorben ist. »Bis dass der Tod uns scheidet« ist eine riesige Lüge. In unserer Erinnerung entwickeln geliebte Verstorbene ihr ganz eigenes Leben, werden zum ewig morphenden Phantom unserer Projektionen. Abhängig von den jeweiligen Lebensumständen und Bedürfnissen nehmen sie manchmal mehr, manchmal weniger Platz ein. Natürlich ist das auch schön. Gerade wenn man sich gemeinsam mit Freunden erinnert, hat man ein paar Momente lang das Gefühl, als wäre die Person wieder am Leben. Aber solche Momente haben immer ihren Preis. Danach kommt wieder ein kleiner Abschied, die Glückskurve schlägt nach unten aus. Ich habe nach Bernds Tod ein Buch mit all den Geschichten geschrieben, die er mir erzählt hatte. Das hat gutgetan, und ich kann allen empfehlen, die einen geliebten Menschen verlieren, ihre Erinnerungen aufzuschreiben. Das Festhalten von Erinnerungen bedeutet, eine Version der Wahrheit darzustellen. Die persönliche Version der Wahrheit und damit eben auch eine Version der eigenen Identität. Negativ ausgedrückt bedeutet dies, im Falle einer Biographie, eine Monumentalisierung der Erinnerung und ja, auch eine Monumentalisierung des Egos. Wobei ich mich frage: Ist es das Ego der verstorbenen Person oder das eigene? Allerdings verstehe ich Ego nicht automatisch als Schimpfwort. Ego, genau wie Narzissmus, ist ein bis zu einem gewissen Grad überlebenswichtiger Teil unserer Psyche. Ein Teil, der zwar eine alles vereinnahmende Eigendynamik erlangen kann, aber dennoch wichtig für den Selbstschutz und die Selbsterhaltung ist. Wenn nach dem Ende einer Beziehung die eigene Identität kollabiert ist, ist so ein kleines Ego-Monument möglicherweise kein schlechtes Bauprojekt. Wobei es fatal wäre, davon auszugehen, dass mit so einem Buch das letzte Wort sowohl zur Erinnerung als auch der eigenen Identität gesagt ist. Dass das Monument dann steht und sich nichts mehr verändern darf. Eine solches Beharren auf Unbeweglichkeit wäre gefährlich, denn dann würde die Erinnerung zum

Verklärungsgefängnis werden. Wenn wir in der Erinnerung erstarren, mögen wir uns stark fühlen – so eine Erinnerungssäule hat ja etwas Phallisches –, aber in erster Linie sind wir festgefahren und leblos. Mit anderen Worten: tot. Oder, wie ich meinem ersten Freund nach Bernds Tod beim Beziehungsende an den Kopf warf: »Dein Tourbus ist ein Sarg auf vier Rädern!« (Sorry, sorry, ich habe ob meiner Gemeinheit immer noch ein schlechtes Gewissen und denke, ich habe da eigentlich von mir selbst geredet.) Das Leben mit der Erinnerung ist somit ein ewiger Balanceakt zwischen unvereinbaren Widersprüchen. Auch deswegen ist der Titel von Damien Hirsts Haifisch-Skulptur so großartig. Ob nun in der Trennung, der Scheidung oder dem Tod, am Ende einer Beziehung müssen wir alle mit dem Widerspruch leben lernen, dass die vergangene Liebe nicht mehr existiert und dennoch in der ein oder anderen Weise weiterlebt.

Verklärung ist auch das zentrale Thema in Wagners »Tristan und Isolde«. Denn die beiden lieben sich nur aufgrund eines Zaubertranks, der sie in den selbstzerstörerischen Liebesrausch versetzt. Die beiden Liebenden wollen ineinander verschmelzen, sich selbst in dem anderen verlieren und können dabei die andere Person nie wirklich wahrnehmen. Was immer es auch ist, mit dem sie verschmelzen wollen, es ist eine Projektion. So inspirierte Wagners »Liebestod«-Thema denn auch den Komponisten Bernard Herrmann, als er die Filmmusik für Alfred Hitchcocks Thriller »Vertigo – aus dem Reich der Toten« schrieb. In »Vertigo« geht es um den verwundeten Privatdetektiv Scottie, dem der Selbstmord der von der

Todessehnsucht getriebenen Madeleine vorgetäuscht wird, die er beschatten sollte. Als er eines Tages Judy kennenlernt, die Madeleine verblüffend ähnlich sieht, stürzt er sich in eine Liebesbeziehung mit ihr und versucht, sie zu Madeleine umzustylen. Zu spät merkt er, dass er einem Betrug aufgesessen ist und dass Judy damals vorgetäuscht hatte, Madeleine zu sein. Wieder muss er miterleben, wie Judy – genau wie die echte Madeleine – von einem Turm stürzt und stirbt. Wie bei »Tristan und Isolde« geht es hier um Täuschung und Selbsttäuschung im Namen der Liebe, um die ständige Wiederholung von selbstzerstörerischen Verhaltensmustern bis hin zum Tod. »Vertigo« ist auch deswegen so genial und wird immer wieder als der beste Film aller Zeiten bezeichnet, weil er im Rahmen des Thriller-Narrativs die perfekte Metapher für Beziehungen erzählt – beziehungsweise für die Wechselspiele und Widersprüche, die den meisten Liebesbeziehungen innewohnen: zwischen Projektion und Realität, zwischen Verschmelzung und Individualität, zwischen Eros im Sinne von Kreation und Erneuerung sowie Thanatos als das Ende einer Person, eines Begehrens oder eben auch das Ende einer Liebesgeschichte. Denn der kleine Tod und die kleine Trauer gehören zu jeder Liebesbeziehung, und zwar nicht nur beim Sex. Gerade am Anfang, aber auch nach vielen Jahren Beziehung, können wir Illusionen beziehungsweise Projektionen zerstören, mit denen wir die Realität der anderen Person überblendet haben. Sei das nun durch die Erkenntnis, dass die andere Person Socken im Bett trägt, durch eine Affäre, eine schwierige politische Ansicht oder eine Angewohnheit, die uns anekelt – immer wieder ist die Enttäuschung wie ein kleiner Tod.

Und jede Projektion, die da stirbt, muss dann auch ein wenig betrauert werden. Möglicherweise eben auch mit dem Resultat, dass die Beziehung nicht mehr überlebensfähig ist, weil die Illusion, die gerade begraben wurde, die Grundlage der Beziehung darstellte.

Selbstzerstörung als partnerschaftliches Projekt romantisieren wir gern, egal, ob das nun »Tristan und Isolde«, »Romeo und Julia«, »Bonnie und Clyde«, »Sid and Nancy« oder »Natural Born Killers« ist. Auch der selbstzerstörerische Held – wie etwa Werther, James Dean, Ian Curtis oder Kurt Cobain – wird mythologisiert und erotisiert. Die Todesverachtung macht uns quasi automatisch zu Held*innen, oder auf jeden Fall interessant. Ist doch die Angst vor dem Tode das, was den Normalsterblichen tagtäglich antreibt. Held*innen dagegen lassen sich von so etwas Profanem wie dem Überleben nicht beherrschen. Sie sind bereit für das, woran sie glauben, zu sterben – auch wenn das, woran sie glauben, nur ihr eigener Schmerz ist, beziehungsweise Heroin. Das macht sie, wenn nicht unbedingt zu Held*innen, dann doch oft zu Projektionsflächen für ein seltsames Phänomen, das Sigmund Freud 1920 in »Jenseits des Lustprinzips« als »Todestrieb« definierte. Ein diffus mythologisches Konzept, das dem Lebenstrieb entgegengesetzt ist. Laut Freud besteht wahre Befriedigung im Leben darin, nach seiner eigenen Façon zu sterben. Um dies zu gewährleisten, nehmen wir Schmerz und alle möglichen Unannehmlichkeiten in Kauf. Freuds Todestrieb ist ein Begehren, dass uns in seiner Erfüllung von allen anderen Begehren erlöst. Sagen wir, jemand, der so viel trinkt, dass er eine Alkoholvergiftung erleidet und daran stirbt, wird nie wieder durstig sein müssen. Bei Freuds Todestrieb geht es darum, sich unabhängig von allen äußeren Faktoren zu machen und seinen eigenen Tod als ultimativen Akt der Selbstbestimmung zu definieren. In diesem Sinne erinnert Freuds Konzept an Senecas Rechtfertigung des Selbstmords, nur, dass die Entscheidungen, die dorthin führen, keine bewussten, sondern eben triebhafte sind. Die Psychoanalyse soll uns helfen, uns unserer Begehren und Triebe bewusst zu werden und uns selbst nicht so sehr als Opfer, sondern als Autor*innen unseres Lebens wahrzunehmen. Freud, der uns Lebenshilfen wie die Religion, Schicksal und Vorherbestimmung nahm und uns als Ersatz die Psychoanalyse gab, spendet uns mit der Idee des Todestriebs eine Form von Trost. Wir können uns damit trösten, dass wir Befriedigung erfahren, wenn wir unser Leben aktiv, wenn auch unbewusst, sabotieren. Wenn nichts mehr Sinn macht und nichts mehr plausibel ist, vor allem nicht wir selbst – wenn unsere gesamte Existenz und dabei vor allen Dingen die Frage, wen wir warum lieben, in Sinnlosigkeit kollabiert, gibt uns der Todestrieb den roten Faden. Dann ist alles in unserem Leben wieder schön kontinuierlich und plausibel. Dann können wir ohne Probleme unsere Lebensgeschichte wie auch unsere Liebesgeschichte erzählen. Denn unsere Geschichte wird so zu einer Todesgeschichte. Zu einer Geschichte über das Sterben. Weil das Ziel allen Lebens, so Freud, der Tod ist. Ich persönlich bin nicht wirklich überzeugt vom Konzept des Todestriebs. Oder besser gesagt, es interessiert mich nicht. Das wirkt auf mich wie eine Flucht vor den Widersprüchen des Lebens. Und damit eben auch vor den Widersprüchen der Liebe. Gerade diese Widersprüche, der Kontrapunkt, die Vielzahl an Stimmen in all ihren Abwegen und Ungereimtheiten ist doch das, was das Leben und die Liebe so schön machen. Anstatt dass ich mich auf ein großes Narrativ festlege, erzähle ich doch lieber meine Geschichte jeden Tag aufs Neue und jeden Tag ein bisschen anders. Das mag postmodern und in letzter Konsequenz unmoralisch sein, aber das ist für mich Freiheit: einzutauchen in das Labyrinth der Gefühle und Gedanken, ohne den Anspruch zu haben, einen Weg nach draußen finden zu müssen. Der in all seinen Facetten und Unstimmigkeiten plurale Eros ist so viel interessanter als der singuläre Thanatos. Der Tod ist wie ein schwarzes Loch im Weltall: das Ende von Zeit und Raum. Ein Ort, wo alle Bedeutung, alle Widersprüche und Unvereinbarkeiten kollabiert sind und die Schwere so groß ist, dass kein Licht nach außen dringen kann. Alles ist begraben in einer unendlichen Dichte von Bedeutungslosigkeit. Ich für mich habe keine Sehnsucht nach dieser Singularität. Viel lieber lebe, liebe und überlebe ich die Unvereinbarkeit.

Dennoch scheint der Todestrieb die einzige Erklärung dafür, dass wir als Menschheit in den letzten Jahrzehnten unsere eigene Zerstörung so furios betrieben haben. Dieser Sommer war geprägt von Überschwemmungen, Waldbränden und Hitzerekorden. Die Klimakatastrophe, vor der wir schon lange gewarnt worden waren, sie hat begonnen. Und obwohl wir das wissen, schaffen wir es immer noch nicht, die CO_2-Emissionen des Planeten so weit zu reduzieren, dass wir die Katastrophe noch abwenden könnten. Vieles, was in den letzten Jahrzehnten zerstört wurde, ist unwiderruflich verloren. Wir hinterlassen den kommenden Generationen einen kaputten Planeten. Meine Generation hat in ganzer Linie versagt. Wir waren viel zu sehr mit uns selbst, unseren Befindlichkeiten und unseren Begehren beschäftigt, als dass wir wirklich etwas verändert hätten. Stattdessen haben wir *Nirvana* gehört, uns tagelang in Techno-Clubs verloren und eine digitale Ökonomie aufgebaut, die Menschen soziale Verbundenheit und politisches Engagement vortäuscht und doch nichts anderes tut, als den Konsum und damit auch den CO_2-Ausstoß explodieren zu lassen. Damals, als ich meine Großmutter fragte, wie sie die Konzentrationslager der Nazis hatte ignorieren können, konnte sie noch behaupten, sie habe nichts gewusst. Ich werde meine Tatenlosigkeit nicht so entschuldigen können. Wir wussten, was passiert, und haben trotzdem mitgemacht. Haben mitgewirkt an einer Konsumbeschleunigungsmaschine, die dazu geführt hat, dass wir in den letzten Jahren immer mehr Treibstoffgase produzierten, obwohl wir alle wussten, dass wir sie reduzieren müssen. Haben unseren Teil dazu beigetragen, dass die 1989 durch das Ende des Kalten Krieges abgewendete Apokalypse von einer neuen, furios über den Planeten wütenden Klimaapokalypse ersetzt wurde. Die Geister, die wir riefen, wir haben zu keinem Zeitpunkt irgendeine Kontrolle über sie besessen. 2021 fühlt sich an wie der Sommer, in dem die Zukunft abgeschafft wurde. Durch die Pandemie sind der Tod und die Angst davor schon sehr viel präsenter in unserem Alltag geworden. Doch hinzugekommen ist nun die Trauer um eine verlorene Welt. Und genauso wenig wie ich Menschen zu trösten weiß, die einen geliebten Menschen verloren haben, habe ich nun eine Ahnung, wie ich mich selbst trösten soll. Dann aber stand ich vorgestern im Zug neben einem *Heavy Metal*-Fan mit Rauschebart. Wir beide warteten nun schon eine ganze Weile darauf, dass der Zug in den Bahnhof einfahren würde und diskutierten Anschlusszüge. Über seinem dicken Bierbauch spannte sich ein T-Shirt auf dem groß geschrieben stand »*APOKALYPSE – When Worlds Collide*«. Darunter war eines der schwarzen kosmischen Löcher mit flammendem Ereignishorizont abgebildet, über die ich während der Zugfahrt in Stephen Hawkings Buch »Kurze Antworten auf große Fragen« gelesen hatte. Das war alles so absurd, fast hätte ich unter meiner Covid-Maske gelacht. Mir wurde klar, dass 2021 nicht die erste Apokalypse ist, die ich erlebe. So, wie ich mich jetzt gerade fühle, habe ich mich schon als Kind gefühlt, als mir meine kaugummikauende Cousine mitteilte, dass eine Atombombe zuallererst auf uns fallen würde. Nichts hat sich geändert. Wie Tristan und Isolde im Liebestod-Rausch beschwören wir immer und immer wieder die Apokalypse herauf. Verlieren uns im Delirium von Begehren, Sehnsucht, Angst und vermeintlicher Kontrolle. Das ist kein Leben und schon gar keine Liebe. Ich habe ein für alle Mal genug vom Liebestod.

Stephen Hawking, der aufgrund seiner Motoneuron-Erkrankung fast sein gesamtes Leben im Angesicht des Todes verbrachte, stellte irgendwann fest, dass schwarze Löcher Partikel ausstoßen. Und das, obwohl schwarze Löcher angeblich doch alles verschlucken und demnach nichts ausstrahlen können. Das Problem ist nur, dass das, was aus einem schwarzen Loch herauskommt, nichts mit dem zu tun hat, was hineingeht. Irgendetwas passiert im Inneren, dass alle Informationen, alle

Bedeutung verloren gehen. Die Karten werden völlig neu gemischt. Es besteht kein Zusammenhang zwischen vorher und nachher. Das ist deswegen so radikal, weil unser gesamtes Universum auf dem Gesetz beruht, dass keine Informationen verloren gehen. Dass sich das Heute immer aus dem Gestern ergibt. Und das Morgen aus dem Heute. Oder, wie es Mephisto in Goethes Faust ausdrückt: »Das Erst' wär' so, das Zweite so und drum das Dritt' und Vierte so. Und wenn das Erst' und Zweit' nicht wär, das Dritt' und Viert' wär nimmermehr.« Hawkings Entdeckung hat diese Linearität zunichtegemacht. Diese Entdeckung ist absolut revolutionär, weil unser gesamtes Universum dadurch nicht mehr vorhersehbar ist. Nicht nur, dass wir nicht mehr die Zukunft berechnen können, auch die Vergangenheit und all unsere Erinnerungen zerfallen. Alles löst sich auf, alles wird zu Illusion. Noch haben wir keine Lösung für dieses Rätsel gefunden. Wir befinden uns in einem Zustand, den Sokrates als »Ich weiß, dass ich nichts weiß« beschrieb. Für mich liegt darin die einzig wirklich funktionierende Metapher für die Auseinandersetzung mit dem Tod. Das schwarze Loch, das auf uns und die Menschen, die wir lieben, wartet, ist ein Ort des Chaos und damit auch der unendlichen Möglichkeiten. Sich diesem schwarzen Loch zu ergeben, das Chaos zu bejahen und die eigene Unwissenheit zu akzeptieren, darin liegt nicht nur die Herausforderung des Lebens, sondern vor allem auch der Liebe. Das perfekte Antidot zu Wagners Liebestod ist denn auch »Tomorrow Never Knows« von den *Beatles*, das vom Tibetanischen Totenbuch inspiriert wurde. Darin heißt es:

Lay down all thoughts, surrender to the void (...)
That love is all, that love is everyone (...)
All play the game existence to the end – of the
  beginning.

»Tomorrow Never Knows«, das ist ein Lied darüber, wie man sich dem Tod hingibt, ohne ihn herbeizusehnen. Es ist ein Lied über Liebe ohne Wahn. Und damit ist es eben auch ein Lied darüber, was uns der Tod über die Liebe lehren kann. Während ich das hier schreibe, warte ich auf eine Nachricht von Christian Werner, der die Fotos für dieses Buch gemacht hat. Seine Freundin bringt gerade ihre Tochter zur Welt. So sehr wir uns auch sorgen, welche Welt wir diesem neuen Menschen hinterlassen, so freuen wir uns doch alle sehr auf sie. Und solange wir noch hier sind, gilt es das zu tun, was jemand auf die Mauer des Bogenhausener Friedhofs in München gesprüht hat, wo Bernd begraben ist: *GIVE YOUR BEST.* Wenn ich traurig bin oder mich hoffnungslos fühle, denke ich daran. Es ist egal, was im schwarzen Loch auf uns wartet. Es ist egal, was war und was kommen mag. Wichtig ist nur, dass wir im Hier und Jetzt unser Bestes geben. Im Leben wie in der Liebe.

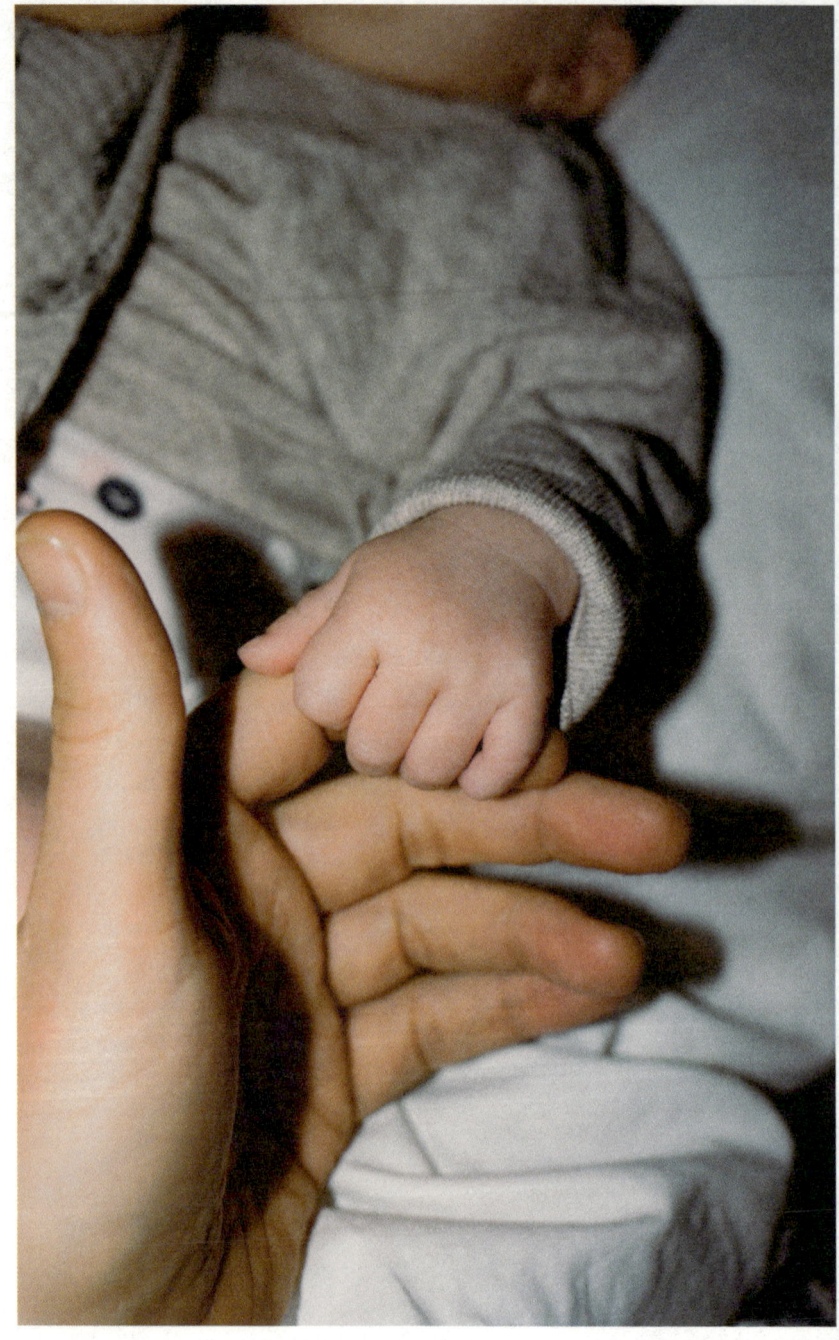

DANKE

Meinen Eltern und meiner Schwester
Alexandra Bondi de Antoni
Antonia Baum
Bart van der Heide
Benedict Sarreiter
Catherine Mayer
Christian Werner
Constanze Neumann
Corinna Harfouch
Elena del Carlo
Franke Finsterwalder
Friederike Schilbach
Jakob
Jeremy Higginbotham

Jovana Reisinger

Hadley Hudson

Karin Winslow

Lana Wachowski

Lena Herzog

Regine Baschny

Marie Steinmann

Mathias Schwarz

Matthias Muhling

Maurin Dietrich

Monique Kluge

Patrizia Dander

Terry Schulz

Timo Feldhaus